U0886380

少儿图书馆理论与实践

孙　威◎编著

吉林科学技术出版社

图书在版编目（CIP）数据

少儿图书馆理论与实践 / 孙威编著. -- 长春 : 吉林科学技术出版社, 2019.8
ISBN 978-7-5578-5913-8

Ⅰ. ①少… Ⅱ. ①孙… Ⅲ. ①儿童图书馆一图书馆工作一研究 Ⅳ. ①G258.7

中国版本图书馆CIP数据核字(2019)第159974号

少儿图书馆理论与实践

SHAOER TUSHUGUAN LILUN YU SHIJIAN

编　　著　孙　威
出 版 人　李　梁
责任编辑　郑　旭　解春谊
封面设计　长春市阴阳鱼文化传媒有限责任公司
制　　版　长春市阴阳鱼文化传媒有限责任公司
幅面尺寸　185mm×260mm
字　　数　288 千字
印　　张　15
印　　数　1—300 册
版　　次　2019年8月第1版
印　　次　2020年2月第1版第2次印刷

出　　版　吉林科学技术出版社
发　　行　吉林科学技术出版社
地　　址　长春市净月区福祉大路5788号出版大厦A座
邮　　编　130021
发行部电话/传真　0431-81629530
储运部电话　0431-8605911
编辑部电话　0431-8162951
网　　址　www.jlstp.net
印　　刷　北京虎彩文化传播有限公司

书　　号　ISBN 978-7-5578-5913-8
定　　价　60.00元

目　录

第一章 少儿图书馆概论

DIYIZHANG SHAOER TUSHUGUAN GAILUN

第一节　少儿图书馆概述

一、新时代少儿图书馆相关理论概述

（一）新时代少儿图书馆的内涵

新时代少儿图书馆的本质是利用适合少年儿童阅读的书刊资料等信息载体，对广大少年儿童进行思想品德教育和科学文化知识教育的公益性社会文化教育机构。

新时代少儿图书馆的作用是儿童读物等信息的载体，是儿童道德教育和科学文化知识的非营利性社会文化机构。随着社会主义现代化建设的深入发展，新时代少儿图书馆改革的深化势在必行。深化少儿图书馆改革应立足于时代。面对信息时代带来的挑战，要及时调整工作的重点，进行服务创新，优化馆舍建设，从而提高少儿图书馆的社会地位。新时代少儿图书馆要么迎接挑战，适应潮流，要么被时代淘汰。这就要求新时代少儿图书馆必须打破原有的传统与习惯的羁绊，在现有基础上扬长避短，进行发展创新。

（二）新时代少儿图书馆的特点

第一，新时代少儿图书馆具有创新性。新时代少儿图书馆会针对特殊的节日举办节日加开活动，每年的少儿读书月时更是能做到全月均有活动覆盖。且举办活动形式新颖，活动内容也是丰富多彩，独具特色和新意。

第二，新时代少儿图书馆具有教育性。影音资源应比图书资源更具娱乐性，如果少儿图书资料的主旨是在教育，只需在其中加入部分娱乐因素，那么少儿影音资料就应是在娱乐中加入部分教育因素。

第三，新时代少儿图书馆具有引导性。引导少年儿童养成阅读习惯，提高图书馆利用率，协助中小学校图书馆建设与维护，监督中小学校图书馆良性运营和发展。

（三）新时代少儿图书馆的重要性

第一，我国少儿数量众多，他们的地位是非常重要的。当前，知识经济居于主导地位，高新技术产业将成为主导产业。在人才培养方面，我们将进一步强调素质教育、创新教育，社区教育也将越来越受到重视。作为社会教育的主要方面之一，少儿图书馆将面临新的挑战。我国少年儿童为数众多，思想道德素质和科学文化素质关系着整个中华民族和党的前途和命运，关系着国家的兴衰。10～15年之后，我国孩子必将成为国家的脊梁。用科学思维和先进文化加强少儿图书馆建设，培育少年儿童“四有”新人，使中华传统文化永不改变。

第二，我国少儿受教育程度低，文化生活缺乏，严重影响了少儿的健康成长。随着科学技术的进步，多媒体文化吸引着少儿的独特魅力。少儿阅读能力和阅读兴趣薄弱已成为普遍现象。尤其是在改革开放的宏观社会背景下，各种文化思潮的涌入，给少儿带来了一些不健康的思想文化影响。尤其是电视剧、武术、怪兽和浪漫主义，充斥着街头不小不同的书。少儿图书馆承担着阅读和引导少年儿童读者的责任，以社会主义、爱国主义、集体主义和科学文化知识占领少儿的思想文化地位，使广大少儿健康成长。

二、国内外研究现状

（一）国外研究现状

琳达·瓦理查在《让孩子阅读适合自己的图书——欧美儿童分级阅读研究管窥》中提出，在建设少儿图书馆的过程中，要结合整个地区的人口基数，看这个范围内有多少常住人口，确定少儿图书馆的建筑面积以及具体的藏书标准。还要依照当地的经济发展状况来确定分馆的建设，资源流通状况，尽可能地做到资源共享，互通有无。苏霍姆琳斯基在《把整个心灵献给孩子》中提出，少儿图书馆排列整齐有序，环境安静优雅，书库存储量大，为少儿读者营造了一个和谐的读书氛围。很多喜欢读书的人会选择在图书馆中完成图书阅读活动，工作人员提供的人性化服务对于少儿图书馆的持续发展来说显得至关重要。

（二）国内研究现状

新时代少儿图书馆主要发挥少儿的社会教育功能，研究这方面的主要有：文杰发表在《图书馆工作与研究》上的《新时代少儿图书馆教育职能的延伸和拓展》一文就发挥新时代少儿图书馆教育职能的重要性和做好这一职能延展工作的体会，以及提升这一功能的设想等问题进行了探讨。陈炜在《图书馆工作与研究》上的《未成年人思想道德建设与少儿图书馆的职能作用探析》讨论作为新时代儿童服务高校的主体，少儿图书馆在现代青少年思想道德教育的一些优点，培养良好的年轻人生活习惯，文化和道德基本上属于一个作用。

三、新时代我国少儿图书馆存在的问题

站在少儿图书馆事业发展的宏观角度来看，随着信息技术的发展，全国性质的联机检索、采编、文献资源共享等都成为必然的趋势，这也是世界图书馆发展的必然结果。科学信息技术的发展，新型图书管理方法开始应用到少儿图书管理工作中去，但是由于缺少宏观调控，我们不能忽视的是在少儿图书馆工作方面仍旧存在一些制约因素。

（一）图书文献更新慢

就当前少儿图书馆的发展状况来看，有相当数量的图书馆发展存在困难，文献资料的投入会受到经费的限制，馆藏资源不足影响少儿图书馆文献资料工作的整理与开展。从某种程度上来说，这些产物还没有真正的得以实现，无法发挥整体效益。

（二）创新型服务开展不到位

传统的少儿图书馆管理员主要的职责在于“管”，管理少儿，管理图书，管理借阅，管理归还，主动为少儿读者提供服务的现象不常见。对于图书资料来说，只有有人去借阅去利用，才能发挥其应有的作用。因此，要改变过去的图书资料管理方式，从被动保管转向主动服务。

（三）工作人员的专业素质有待提升

信息时代的到来，传统的少儿图书馆管理模式开始朝着信息化、网络化的方向发展。作为少儿图书馆的基本要素，图书馆馆员是图书馆各项功能的发挥者，其综合素质对图书馆的现代化服务有直接的影响。但是，纵观当前少儿图书馆的工作人员，其专业化素质跟时代的发展要求存在一定的差距，这就影响了少儿图书馆的服务成效。

四、新时代我国少儿图书馆优化建设路径

（一）丰富图书资料资源

丰富的图书资料资源是做好少儿图书馆工作的前提和基础。对于少儿图书馆来说，可开展的工作如下：

首先，要注意筛选适合少儿阅读的优质图书资源，把这些优质文献资源转化为数字化资源。因为对于图书资料部门来说，其藏书都比较丰富，会有一些比较珍贵的纸质资源经过长时间的使用出现了相应的破损，对外借阅的可能性已经不大，但是，这些图书资料又比较珍贵，如果不进行循环利用就会出现资源浪费。面对这种状况，工作人员要制定出相应的措施，筛选出有效的文献资源，进行扫描和整理，转化为数字化文献，方

便保存和二次利用，特别是那些特色化的少儿图书资料，通过运用现代化的识别技术，建立多媒体资源数据库。

其次，结合现有的图书资料，根据资金状况尽可能地用在最需要的图书、报刊、电子图书资料以及数字资料等资料的购买上。在信息时代，图书馆人员在查阅网络信息资源的时候可以运用专业化的搜索引擎，在互联网上按照一定的标准，有针对性地对与少年儿童领域相关的信息进行搜集。通过建立专题数据资源信息库，让图书资源的完整性得以有效保障。网络数据库专题建立之后，不能不管不问，要及时更新，确保网络文献信息资源的有效性。

再次，监督图书资料的归还工作，尽可能地缩短图书资料的流通周期，减少其在个人手中的闲置时间，提高利用率，这也是增加少儿图书馆图书资料库存量的重要方式。

最后，要强化跟其他少儿图书馆的联系，建立信息交流平台，定期进行信息交换，学习其他机构少儿图书资料管理先进的工作经验，还可以联手举办学术讨论会等，通过这些方式实现互惠互利。

（二）拓展创新型服务

做好基础文献工作并不是服务工作的全部，在文化需求不断更新变化的今天，图书馆需要拓展思路、提升服务理念，打造符合读者需求的多功能图书馆。少儿图书馆在改建之初就前瞻性地进行了大胆设计，改造完成的馆舍除了传统的借阅功能之外，还包含了教育、娱乐等多种功能，极大地丰富了服务层次，满足了孩子们各方面的需求。

1. 体验活动

少儿图书馆内分为职业社区、才艺区、数字区等不同的主题区域。职业社区依据真实的社会分工创造了虚拟的社会环境，让孩子们在网吧、医院、邮局、海关、建筑工地、超市等六个分支机构中发挥不同的作用，培养他们的社会责任感和参与不同职业的能力。为他们设置各类音乐人才专区、设备、少儿读者、才艺展示、实践平台、小舞者、小歌手、小演员、小剪纸、小小书画家五个分支；数字区引进了最先进的设备，配置了针对少年儿童的趣味性强且形式多样的数字资源，包含 7D/9D 影院、3D 打印机、视听室等。这些分支区域能够让孩子们进行不同种类的体验活动，接触最先进的科学知识，不仅成功地吸引了孩子们的注意力，更能在社会教育、美学教育等方方面面都对孩子们有所启发，极大地拓宽了服务面，提升了文化教育的质量。

2. 专题活动

少儿图书馆还要依托先进的设备和馆舍优势，联合不同的社会机构，策划各类专题活动、系列活动，力图打造一个可持续的、精品化的少儿活动品牌。例如，少儿图书馆的小小咖啡馆在元宵、端午等传统节日里开展滚汤圆、包粽子等活动，大人孩子一起动手，在工作人员的精心准备和指导下，亲手做出节日食物，让孩子们感受了传统风俗的同时也锻炼了动手能力。又如，少儿图书馆在书画室、小小工地等区域开展各类手工制作、图画、探索等活动，还可邀请外教带领孩子们开展以圣诞节等为主题的外语活动。同时，少儿图书馆还可开展丰富多彩的绘本讲座、国学讲座，以及针对家长的教育讲座等知识型讲座活动，让来到少儿图书馆的读者，不论大人孩子都有所收获和助益。

3. 志愿者培训

2016 年 7 月 14 日，文化部出台了《文化志愿者管理办法》，这说明我国公共图书馆文化志愿服务已经开始纳入规范化管理的轨道。少儿图书馆的志愿服务工作起步较早，在图书整理、咨询引导等志愿服务方面已经较为成熟，也邀请了很多志愿者组织了各类专业活动，但开展程度远远不够，还有很大的发展空间。目前，少儿图书馆已经开始着手完善志愿者服务工作的规章制度，建立志愿者信息平台，统一管理，力争使今后的志愿者工作常态化、规则化。今后的志愿服务工作还应搞活思路，激发大众做志愿服务工作的兴趣，并加大奖惩力度，增强志愿者对这一工作的荣誉感和使命感。

志愿服务工作可以在很大程度上缓解图书馆工作人员不足的问题，并能有效地弥补员工知识的局限性和技能欠缺，应该在今后引起更多的重视，开展好这项创新服务工作。

（三）提高工作人员高素质

第一，在知识经济时代，少儿图书馆是否处于有利地位，并不断成长壮大，人才是决定因素。知识经济时代的少儿图书馆应首先配备一支高素质的干部队伍。这支干部队伍要具有较高的文化素质、高超的职业素质、现代科学的管理素质、优秀的现代思想素质、高尚的职业道德和良好的心理素质。坚持“一个中心”和“一个统一”，即以少年儿童读者为中心，统一严谨的科学管理，最大限度地为读者服务。对于读者在科学管理的基础上有一个长期的计划，要处理好少儿图书馆与小读者之间、馆员和小读者之间、读者需要和馆藏建设之间多方面的关系，使读者工作的顺利开展创造了良好的硬件和软件环境，为少儿读者提供温馨服务，充分展示少儿图书馆的社会价值。

第二，少儿图书馆可以采用“走动管理法”。这是由著名的管理学家托马斯提出来的，要求工作人员能够走出办公室的局限，深入到少儿读者中去，进行调查研究，从而获取真实有效的信息，为下一步的创新提供依据。也就是说，图书馆工作人员要抽出时间跟少儿读者进行沟通和交流、谈心，对提供的服务质量与服务水平进行了解，并把访谈的真实结果向上级领导进行反馈，为制定下一步的创新策略做出贡献。此外，在少儿图书馆日常管理中，一项重要的工作就是排架工作，把少儿图书馆的架位分割成不同的区域，每个区域都有专门的负责人，每个负责人都负责各自区域的图书上架与整理工作，还包括区域的环境卫生，要从制度上规定每个区域的乱架的比例，举行定期抽查活动，让图书摆列的整齐有序，让少儿读者查阅起来更加方便、快捷。事实上，我们要提高流动服务水平，除了要让责任落实到每一个人身上，还要成立相应的协作小组，通过小组成员相互帮助，减少因为一人不再而出现图书积压与乱放的现象。在图书整理结束之后，还要进行巡视工作，防止出现盗取图书等行为的发生，还能够通过巡视为读者提供个性化的服务，解决读者在查阅图书方面遇到的困难。

综上所述，要注重利用新时代少儿图书馆的文献资源，把其服务范围进一步拓展，体现了新时代少儿图书馆“读者至上”的服务宗旨，为提高新时代少年儿童的整体文化素质打下了坚实的基础。

第二节　少儿图书馆的发展现状

少儿图书馆为学生学习知识的第二课堂，是少年儿童阅读以及自己学习的场所，能够对老师和家长的教育进行补充，并延伸少年儿童学到的知识等。少年儿童正是学习知识的关键时期，少儿图书馆不但能够帮助少年儿童学习知识，还能培养其读书的良好习惯和阅读兴趣，开发少年儿童的智力等，起到的作用不容忽视。因此，在很多发达国家，对于少儿图书馆的建设，给予了高度的重视，从各个方面给予了大量的投入。但是我国对于少儿图书馆的建设还有些欠缺。

一、我国少儿图书馆的发展现状

当前，我国的公共图书馆发展还比较落后，不符合经济发展的速度。与公共图书馆进行比较，少儿图书馆发展的状况并不是十分的理想，只有为数不多的图书馆设施了少儿阅读室，但设置的阅读室规模并不是非常的大，对于文献的收藏也十分有限，服务比较差。根据相关的数据调查现实，2016 年我国公共图书馆共有 3153 个，同比增长 0.45%。据悉，1978 年我国公共图书馆数量仅 1218 个，29 年中国公共图书馆累计增长 1935 个，复合增长率 3.46%。

2016年我国少儿图书馆122个，占比3.9%。从公共图书馆级别来看，中央图书馆1个，占比0.03%。省、区直辖市级图书馆39个，占比1.24%。地级市图书馆369个，占比11.70%。县市级图书馆2744个，占比87.03%。2016年我国公共图书馆总藏量90163万册件，其中少儿图书馆总藏量4231万册件，占比4.7%。公共图书馆总流通人次66037万，少儿图书馆总流通人次2816万，书刊文献外借24892人次，组织各类讲座次数69308次，举办展览26588个，举办培训班44137个。

（一）国内少儿图书馆的数量比较少

在20世纪70年代，国际图联给出了明确的规定，每5万人便需要设置1个图书馆，人拥有藏书量不能低于3本，与该标准进行比较，我国需要拥有6000个公共图书馆，但截止到2016年，我国的公共图书馆数量只有3153个，少儿图书馆只有122个。

（二）同教育发达国家之间存在差距

与发达国家进行比较，我们在文化方面的投入非常少。在俄罗斯，人口总数为1.443亿，但是少儿图书馆的数量却达到了4500所，并给出了明确的规定，需要有30%-50%的馆藏为少儿文献。在日本，其国土面积还没有我国的1/25大，但在明治时代，其小学的就学率便已经达到了100%。在10年之前，日本专门为儿童建设的图书馆便已经达到了2162家。在丹麦，有一半的读物为儿童读物。在美国，由于科技的发展比较领先，所以在少儿图书馆的建设方面也比较先进，提供的服务非常突出。

（三）区域不平衡，影响了少儿图书馆的发展

在我国的一些大城市，由于经济发展的速度比较快，所以少儿图书馆建设的规模和文献资源的发展比较迅速，有足够的资金保障。其中在广州、深圳、大连等区域，每年用于购买图书的经费便超过了百万元，温州、湖南以及厦门等少儿图书馆的面积，超过了全国少儿一级馆的评估准则。

但是，在西部的农村区域，对于少儿图书馆的建设非常缓慢，由于区域经济发展不平衡，对西部区域少儿图书馆的发展造成了严重的影响。东部沿海区域，由于经济发展状况比较好，所以有大量的资金可以投入到相关的建设中，但是西部农村区域的经济发展比较缓慢，对于文化事业的建设，并没有太多的资金能够投入。

阅读，是现代社会人们获取信息，增长知识的重要手段，能够开阔视野，陶冶性情，有助于培养和提升思维能力，树立正确的人生观、世界观、价值观。

少年儿童是祖国的未来，民族的希望。少年儿童时期是个体身心发展从不成熟走向成熟、从儿童走向成人的过渡时期。少年儿童的阅读习惯和品味对其一生的发展都具有重要影响。少年儿童的阅读状况不仅关乎个人成长，也是影响国家和民族发展的大事。开展少年儿童阅读推广对培育和践行社会主义核心价值观，提高国民思想道德素质和科学文化素质，建设社会主义文化强国，增强国家文化软实力，实现中华民族伟大复兴的中国梦具有重要意义。

2017 年 11 月 4 日颁布的《中华人民共和国公共图书馆法》明确指出："政府设立的公共图书馆应当设置少年儿童阅览区域，根据少年儿童的特点配备相应的专业人员，开展面向少年儿童的阅读指导和社会教育活动，并为学校开展有关课外活动提供支持。"由此可见，少儿图书馆对少儿阅读推广负有义不容辞的责任。

二、少年儿童的阅读现状

"全民阅读"概念已连续四年写入政府工作报告，是我国构建公共文化服务体系的一项重要部署。近年来，形式多样的少儿阅读推广活动在全国各地公共图书馆大力推动、持续升温，并取得了一定成效。依据中国新闻出版研究院公布的第十四次全国国民阅读调查报告数据，总体来看：2016 年我国国民人均图书阅读量为 7.86 本，较 2015 年增加了 0.02 本；0—17 周岁未成年人图书阅读率为 85.0%，较 2015 年提升了 3.9 个百分点，未成年人的人均图书阅读量为 8.34 本，较 2015 年增加了 1.15 本。少儿阅读状况呈现总体向好的态势，并在阅读方式、阅读内容、阅读品味等方面呈现出以下倾向，值得关注。

（一）浅表化阅读

信息时代，新媒体的发展和信息量的爆炸让浅阅读成为一种必然。浅阅读是指一种浅层次的，以简单轻松、实用性甚至娱乐性为最高追求的阅读形式。速读、粗读、快读、浏览，都可以理解为是一种"浅阅读"。

少年儿童自我意识迅猛发展，思维活跃，认知旺盛，情感丰富且不稳定，浅阅读及其衍生的"读图时代""动漫时代"在某种程度上恰恰迎合了少年儿童的阅读趣味。少年儿童独特的生理和心理特点决定了他们一方面对知识性阅读、理解性阅读、探索性阅读有强烈的渴望，另一方面又很难摆脱对浅阅读带来的即时性阅读快感的追求。

（二）数字化阅读

全媒体时代，数字阅读已成为常态且发展成为主流的阅读方式。第十四次全国国民阅读调查报告数据显示，2016 年我国国民数字化阅读（网络在线阅读、手机阅读、电子阅读器阅读、Pad 阅读等）方式的接触率为 68.2%，较 2015 年的 64.0% 上升了 4.2 个百分点，连续 8 年上升。相比于传统一代，少年儿童更乐于接受互联网思维和数字阅读方式，他们倾向于通过手机、电子阅读器等智能移动设备来阅读和学习。微博、微信阅读等移动终端和社交媒体平台以其更新速度快、阅读便捷、互动性强的特点尤其受到少年儿童的喜爱。

（三）功利化阅读

功利化阅读是当今少年儿童无法回避的阅读现状。在升学压力和社会竞争的大环境下，“为考试而读”“只读有用的书”的思想大行其道，少年儿童的阅读书籍多被教辅类、应试类工具书挤占，老师推荐书目由于和考试内容直接挂钩，也长期居于阅读排行榜前列。

少年儿童的功利化阅读虽然无可厚非，但如果一味任由发展，不加以正确引导，会导致少年儿童视野狭窄，养成“偏食”的阅读坏习惯，进而缺乏良好的人文底蕴和文化素养，丧失思辨能力，其后果令人担忧。

三、少儿图书馆培养少年儿童阅读能力的优势

（一）资源优势

与普通的图书馆不同的是，少儿图书馆中的所有读物都适合所有幼儿和高中年级的孩子阅读，还有一些充满趣味性的“绘本”、玩具以及各种小游戏等等。除此之外，来到少儿图书馆的孩子还能够运用自己的双手制作一些小包包或者树叶子做的小书签等物品作为纪念品，让孩子们在图书馆中找到学习与阅读的乐趣。

（二）人才优势

少儿图书馆经过了相当长一段时间的经营与实践，也培养出了许许多多的少儿工作者，这些充满爱心的工作人员许多都是在校的教育工作者，或者从事与教育相关的人员，这些人才不仅知识面广而且敬业爱业，是孩子们的良师益友。

（三）环境优势

少儿图书馆拥有良好的硬件设施，如干净整洁的活动室、玩具室以及阅览室等，给少年儿童提供了良好的阅读氛围，让孩子们能够在一个良好的阅读环境中学习、交流，认识新的朋友，为孩子们构建一个和谐、欢乐的精神家园。

（四）活动优势

对于少年儿童的早期教育，可以通过各种充满童趣的小游戏或者小活动来进行，定期地举行各种“小读者活动”是少儿图书馆最为重要的工作，也是实现少儿图书馆的发展以及教育目标的途径之一。同时，这也是少儿图书馆深受广大少年儿童以及家长喜爱的重要原因。

四、青少年阅读推广的实践做法

（一）优化读者对象服务

1. 从需求出发布局馆藏资源

文献资源是图书馆的核心，“为人找书，为书找人”是读者服务的中心任务。在馆藏建设方面，少儿图书馆应通过流通大数据分析、阅读状况问卷调查、读者代表座谈会等形式，广泛了解少年儿童的阅读需求，深入分析少年儿童的阅读倾向，确定不同内容和类型的文献采集策略。例如，寒暑假期间和新学期伊始，图书馆里常常出现学校推荐书目的借阅高峰，采编人员应及时走访服务窗口，在科学合理安排馆藏结构和复本比例的基础上，及时增补各类新书，加快新书采购、加工、上架流程，因势利导，满足少年儿童的阅读需求。借阅室内设置热门书目专题书架，帮助少年儿童找到自己需要的书，从而更好地发挥图书馆社会教育的职能。

2. 从兴趣出发举办阅读活动

兴趣是最好的老师。从少年儿童的兴趣点入手，开展他们喜闻乐见的阅读活动，引导和培养少年儿童的阅读习惯，是少儿图书馆开展阅读推广的最佳方式。自 2000 年以来，扬州市少儿图书馆每年都举办各级各类少儿阅读推广活动，创造性地搭建了“四位一体”的综合服务平台，即：大型品牌系列活动，少图讲堂系列活动，成长体验系列活动和特色阅读推广系列活动。年平均举办大型阅读活动 40 余场，年平均参加读者达 2 万多人次，形式多样，内容丰富，寓教于乐。由扬州市少儿图书馆首创的“少儿图书交换节”活动，自 2000 年开始，每年暑假期间持续三天，至今已成功举办十八届。每年参加活动的少年儿童平均人数达到 1500 ～ 2000 人次，年平均交换图书 4000 余册次，受到学校和广大家长以及小读者们的热烈欢迎，先后被多家公共图书馆、少儿图书馆效仿，已经成为图书馆界少儿活动的知名品牌。扬州市少儿图书馆紧扣全国少年儿童绘本阅读年、世界读书日、红军长征胜利 80 周年、党的十九大召开等主题，开展了专题书展、图片展览等活动，并在此基础上衍生了读书征文比赛、朗诵演讲比赛、摄影大赛等活动，有效地促进和深化了相关主题阅读。先后邀请了曹文轩、秦文君、王巨成、饶雪漫、卢勤等知名作家举办专题讲座，使广大少年儿童有机会和知名作家近距离交流。

3. 从便民出发开展延伸服务

有调查数据显示，在全媒体时代的今天，少年儿童读者的图书馆利用率普遍不高。如何吸引少年儿童走进图书馆，利用图书馆的阅读资源，是少儿图书馆亟须解决的课题。

图书馆需要不断拓展思路，积极开展延伸服务，使广大少年儿童能够爱读书，读好书，善读书。

国家文化部颁发的42号文件中提出："在乡镇、街道、社区等建设少年儿童图书馆分馆，要吸纳社会资金，鼓励、支持社会力量参与少年儿童图书馆的建设。"图书馆要扩展为少年儿童阅读服务的半径，缩短与少年儿童的物理空间距离，方便其利用阅读资源。此外，图书馆要不断创新服务内容，在做好图书馆传统的文献资源服务的同时，也要与时俱进，把科技、文化、娱乐、教育等丰富内容注入服务方针之中。

（二）营造良好阅读氛围

1. 提升家庭阅读素质

家庭是少年儿童重要的阅读场所。少年儿童在婴童时期就会模仿父母的行为，因此在家庭中，只有父母拥有良好的阅读习惯，才能对孩子产生正面积极的影响，正确积极地引导和塑造孩子的阅读行为。少儿图书馆在少儿阅读推广中要做好亲子阅读纽带的角色，重视家庭与少年儿童阅读的关系，帮助父母构建家庭的阅读环境，提升家庭的综合阅读素质。

2. 创建馆际合作机制

推广少儿阅读，营造良好的阅读氛围，单纯依靠一个地区的一所图书馆的力量是远远不够的，要积极加强与其他图书馆和社会组织的合作与交流。

五、我国少儿图书馆的发展途径

（一）增强大局意识，提升对少儿图书馆的投入力度

与发达国家进行比较，我国少儿图书馆的建设力度明显落后，其中主要的表现为投入的力度不足，设施的建设比较落后，资源总量比较少，服务单一，网络服务还有待完善等。因此，政府要提升大局意识，增强责任意识，重视少儿图书馆的建设工作，并将其视为十分紧迫的一项任务，无论是在政策、经费还是在人才的培养方面，都要给予最大的支持，以便促进少儿图书馆事业的飞快发展。

（二）丰富少儿图书馆的文献收藏

首先，要将少儿图书馆的收藏量进行提升，最大程度的对少年儿童的阅读需求给予满足；其次，结合少年儿童的特点，要选择好文献，在采买的过程中，需要挑选趣味性强、科普性强、教育性强以及启发性强的图书等，从少年儿童的角度出发，重视对动漫作品、多媒体作品等资源的收集，尽量对少年儿童的需求给予满足。最后，一定要将馆藏的质量进行提升，防止出现色情、暴力以及迷信等书刊混入其中，同时保障购买文献的经费，确保文献馆藏能够合理增长，符合规定的标准。

（三）重视少儿图书馆电子阅览室的建设

在少儿图书馆当中，要注重对电子阅览室的建设，并对少年儿童免费开放，以便满足少年儿童对网络文化产生的需求。其中，要加强公共电子阅览室的内部管理工作，切实为少年儿童提供绿色、健康的网络场所，有益于少年儿童的健康成长。这样，可以引导少年儿童对互联网的正确使用，使少年儿童在应用互联网的过程中，能够学到更多的知识，增长见识和眼界。

（四）扩大宣传，为少儿图书馆事业的发展营造健康的社会氛围

少儿图书馆的建设和发展，需要政府的投入，也需要新闻媒体和社会的支持。因此，要尽量争取更多新闻媒体的支持，强化舆论导向，将社会对该项事业的建设和投入给予高度的认可，一同为构建少儿图书馆事业而努力。其中，少儿图书馆要制定相应的服务宣传周，并举办读书日等相关的活动，从不同的角度和方向对少儿图书馆进行宣传，使其职能和作用能够得到强化。在少儿图书馆的发展中，还要做好相关的宣传工作，争取吸引更多的读者，全面展现少儿图书馆的社会作用。

（五）积极开展内容丰富、形式多样化的服务工作

在少儿图书馆当中，少儿阅览室需要积极开展不同形式的阅读指导活动，以便在阅读当中融入思想品德的教育工作，将图书馆辅助教育的智能进行开展。

此外，还要结合不同年龄段人群的特征，将服务的理念进行创新，结合当前先进的信息技术，开展知识讲座、展览等相关活动，并设计内容形式丰富的读书活动，从而吸引更多的读者能够走进图书馆。

此外，图书馆要注重社会效益，将其放在首要的位置上，免费开放图书馆等，对未成年人群的文化权益给予最大的保障。

总之，少儿图书馆的发展和建设是十分关键的一种工作，更是社会文化事业繁荣的重要组成部分，所以，要做好少儿图书馆当中的各项工作，对促进文化事业大发展有着重要的帮助作用，有益于提升我国的文化软实力。

第三节　少儿图书馆的社会功能

少儿图书馆的主要服务对象是少年儿童，旨在促进少年儿童的思想道德以及文化知识建设。通过丰富多彩的读书活动以及阅读素材引导少年儿童自主开展阅读活动，形成良好的阅读习惯。因此，少儿图书馆承担着一定的社会教育职能，是学校教育、家庭教育的拓展和延伸。当前阶段，结合新时代的发展趋势对少儿图书馆的服务模式进行创新是图书馆发展中的重要问题。

一、少儿图书馆的社会功能分析

（一）少儿图书馆是文化资源的重要来源之一

少儿图书馆主要是通过提供丰富多彩的文献信息资料，利用宣传、外借等方式将上述资料传递到读者手中，提升读者文化素养。因此，少儿图书馆的服务对象不仅包括少年儿童，还包括与少年儿童健康成长息息相关的家长以及教育工作者。针对不同群体的实际需求，少儿图书馆要提供与之相适应的服务，使图书馆的资源得到最大程度的利用。同时，少儿图书馆可以与附近的少年儿童服务机构，如幼儿园、中小学以及福利院等建立良好的联系，扩大服务的普及范围。此外，少儿图书馆为了方便开展相关的公益活动，还要与当地的教育系统以及新闻部门保持密切的关系。

（二）少儿图书馆的社会宣传教育职能

少儿图书馆是除学校与家庭之外的教育场所，对于少年儿童的健康成长以及知识学习具有重要的意义。少儿图书馆是少年儿童拓宽视野、学习新知识的重要场所，承担着少年儿童良好道德品质的培养、综合素质的提高以及学习习惯的养成等多项职责，总体来说，就是社会宣传教育职能。少儿图书馆主要是通过丰富文献资料的广泛传播或是相关公益活动的开展来实现这一职能的。针对少儿图书馆的这一职能将其与学校教育以及家庭教育进行有效的衔接可以促进少年儿童文化道德素质的良好发展。

（三）引导阅读

少儿图书馆中收藏着大量的图书以及期刊资料，其丰富多彩的内容能够激发少年儿童的阅读兴趣，从而促进少年儿童良好阅读习惯的培养。随着社会的发展，对于少年儿童的培养教育已经不仅仅限制于学校以及家庭，少儿图书馆的教育职能逐渐凸显出来，因此对少年儿童的阅读活动进行有效的引导是少儿图书馆的重要责任之一。只有通过学校、家庭以及社会三个方面的有效配合才能实现少年儿童的良好发展。

二、提升少儿图书馆社会功能的有效策略

（一）创新少儿图书馆的服务方式

在新的时代背景下，少儿图书馆的服务对象已经不仅仅限制于少年儿童，读者的实际需求也发生了一定的变化，这就要求少儿图书馆必须顺应时代的发展，对图书馆的服务方式进行创新探索。首先，少儿图书馆要及时认清社会形势，对读者的需求进行充分的了解掌握，在此基础上对图书馆的服务内容以及服务对象进行扩充。其次，图书馆要对当前阶段的社会热点问题进行重点关注，如少年儿童阅读的便捷性问题或是图书馆服务的人性化问题，并针对这些问题采取相应的措施以满足读者的阅读需求。最后，图书馆要注重潜在读者群体的引导，利用丰富的馆藏图书资源为家长、教师以及其他少年儿童工作者提供更好的服务。

（二）促进图书资源的网络化

随着科学技术的飞速发展，计算机信息技术在图书馆的经营过程中得到了广泛的使用，在信息时代的大背景下，少儿图书馆要将纸质文献逐渐转化为电子文献，构建图书馆的信息数据库，从而更好地适应电子阅读的环境。对此，条件较好的少儿图书馆可以建立独有的网站，根据读者的需求，进行网络信息交流，及时发布相关阅读活动的信息，并对不同层次的用户提供与之相适应的服务内容。同时，图书馆还可以提供适当的电子图书资源下载服务，使读者的阅读活动更加方便快捷。此外，少儿图书馆还可以根据少年儿童的特点开展一些网络阅读活动，推动图书馆服务的普及，促进其社会功能的提升。

（三）提高少儿图书馆工作人员的素质

少儿图书馆工作人员素质的高低直接影响着图书馆社会功能能否得到有效的落实，因此切实提高图书馆工作人员的整体素质可以为图书馆工作的顺利开展奠定坚实的基础。当前时代背景下，少儿图书馆的工作人员不仅要做好馆藏文献的管理工作，还要具备扎实的专业理论知识以及一定的网络技术。在具体的工作过程中，少儿图书馆工作人员首先要做好图书馆资料的引进、整理、维护等工作。其次要做好图书馆服务的推广建设工作。少儿图书馆可以针对工作人员开展培训活动，结合实际工作内容制定相应的培训措施，实现工作人员整体素质的提高。

综上所述，少儿图书馆承担着一定的社会教育职能，想要切实提升其社会功能，必须从服务方式的创新、图书资源的管理以及工作人员素质的提升三个方面入手，不断扩

大图书馆的受众群体，促进少年儿童的良好发展。

第四节　新时期少儿图书馆面临的挑战

少儿图书馆是社会公共教育机构，在教育事业改革持续深化下，在少年儿童教育方面起到的作用愈加突出。由于少儿图书馆自身的资源较为丰富，在实际工作中，需要根据实际情况针对性提供服务，协调各项工作开展，是当前少儿图书馆服务工作中主要面临的问题，加强少儿图书馆服务工作创新是必然选择，对于后续相关工作开展具有一定促进作用。

一、新时期少儿图书馆面临的挑战

少儿图书馆主要是以少年儿童为主要服务对象，在日常工作中除了提供丰富图书资源以外，还要注重读者的需求反馈，提供更加优质的教育文化服务，其重要性不言而喻。面对新时期对少儿图书馆提出的要求，应该加强宣传力度，提升社会对少儿图书馆的认知和重视，转变少儿图书馆的服务意识，为少儿图书馆营造广阔发展空间，提升市场竞争优势。

（一）创设良好的阅读环境，优化少儿工作开展

阅读环境对于少儿读者是否能够全身心投入其中影响较大，这就需要结合少儿读者的年龄特性，针对性创设阅读环境，提升少儿读者服务工作质量。良好的阅读环境，可以激发少儿读者阅读兴趣，全身心投入其中，获得更加深刻的教育启蒙作用。基于此，少儿图书馆在环境布设方面，应该充分调查和了解少年儿童的个性特色，采用更加鲜明的色彩，融入趣味性的动漫元素，在强烈色彩对比下激发少年儿童的阅读兴趣，全身心投入到阅读中，养成良好阅读素养。在家具布设方面，应该合理摆放阅读桌椅，营造宽松舒适的阅读环境。书架的摆放十分重要，应该确保书籍直观明了，合理控制书架之间的空间间距，并配备电脑，就近阅读图书，带给读者舒适的感觉。

（二）加强宣传力度，提升图书资源利用效率

少儿图书馆在发展中，注重培养少年儿童的阅读意识，有助于加深少儿对图书馆的认知和理解，其重要性不言而喻。少儿图书馆在发展中，由于宣传力度不足，社会大众对于少儿图书馆的认知存在很大的局限性，甚至认为图书馆等同于书店，将电子阅览室看作是网吧。而很多家长受到社会错误理念的影响，认为网吧会误人子弟，有了这样的概念，自然不希望孩子到图书馆阅读。在这样的环境下，图书馆自身形象受到了严重的影响，不利于少儿图书馆的长远发展。为了可以充分发挥少儿图书馆的原有作用，将其作为少年儿童读者的第二阅读课堂，图书馆应积极组织实践活动，通过公益广告和媒体手段，大范围宣传少儿图书馆的功能和服务，提升少儿图书馆的知名度和教育职能，引导少年儿童可以正确认识到少儿图书馆的作用，合理开发和利用图书资源，推动少儿图书馆的长远发展。

二、少儿图书馆服务工作的创新途径

少儿图书馆服务工作的创新，是推动图书馆长远发展的主要途径，这就需要发挥图书馆资源优势，利用前沿技术手段建立信息管理系统，整合教育资源，将更多信息资源大范围共享和传输，激发少儿读者的阅读兴趣，潜移默化中养成良好的阅读习惯。

（一）创新服务理念和服务思路

在现代信息技术创新和发展背景下，传统纸质文献已经无法满足读者实际需求，读者可以通过互联网获取信息资源，获取电子信息资源。这就需要少儿图书馆立足于实际情况，建立更具特色的图书馆网站，培养少年儿童的辨别能力和创新能力，可以从繁杂的信息中选择有助于少年儿童发展的信息，推动少儿图书馆服务理念和服务思路创新，为读者提供优质的信息服务工作，推动少儿图书馆的长远生存和发展。

（二）创新服务活动形式

在少儿图书馆服务工作创新开展中，服务活动形式的创新十分关键，在组织讲故事和作家见面会等活动的同时，可以组织更多地活动来吸引少年儿童参与其中。如制定相应的阅读奖励制度和计划，根据难易程度合理划分书籍分级点，并且附送读书卡，读者可以看完书后回答卡片上的问题，获得点数来获得对应的奖品。通过这种方式可以有效激发小读者的学习兴趣，积极参与其中，提升图书馆的图书资源利用效率。少儿图书馆还可以在不同时间段组织特色活动，诸如“七一”“缅怀先烈”等活动，结合实际情况为读者提供书刊阅读，或是举办演讲比赛和知识竞赛来激发少儿阅读兴趣，推动少儿图书馆服务形式的创新，有助于提升服务质量，为社会发展做出更大的贡献。

（三）创新服务方式

少儿图书馆应该结合不同类型的读者需求，立足于实际情况创新服务内容和服务方式，为读者提供针对性的服务，促使读者服务方式多样化，有助于提升读者服务工作的质量。首先，建立网络平台，借助现代化技术提供服务。建立少儿图书馆网站，整合与少儿联系较为密切的内容，实现信息资源传输和共享，建立数据库，加强图书馆之间的沟通和交流；坚持以读者需求为导向，整合网络信息资源，推动服务形式创新，促使服务内容逐渐精细化，建立少儿图书馆网络平台。其次，建立亲子阅读区，家长是孩子的启蒙老师，应该充分发挥自身的榜样模范作用，通过规范自身的行为举止，为孩子树立典型的模范作用。家庭生活中，家长养成良好的阅读习惯，对于孩子身心健康成长具有重要的促进作用。为了可以为孩子营造良好的学习氛围，建立学习型家庭，可以制定家庭阅读大纲，有计划地开展亲子阅读活动，促使孩子可以在良好的家庭氛围中阅读，享受阅读带来的乐趣，让孩子可以保持长久地阅读兴趣和阅读习惯。

三、少儿图书馆服务功能的创新

为了推动少儿图书馆长远发展，应该加强少儿图书馆服务工作创新，是新时期图书馆发展的必然选择。推动少儿图书馆服务理念和服务方法创新，迎合图书馆发展需求，应该进一步提升图书馆服务水平，主要表现在以下几个方面。

其一，加强爱国主义教育。加强未成年人思想道德教育，是全社会共同责任，尤其是少儿图书馆更应该负起责任，定期组织爱国主义教育为主体，结合重大意义的纪念教育活动，配合学校德育教育活动的开展。如推出弘扬雷锋精神的活动，将新时期先锋图片和图书展出，引导少儿观看雷锋同志的照片和《雷锋日记》，促使新时期的少年儿童可以了解雷锋精神，让雷锋精神可以在少年儿童群体中发扬光大。

其二，被动服务转变为主动服务。少儿图书馆发展中，为了充分发挥其功能和作用，应该深入社会基层，开展服务活动。加强图书馆宣传力度，帮助少儿了解图书馆的功能和作用，可以激发孩子们的阅读兴趣。如可以与学校合作，开展队会活动，组织学生走进图书馆，参观图书馆，了解图书馆的社会公益特点，感受到利用图书馆资源给学习带来的便利，合理开发和利用图书馆资源；进一步拓展课外阅读活动，树立良好的少儿图书馆形象，加深社会各界的认知和重视，提升少儿图书馆社会效益。

其三，组织少儿专题讲座，为少儿营造绿色的成长空间，关注少儿读者的服务需求。少儿图书馆可以组织“走进图书馆知识讲座”“青少年法制教育讲座”等活动，提升少年儿童的图书馆意识，促使他们积极走进图书馆，懂得利用图书馆获取知识，养成良好的阅读习惯。

综上所述，少儿图书馆在服务工作开展中，应该立足于实际情况整合图书馆资源，有效利用自身条件和社会资源，充分发挥少儿图书馆原有的公益作用，协调各项工作开展，推动少儿图书馆长远生存和发展，切实提升服务工作质量。

第五节　少儿图书馆与读者活动

图书馆少儿读者的年龄通常在6—15周岁，正处于义务教育阶段，学习能力和阅读能力都处于高速发展期，价值观的变化较为明显，同时对外部事物怀有强烈的好奇心。但在实际工作当中，很多少儿图书馆没有充分把握少儿读者活动的本质特征，将其与成年读者的阅读活动等同看待，导致少儿阅读活动没有特色，缺乏创新性和吸引力。因此，少儿图书馆应在充分分析少儿读者活动的主要类型及发展趋势的基础上，进一步明确少儿读者活动完善和改进的方向，以促进少儿读者的健康成长。

一、少儿图书馆开展读者活动的重要性

（一）有利于少年儿童身心健康发展

少年儿童的身心正处于成长发育阶段，其世界观、人生观、价值观等可塑性强、可变性大，对很多事物的认知还不全面，需要家庭、学校及社会各界共同努力才能得到良好的发展。少儿图书馆开展少儿读者活动，不仅可以为少儿读者提供丰富多彩的阅读资源，还能激发少年儿童的阅读热情，培养他们的阅读兴趣，为其形成终身阅读的习惯奠定基础。此外，图书馆开展少儿读者活动，为少年儿童提供了一个相互交流和学习的机会，使其可以在愉悦的氛围中增长见识、提高能力，促使其综合素质的全面提升，对促进少年儿童身心健康发展十分有益。

（二）有助于拓展少儿图书馆的社会影响力

少儿图书馆举办的阅读活动若能够与少儿读者的内心取得共鸣，就可以使其心灵得到升华，积极向上的阅读活动内容也有利于促进少儿读者形成正确的价值观。同时，少儿图书馆举办形式独特并紧贴社会热点的少儿阅读活动，可以有效激发新闻媒体采访报道的积极性，引起社会的广泛关注，在社会上形成少儿阅读推广的热潮，这不仅能提高少儿图书馆的影响力，还能调动人们参与阅读活动的积极性。

（三）有助于拉近图书馆与少儿读者之间的距离

少儿图书馆举办少儿读者活动不但可以增强馆员对少儿读者阅读状况的了解，而且

可以增进馆员和少儿读者之间的感情。以往传统的少儿阅读推广活动往往只注重形式和效益，而忽略了各参与主体之间情感的交流和互动。少儿图书馆开展多元化的读者活动，需要馆员在活动过程中与家长及少儿读者进行有效的互动，才能确保活动顺利开展。馆员通过活动能够进一步掌握少儿读者的心理特征、阅读需求及情感渴望，为其提供更人性化的服务；而少儿读者通过与馆员进行良好的互动与沟通，将自己的需求告诉馆员，有助于进一步增进彼此的情感，从而增加少儿读者和家长对图书馆的黏性和忠诚度。

二、当前少儿图书馆开展读者活动的主要类型

（一）阅读推广类活动

少儿图书馆拥有丰富的馆藏资源、良好的人力资源和设施条件，一直都是我国少儿阅读推广工作策划、组织、实施的一线阵地。在全民阅读的背景下，少儿读者的阅读推广活动已成为少儿图书馆扩大自身品牌影响力的主要途径之一。例如，丹东市图书馆在每个学期都会联合区域内的基础教育学校开展多元化内容的阅读推广活动，如“阅读故事会”“我最爱的课文”“开心学习、快乐阅读”等。这些活动不仅使读者在生动活泼的阅读氛围中体验到了阅读的乐趣，还通过互动式的交流增强了阅读表达能力，激发了他们的阅读热情，提高了阅读主动性。

（二）亲子互动类活动

家庭是孩子成长发展最重要的环境，随着生活节奏的加快，越来越多的家长因忙于工作而忽略了与孩子的沟通和交流，造成家庭情感的疏远，不利于孩子的健康成长。少儿图书馆开展亲子阅读活动，能够促进少儿与家长之间感情的交流和互动，同时有助于家长进一步了解孩子的身心发育情况，尤其是阅读能力方面的情况。同时，少儿图书馆通过举办亲子活动，可以提升家长的阅读辅导能力，进一步体现亲子类读者活动的重要性和公益性。

（三）实践技能类活动

虽然国家提倡在义务教育阶段大力开展多元化的素质教育活动，但大部分义务教育学校依然以课程教育为主，以实践技能为主的素质教育活动开展得并不充分。针对这一情况，我国少儿图书馆应以提高少儿实践技能为目的，开展多元化的实践技能类读者活动。例如，丹东市图书馆举办的“希望之梦 古诗朗诵比赛”“少儿绘画创作比赛”“科技小能人创作比赛”等一系列实践技能比赛活动，不仅锻炼了少儿的实践动手能力，使少儿的自我能力得到充分发挥，还有效地弥补了学校在实践技能教育方面的缺失。

（四）培训指导类活动

全方位提升少儿读者的课外阅读能力，尤其是阅读表达能力，一直是少儿图书馆工作的重点，为此开展了各种类型的培训指导活动。例如，丹东市少儿图书馆开展的“我是小小演说家”阅读培训指导活动，使少儿读者通过故事演讲掌握发声的技巧。同时，小读者通过登台演讲，进一步丰富了舞台表演的经验，增强了自信心。

三、少儿图书馆读者活动发展趋势分析

（一）采用小读者喜闻乐见的推广方式

少儿图书馆读者活动推广的对象主要是少儿读者及其家长。少儿图书馆读者活动的种类和服务内容应多样化，并应定期或不定期进行宣传，以提高少儿家长对活动的认识，激发其参与活动的积极性。例如，开展少儿早期教育，举办家长交流沙龙，或者提供针对性的阅读咨询等，提高家长的参与兴趣，从而提高少儿图书馆的影响力。少儿读者的阅读能力具有局限性，其更希望通过阅读活动获得内心的快乐。因此，少儿图书馆应组织形式多样、内容浅显易懂的阅读活动，激发少儿读者的阅读热情，从而广泛地吸引少儿读者长期参与活动。

（二）少儿图书馆读者活动应向纵深层次发展

我国大部分少儿图书馆都是依托本地区公共图书馆设立的，但在为少儿读者服务的过程中，却很少与所依托的公共图书馆产生资源方面的联系。我国的公共图书馆不但拥有丰富的纸质资源和数字资源，而且信息化服务水平也较高，新媒体、互联网技术等都得到了充分的应用。因此，少儿图书馆也可以利用这些条件，从宣传推广多途径、活动内容多样化、活动评价科学化等方面，进一步推动少儿读者活动向纵深层次发展。

（三）少儿读者活动需进一步整合各方力量

选择哪种方式对少儿读者活动进行宣传，提高人们的认可程度，使人们养成参与少儿阅读活动的习惯，是现阶段我国图书馆界亟须解决的问题。如果仅将少儿阅读活动单纯限定在图书馆，很难最大限度地发挥其作用。因此，少儿图书馆在筹划、开展少儿阅读活动时，应从少儿生活的多个层面进行考量，集社会、学校及家庭的力量共同组织活动。少儿图书馆除利用现有资源充分发挥自身的积极作用外，还应争取政府的扶持帮助，加强与博物馆、展览馆及影剧院等单位的合作，同时借鉴英美等发达国家“阅读起跑线计划”“不让一个孩子掉队法案”的成功经验，进一步推动我国少儿读者活动的开展。

四、推动少儿图书馆读者活动创新发展的策略

（一）扩大活动影响力，吸引少儿及家长参与

少儿图书馆应致力于增强少儿读者活动的影响力，积极宣传活动的意义，使少儿读者及家长切实感受活动的魅力，从而获得他们对活动的认可。一方面，少儿图书馆可以采用技术性手段强化活动的宣传效果，建立微信、微博公众号及微信群等，利用新媒体传播速度快、范围广、内容丰富的特点，及时将活动信息、精彩图片及微视频等传递给少儿读者及家长，从而实现对他们的持续影响。另一方面，少儿图书馆还应不断加强传统宣传渠道的实效，通过馆内海报、电子屏及网站及时对活动进行预告，同时与主流媒体，如报纸、电视台等进行合作，并对活动过程进行直播，使少儿读者及家长能够真切感受活动效果。

（二）丰富读者活动内容，提升读者活动的深层内涵

少儿图书馆只有与时俱进不断丰富读者活动的内容，才能真正体现活动的生命力，使少儿读者各方面的素养得到快速提升。少儿图书馆可以从以下三个方面入手：一是鼓励少儿读者积极参与读者活动的组织策划，不仅有助于激发他们的参与热情，还能促使其综合能力素养得到有效提升。二是充分利用活动帮助少儿读者扩大“朋友圈”。在活动中，少儿图书馆将不同学校或班级的少儿读者安排在一起，培养他们的口才与沟通能力，使少儿在活动中找到兴趣相同、互帮互助的好伙伴、好朋友。三是应针对不同年龄段的少儿读者开展个性化活动。如：针对6—8周岁的少儿读者，可以动员家长共同参与“亲子绘本阅读”活动；针对9—12周岁的少儿读者，可开展“经典诵读”“我最爱的古诗”等活动；针对13—15周岁的少儿读者，可开展“电脑技能比赛”“我是小科学家”等活动。

（三）创新活动组织模式，引领读者活动潮流

少儿读者富于想象力，对新鲜事物更具有探求的热情。少儿图书馆应紧抓这一特点，在读者活动实践中积极探索并引进国内外最新的少儿读者活动模式，有效引领区域内读者活动的潮流。如：“真人图书馆”和“动漫Cosplay”是目前发达国家较为流行的两种少儿读者活动。“真人图书馆”是少儿图书馆利用真人进行互动式阅读交流及答疑，服务主题不再是单纯的阅读推广，而是通过真实人物的现场互动解决少儿读者在阅读过程中遇到的难题，并帮助其开展有益、有趣的阅读。“动漫Cosplay”是少儿读者在阅读特定的动漫读物后，根据自己的想象自主制作道具，并由少儿图书馆帮助其编写剧本、进行现场演绎的活动。通过这些活动，少儿读者不仅充分发挥了想象力，还在演绎过程中

更加深入体会了动漫读物所要传达的内容和意义。

（四）联合协作，积极寻求社会资源支持

多元化少儿读者活动的开展往往需要各类社会主体的支持才能取得更好的效果。因此，少儿图书馆应将学校、社区等社会组织纳入少儿读者活动构建当中，真正促进少儿读者活动的可持续发展。例如，丹东市图书馆的“馆外流通站”模式就是图书馆通过与学校、社区等组织达成活动共建协议，促进读者服务的有效延伸。在该模式下，开展读者活动的场所由学校或社区提供，活动所需的图书资源与设备由丹东市图书馆提供，活动管理人员由图书馆馆员、学校教师、社区义工共同组成。活动场所、物力资源、人力资源的有序组合，可以有效拓展少儿读者活动的覆盖面，促进图书馆、学校及社区的合作互信，为少儿读者活动在全社会的开展奠定基础。

少儿读者活动作为少儿图书馆工作的重要内容之一，不仅要注重活动实效的发挥，还要深入思考如何通过形式创新、内容创新、合作创新进一步提升其生命力。我国各地区少儿教育的基础存在很大差异，同时也各具地域文化特征。因此，各地区少儿图书馆应基于本地区的文化教育特色，将地域特色文化融入少儿读者活动，使少儿读者活动更符合本地区特点，以此吸引更多的少儿读者及家长参与活动。

第六节　少儿图书馆与素质教育

近年来，素质教育已经广泛的得到了社会和大众的关注，已经成为一个热门话题，素质教育注重培养和发展少年儿童的综合素质，促进少年儿童全面科学和谐发展。而少儿图书馆本身在素质教育开展的过程当中具有不可或缺的优势和作用，因此应该充分结合少儿图书馆的重要优势，努力开展素质教育，促进少儿全面能力的开发。

一、素质教育的概念和发展现状

素质教育的概念当下备受推崇，尤其是教育者们认为，只有开展素质教育才能够改变传统的教育模式，促进学生综合能力的培养，从而使得学生的个性得以充分发挥，让孩子们不仅具有良好的专业知识水平，也能够进一步提升心理素质、思想道德素质等综合素质，从而促进学生的德、智、体、美、劳全面发展。通过调查研究发现，当下素质教育的浪潮已经被逐渐掀起。通过开展素质教育有利于挖掘少儿的潜能，培养少儿的个性，强化少儿的心理健康发育，提高少儿的文化素质。所以开展素质教育是一项十分重要的社会系统工程，需要办学单位、文化机构给予支持和帮助。

二、少儿图书馆在素质教育开展过程中的重要作用

第一，少儿图书馆能够为素质教育开展提供重要帮助。少儿图书馆本身具有很大的优势，不仅能够为孩子们提供知识，另外，也让孩子们在一个良好的氛围当中进行学习，这样有利于培养少年儿童的综合素质，为我国社会主义现代化建设培养良好的接班人。所以少儿图书馆本身作为孩子们进行课外阅读的重要场所，不仅能够拓展学生的知识面，另外也能够锻炼学生独立思考的能力，同时养成良好的阅读习惯。

第二，少儿图书馆是实施素质教育的重要基地。素质教育的开展需要全社会的共同参与，尤其是受到多年应试教育弊端的影响，在对少儿进行培养的过程当中往往忽视素质教育，更加注重学生的学习成绩教育，因此为了改变根深蒂固的传统观念，需要少儿图书馆发挥其应有作用，通过对少儿提供免费开放的机会，让孩子们接触到广泛的文献资料和信息资料，进一步普及文化知识，另外也能够培养学生的思想道德素质，这样就能够与学校教育形成互补。

第三，少儿图书馆开展素质教育具有十分重要的优势。主要表现在以下四个方面：一是具有丰富的馆藏资源。少儿图书馆已具备较多的馆藏资源，能够为少儿提供各种各样的文献资料以及藏书体系，这样就能够有效的弥补课堂教学中难以学到的知识，便于学生们及时的查阅自身喜欢的书籍，从而发挥自己的潜能配合学校教育，有效拓展学生的知识面，促进学生的健康成长。二是能够开展丰富多样的形式活动，来吸引读者的参与。少儿图书馆可以向学生们提供一些良好的书籍，帮助学生们形成良好的思想道德品质，这样就有利于素质教育的开展，并且通过开展读书活动有效地吸引学生的参与，比如可以结合世界读书日，图书馆服务宣传周等活动，来激发孩子们的阅读兴趣。三是少儿图书馆本身具备良好优雅的环境。由于图书馆的建筑风格以及馆内布置都能够迎合孩子们的性格特点，同时也能够保持端庄宁静优雅的本色，因此不仅能够发挥其藏书的应有作用，另外也能够让孩子们在一个良好的环境氛围当中学习阅读，这样就为素质教育的开展提供了良好的社会氛围。四是少儿图书馆能够帮助到学生挖掘时间的潜能。一般来讲，学校的图书馆开放时间与学生的上课时间是同步的，平时在节假日都会处于关闭状态，这样并不利于学生们进行书籍的阅读，而少儿图书馆则是全天候为学生们提供服务，尤其是节假日能够为学生们提供一个良好的阅读空间，满足学生的阅读需求，从而提高学生的阅读素质，增强

学生驾驭知识，掌握知识的能力。

三、充分发挥少儿图书馆对于开展素质教育的有效途径

第一，要建立一支高素质的服务团队。为了保证少儿图书馆能够为少儿提供更加专业的服务，需要对图书馆的工作人员进行强有力的培训，通过建立一支高素质的服务团队，为少儿们开展一对一的服务，因此应该对现有的少儿图书馆的工作人员进行专业技术培训，通过提升其服务意识和专业技术水平，能够为少儿读者阅读提供良好的服务和帮助。

第二，坚持与时俱进，为少年儿童提供更加多样化的服务。结合当下图书馆的发展趋势，为了保证少儿图书馆充分发挥其优势和作用，需要建立数字化图书馆来满足少儿读者进行数字化阅读，从而打破时间和空间的限制，只要是登录了数字图书馆就可以进行信息的阅览。

第三，加强阅读指导，培养小读者良好的阅读习惯。在少儿图书馆浩瀚的书籍中，不但可以巩固学到的知识，还可以通过阅读课外读物学到课堂上所学不到的知识。因此，少儿图书馆的工作人员可以利用同学们所具有的求知欲开展有针对性的阅读指导，指导他们领会学习的方法，增强阅读兴趣，从而提高学习能力。

素质教育的开展是顺应时代发展趋势的必然选择，有利于提高学生德智体美劳的综合素质，在进行素质教育的过程当中少儿图书馆具有重要的优势和作用，首先少儿图书馆是开展素质教育的重要基地，而且在素质教育中也发挥着不可或缺的作用，因此少儿图书馆在开展素质教育的过程当中具有一定的优势，一方面馆藏资源较为丰富，另外也可以采取丰富多样的形式来吸引读者的参与，最重要的是能够为少儿提供良好的优雅环境进行知识的学习。为了充分发挥少儿图书馆应有的作用，需要建立一支高素质的专业服务团队，对少儿进行良好的阅读指导，从而促进少儿的全方位发展。

第七节　少儿图书馆与文化精准扶贫

2013年11月，习近平总书记在湖南湘西考察期间首次提到了“精准扶贫”的重要思想，并强调扶贫必须因地制宜，实事求是。“精准扶贫”成为扶贫工作开展的重要方向和基本要求。文化精准扶贫是精准扶贫链上至关重要的一环，是我国公共文化服务体系聚焦贫困地区实施扶贫战略的升级转型，从精神和文化的层面上，提高贫困群体自主脱贫的

能力。作为我国公共文化服务体系中的核心主体，图书馆在文化扶贫中起着重要作用，2016年中国图书馆学会专门成立了图书馆扶贫工作委员会，而少儿图书馆也应当以少年儿童为导向，履行社会职能，积极推进文化精准扶贫的进程。

一、我国文化精准扶贫存在的问题

“扶贫要扶到点上，根上。”人生如屋，信仰如柱，扶贫不仅要扶物质，更要扶精神、扶智力、扶文化，通过文化设施的建立，文化产业的扶植和文化服务的提升等方式，针对性地开展精准扶贫工作，改“输血”为“造血”，提高当地人民素质，增加贫困人群的内在动力，才能尽快摆脱贫困。没有文化扶贫做支撑，物质扶贫将难以持续。但目前我国文化精准扶贫中也存在不少问题。

（一）文化扶贫人群定位不准确

文化精准扶贫的核心在于扶人、扶智、扶文，扶贫对象的正确定位是解决贫困问题的治本之策。但现行的文化扶贫项目中存在将扶贫资源面向所有对象平等分配的情况，造成了扶贫资源的浪费，也达不到扶贫的目的。不应将文化学历不高，但经济相对富裕以及经济条件困难，但个人文化层次相对较高的人群列入文化扶贫的目标人群。

（二）文化精准扶贫项目与实际需求脱节

在扶贫工作的具体实施中，发现很多项目并不能真正地发挥作用，部分地方的农家书屋服务形式单一，而且提供的书籍并不能解决农民日常生产中出现的问题，看似很专业但实用性不大。扶贫项目设立之初，忽视了对项目内容是否与当地情况以及目标群体需求相一致的深入研究，单项和一厢情愿地提供文化产品，导致扶贫项目公众参与率不高、实际效益低，有的甚至无法持续开展，陷入进退维谷的境地。

（三）文化扶贫监督与管理机制不完善

目前对文化工作的考核，多为系统内部自行评估，社会公众少有参与表达的机会，而且考核的重点是看项目是否完成，实施过程、实际效益、结果影响等方面并不作为考核的指标。同时文化扶贫工作牵涉部门较多，存在各自为政，缺乏统筹的问题。不同部门、不同层次的公共文化服务机构自成一体，封闭运行，各方工作内容及进度不能及时互通，缺乏对公共文化资源的整合，导致扶贫项目收效甚微。

二、以少年儿童为导向的必要性

少年儿童是家庭的寄托，民族的希望，祖国的未来，对广大农村贫困地区进行文化精准扶贫时，更需要加强对少年儿童的文化教育，让他们从小体会文化的魅力，接受知识的熏陶，树立正确的价值观，未来成为美好和谐家园的建设者。

（一）农村留守儿童的现状

随着城镇化、工业化进程的不断推进，大量农村劳动力向城市转移，导致农村留守儿童的数量和规模日益扩大，教育及相关问题也随及产生。一是学习状况不理想，由于父母长期外出务工，留守儿童多为代际抚养，由爷爷奶奶照顾。老人大多文化程度较低，对学习重视程度不高，不能对孩子进行教育辅导，极易造成留守儿童厌学、逃学、辍学等问题；二是违法犯罪问题突出，老人一般只关注孩子有没有吃饱、穿暖的问题，缺乏道德品质和行为习惯的正确引导，不少留守儿童法律意识单薄、自控力较差，常有抢劫、盗窃、寻衅滋事等行为；三是心理健康状况堪忧，留守儿童在身心发育的黄金时期不能享受正常的亲子关系，缺乏与父母的沟通和情感交流，容易出现孤独感和自卑感、性格内向、自卑、孤僻，不善与人交流等缺陷，行为往往走向偏执。这些问题的发生遏制了少年儿童的健康成长，也增加了实现文化扶贫的难度，想要彻底消灭扶贫，留守儿童的文化扶贫工作刻不容缓。

（二）消除贫困的代际传递

短暂的贫困可以消除，但贫困若植根于精神文化中，则会形成代际传递，发生二次传播，子女复制父辈的价值观念和生活方式，影响下一代人教育和发展水平，整个社会将缺乏脱贫的再生力量。因而必须要加强文化精准扶贫，打破贫困代际传递的链条，帮助留守儿童在精神文化上超越父辈，强化其自我价值的认知，增加其自我发展的能力和机会，在未来能积极地参与到国家发展中，通过自身努力摆脱贫困。

三、少儿图书馆文化精准扶贫的可行之策

作为公共文化服务体系的重要组成部分，少儿图书馆是广大少年儿童汲取知识、开阔眼界、社会实践的“第二课堂”，应当对农村贫困地区的留守儿童开展切实有效的方针对策，推动文化精准扶贫工作的进一步落实。

（一）精准服务对象的识别

少儿图书馆文化精准扶贫的对象是留守儿童，对其进行细化和分类是一切工作的前提和基础。对留守儿童的详细情况进行摸查和分析，找出其共性和个性，结合他们的不同特点针对性的采取有效帮扶措施。根据监护对象的不同，无人监护和祖辈监护的留守儿童需要重点帮扶，单亲监护的留守儿童相对来说情况较好。根据留守年龄段的不同，

越是年龄小、学龄低的孩子问题越突出，从学习到生活、从生理到心理都需要给予更多温暖和关注，避免形成孤独、焦虑的问题。而初中阶段的留守儿童，由于处于青春叛逆期，更加敏感和冲动，应该多给予心理疏导。针对高中阶段的留守儿童，在学业上面临抉择，应该给予他们更加专业的指导，清楚自己的人生规划，设立合理的目标，并且为之努力奋斗。

（二）实现图书资源的共享

城乡差异导致了图书馆资源分布的不平衡，同时也导致少年儿童享受这些公共文化资源的不公平。偏远的农村地区，不少学校资金短缺，不能设置独立的图书馆，也不能定期添置图书资源，孩子们去公共图书馆的距离较远，不能便捷的利用图书馆，可以阅读的图书资源少而甚少。少儿图书馆须积极探索，将资源扩展到偏远地区，使留守儿童能够享受更多的资源。在有条件的地方实行总分馆制，由少儿图书馆提供图书和技术，实现“一卡通”借还服务，在缺少场地的偏远地区，则设立服务点，由少儿图书馆定期更换图书。在书目设置上要结合馆内借阅量、书目推荐以及留守儿童的实际需求等综合考量。

（三）促进阅读活动的开展

阅读之于人类的思想，正如河流之于生命，土壤之于禾苗，阳光之于花草。在提供图书资源的同时，还要加强对孩子们阅读方法的指导和阅读兴趣的培养，开展阅读推广活动，提升少儿阅读能力，养成终身阅读的良好习惯。如专题书展引导孩子们学会选择合适的书籍，名著导读指导他们如何去更好的阅读一本书，而互动探索类活动激发孩子们对阅读的兴趣，阅读活动中除了有文化教育，还兼具心理抚慰和情感关怀，注重留守儿童身心的全面健康发展。随着阅读活动的开展，越来越多的志愿者、儿童文学作家、阅读推广人也走进来留守儿童的生活里，与他们交流谈心，帮他们解决问题，肯定表扬他们的闪光点，纠正改善他们的不足，这样的互动也进一步培养了留守儿童健全人格、密切了留守儿童家庭关系、提升了农村贫困地区的整体素质，推动文化扶贫工作的进展与落实。

（四）加强地方文化的教育

贫困地区通常也是民间优秀文化资源汇聚的地方，没有过多的商业开发和现代化建设，特色文化资源和非物质文化遗产保存完整。当地的留守儿童从小在这样的环境中成长，对地方特色文化有着融进血液里的特殊感情，因此加强对他们的地方文化教育，既是人才的培养，也增强了其家乡认同感和自豪感，使他们成为地方文化的传承者和保护者，将正在消失的方言、地域文化、民间习俗、特色传统等珍贵文化资源发扬光大，实现文化与人才之间的“互利互惠”。同时也吸引更多的人关注并走进贫困地区，带动经济的发展，实现扶贫目标。

扶贫一词，“扶”是手段＂，是“授人以渔”，少儿图书馆文化精准扶贫的最终目的是增强农村留守儿童摆脱贫困不再返贫的内生动力，提高少年儿童抵抗挫折的勇气、乐观向上的心态、崇尚文化的观念以及自力更生的能力，促进农村脱贫工作和可持续发展战略的深度落实。为实现这一目标，每位少儿图书馆工作人员仍需“不忘初心 砥砺前行”，不断探索解决留守儿童问题的有效途径。

第八节 少儿图书馆对少年儿童阅读行为的正确引导与培养

“书卷多情似故人，晨昏忧乐每相亲。眼前直下三千字，胸次全无一点尘。”明代著名诗人于谦的这首《观书》，盛赞书之好处，极写读书之趣，道出了阅读对陶冶情操、增长知识的无可估量的影响。党的十九大报告指出，没有高度的文化自信，没有文化的繁荣兴盛，就没有中华民族的伟大复兴。阅读不仅关乎个人的成长，更是关乎社会发展的伟大事业。

少年儿童是祖国的未来，是社会可持续发展的重要资源。少儿时期是人生发展的关键时期，似一张白纸，染于苍则苍，染于黄则黄，良好的阅读兴趣、阅读习惯和阅读能力的形成来自有效的早期阅读。对少年儿童阅读行为的正确引导与培养，不仅是家庭和学校的重任，更是全社会都应该去关注的问题，而肩负社会教育职能的少儿图书馆更是有无可推卸的职责。如何去提高少儿读者的阅读能力和阅读兴趣，正确的引导和培养少儿的阅读行为，是每一位少儿图书馆工作人员都应该去深入思考和探讨的问题。

一、我国少儿阅读存在的问题

（一）早期阅读观念的缺乏

早期阅读是有计划地发展幼儿的书面语言行为，培养他们对书面语言的敏感性，为进入学龄期的正式书面语言学习打下良好基础的教育活动。早期阅读是幼儿语言学习的一个不可缺少的部分，对促进幼儿语言发展乃至其他领域的发展均具有重要的价值。在我国，很多父母意识里缺乏儿童早期阅读的概念，认为刚出生的婴儿缺乏对声音、色彩、图像等有关阅读内容的感受和认知能力，再者，对于0-8岁学龄前阶段的孩子，家长们会将更多的精力放在智力开发和特长培养上，认为阅读是小学之后的事。早期阅读观念的缺失对后期阅读兴趣以及终身阅读习惯的形成都有一定的影响，不利于少儿正确的阅读行为的引导和培养。

（二）少儿图书出版市场规范化不足

目前，国内出版市场鱼龙混杂，各种出版物良莠不齐。重复出版、盲目跟风现象严重，一些出版社为了获得可观的经济利润，粗制滥造，仓促出版发行，市面上的少儿图书粗看起来内容丰富，琳琅满目，稍做观察却发现同质化现象严重，这种纯粹的模仿造成了极大的浪费，同时也给家长和孩子选择合适的书籍增加了难度。其次，图书质量低劣化、内容低俗化倾向明显，有的甚至含有色情、暴力、恐怖、打斗等脱离少儿阅读范围的元素，这些书籍易导致少儿心理扭曲，误导少儿的日常行为，残害少年儿童幼小稚嫩的心灵，对他们产生极为恶劣的后果及影响。此外，少儿图书定价随意、混乱且价格明显偏高，一本不到二三十页的少儿读物卖到20元以上的比比皆是，令人咋舌的价格让儿童图书成了贵族消费。

（三）功利性、娱乐性阅读为主

受应试教育的影响，学习的目的是升学和高分，课外阅读被学校忽视，一切与考试无关的课外书籍也被列为限制书目。在我国的中小学中以功利性的浅阅读为主的现象普遍存在，表现为阅读速度快、周期短、实用性强。少儿阶段是人生最关键的时期，处于身心发育的重要年龄段，求知欲和好奇心都很强，但由于缺乏正确的引导以及繁重的学习压力，阅读成了一项学习任务，没有任何趣味可言，长此以往，少年儿童就会丧失阅读的兴趣。对于经典名著、文学性强、底蕴丰富、内容厚重的读物产生逆反情绪，他们不知道如何去选择适合自己的阅读内容，容易被娱乐性读物吸引，迷恋卡通漫画、离奇荒诞的小说。

二、对少年儿童阅读行为的正确引导和培养的意义

阅读是教育的灵魂。著名教育家苏霍姆林斯基说过："教育者的一项重要任务，就是在书籍与其他信息来源的竞争中，要使书籍始终成为胜利者。只有在书籍成为学龄初期儿童的最有吸引力的精神需要的地方，才会有学习的愿望，这种愿望才能确立起来。"

儿童的阅读能力不仅能包括认读和书写的技能，也包括一系列与读写有关的态度、期望、情感、行为技能等。儿童早期口语词汇的丰富性，口语词汇的复杂程度，早期阅读行为的建立、动机、兴趣、习惯、方法等，是预期他们未来阅读能力发展的重要指标。对少年儿童阅读行为的正确引导和培养不仅能提高孩子的学习，更是对其终身发展大有意义。第一，是提升少儿阅读能力、自主学习能力、开发少儿智力，使其学会独立思考的重要方法。第二，是培养健全人格、密切家庭关系、适应社会竞争的重要渠道。第三，是促进民族发展、提高国家综合国力和竞争力的重要途径。阅读不能改变人生的长度，但是可以无限延展人生的宽度和厚度。

三、少儿图书馆在正确引导和培养少年儿童阅读行为中发挥的作用

（一）提高少年儿童阅读兴趣

少儿图书馆对儿童进行教育的一个重要特点，就是它采取了寓教于乐的方式，这是任何学校都不能相比的。图书馆有着丰富的馆藏资源，可以满足各年龄段少年儿童对图书的不同需求，同时图书馆除了一般的流通借阅服务外，还会定期开展各类活动。包括各类读书会、名师赏析讲坛、知识竞赛、征文比赛、艺术夏令营等。有益于少年儿童身心健康，为他们创造一个充满情趣、富于幻想的环境氛围，使少儿图书馆成为少年儿童的乐园。经常到图书馆看书、学习，不仅有利于提高少年儿童阅读能力和学习能力，更重要的是培养少年儿童的阅读兴趣。

（二）培养自主阅读能力

通过“小小馆员”等形式的活动加强对少年儿童图书情报知识的普及教育，让他们了解图书馆可利用的资源不仅包括图书报刊等资料，还包括录像带、光盘、磁盘等音像资料和局域网、互联网等网络资源。同时学习图书分类知识，学会利用索引、文摘和数据库等工具学会各科资料的检索方法和技巧。活动的开展也激发了少年儿童博览群书、有意识有目的地去阅读的热情。使得少年儿童获取知识和信息的能力得到锻炼，为今后自选书籍学习打下基础，拥有自主阅读的本领。

（三）促进思想道德建设、提高爱国主义情操

少儿图书馆作为社会公共文化教育机构，是对少年儿童进行综合性素质教育的重要阵地，未成年人思想道德教育的对象是18岁以下的少年儿童，正是少儿图书馆的主要服务对象，通过开设专题讲座、读书报告会、图书馆知识选修课等形式，对少年儿童进行爱国主义和政治思想教育。通过优秀书刊的传播来感染和陶冶学生的思想行为，寓思想

政治教育于阅读的熏陶感染之中。另外举办优秀书刊展览、剪报资料展览、先进人物展览等，使图书馆成为宣传社会主义精神文明的重要窗口，促进少年儿童思想道德建设、提高爱国主义情操。

四、对少年儿童阅读行为的正确引导与培养的措施

（一）营造温馨愉悦的阅读环境

少年儿童处于人生成长的关键阶段，他们对环境异常敏感，营造一个温馨愉悦的阅读环境，是正确培养和引导少儿阅读行为的基础。少儿图书馆要按少年儿童身体、心理、喜好的特点进行设计，创造一个自由、宽松、温馨、愉悦的阅读环境。在环境的整体布置上要明亮安静、新颖怡人、富有少儿情趣，着色上选用鲜艳柔和而不刺眼的颜色，使少儿读者始终保持良好的阅览情绪。在部门设置上要分工明确、合理细致，除了外借室等基本设置外，还可以针对不同年龄的读者分别设立低幼阅览室、少儿阅览室，针对陪同的家长开设家长阅览室、亲子阅览室和客厅式阅览室，为父母伴读提供场所，细节上要注意书架与阅览桌椅需适合少儿的身高体重。

（二）配置优质多元的馆藏资源

优质多元的馆藏资源是吸引少年儿童来图书馆的关键因素。在图书资源采选过程中，要根据少年儿童独特的心理、生理特点，各个年龄段少年儿童的阅读倾向和兴趣，有选择、有针对且全面地进行馆藏资源的采购活动，把好馆藏图书的质量关。经常浏览童书专业网站、亲子阅读论坛，关注童书阅读反馈日由馆员、家长、老师、少儿共同组成选书委员会，全面收集和满足读者的阅读需求，建设高质量、多元化的馆藏资源。在内容上不仅要收藏培养文学素养的图画书、儿童文学作品，也要收藏能满足少年儿童求知欲望的科学、社会学等图书，促进少年儿童全面发展。在载体形式上也要考虑多元化，除收藏普通书刊外，还应收藏各种立体书、玩具书、特殊材料制作的图书。

（三）建立高素质的馆员队伍

对少儿图书馆来说，馆员的工作表现、能力素养、敬业精神直接影响到整个少儿图书馆的工作成效，一支优秀的馆员队伍，是实现对少年儿童阅读行为正确引导与培养的灵魂。国际图联主席克劳迪亚窑卢克斯曾说过，应该让最优秀的馆员，从事少儿工作。少儿图书馆员不仅仅应该是图书馆学专家，也应该是儿童教育专家、儿童心理专家和阅读专家，能够实现少年儿童在文化需求时的辅助、引导和服务的作用。这就要求少儿图书馆工作人员除了要具备良好的敬业精神、优良的服务态度以外，还要不断学习新知识、

新技能、提高自身综合素质，以实施全面少儿服务，满足少儿读者的多元化需求，实现对少年儿童阅读行为正确引导与培养。

（四）开展丰富实用的素质活动

少儿图书馆作为少年儿童课外活动和素质教育的主阵地，馆舍条件、文献资源、阅读环境、指导辅助等方面较之单个家庭具有得天独厚的优势。根据少年儿童活泼好动的天性，开展一些富有情趣、互动性强的表演类节目，如“故事大王”“儿童剧场”“爱心姐姐讲绘本”等，将孩子带进阅读中去。定期邀请名师大家为少年儿童带来丰厚的文化大餐，通过讲座讲坛、好书分享、读书交流会等形式，让小读者了解更多读书的乐趣。在浓烈的读书氛围之中，增强阅读自信，获得阅读成就，带动更多的少年儿童进入阅读者的行列。

（五）构建全方位的阅读宣传与交流平台

少儿图书馆必须努力打造阅读品牌形象，通过多种途径和方式主动、长期、多渠道地进行阅读宣传，提高图书馆阅读品牌的知名度，扩大图书馆的社会影响，让更多的少年儿童了解图书馆阅读，走进图书馆阅读，享受图书馆阅读。进行宣传和交流方式，一是实体平台，馆内宣传栏、展板、少儿图书馆馆刊、报纸；二是虚拟平台，图书馆网站、微信平台、读者群、广播、电视等。通过这些平台对少儿图书馆自身、馆藏资源以及各种少儿活动进行宣传，打破“藏在深闺无人识”的现状，唤起少年儿童的阅读热情，培养少儿的图书馆意识。同时少儿读者也可以利用这些平台，进行咨询和交流。

（六）联合家长与学校共同引导

少年儿童接受知识，养成阅读习惯主要来自三个方面，学校、家庭与图书馆，要真正实现对少年儿童阅读行为的正确引导与培养，必须要倡导家长参与、联手学校共同来完成。家长是孩子的第一任老师，也是终身老师，温馨浓厚的家庭氛围是促进少年儿童阅读的必要条件。少儿图书馆应设置专门的家长借阅室，定期开展家长读书沙龙，亲子交流会以及邀请少儿教育界的专业人士来馆与家长畅谈。而学校是少年儿童的集中地，是图书馆开展少儿阅读服务必须紧紧依靠的主导力量。少儿图书馆应主动与幼儿园以及中小学联系，协助学校进行阅读引导与培养工作。可以采用设立分馆的方式，使得一馆变多馆，为幼儿园、中小学校提供其所需的图书资源，方便广大少年儿童多途径阅读文献的同时，还可以与学校联合举办校园读书会、知识竞赛、数字影片赏析等活动。

少儿图书馆开展工作的宗旨是：“一切为了孩子，为了一切孩子，为了孩子的一切”，对少年儿童阅读行为的正确引导与培养是少儿图书馆义不容辞的责任，也是一项需要全社会共同支持与奋斗的崇高事业。少儿图书馆必须充分发挥自己的职能，积极推进各项措施的进行，同时作为纽带将各方力量汇聚在一起，以实现对少年儿童阅读行为的正确引导与培养。

第二章
少儿图书馆服务

DIERZHANG SHAOER TUSHUGUAN FUWU

第一节　少儿图书馆服务概述

少儿图书馆是少儿知识的重要来源，承担着少儿教育责任与未成年人服务的责任，是我国提供社会服务的重要场所。因此，我国十分重视少儿图书馆服务工作，尤其在创新发展时代，我国积极加快少儿图书馆服务创新。然而，由于受传统图书馆管理的影响，少儿图书馆服务中仍存在着服务设施落后、服务方式单一、员工培训不足等问题，严重影响少儿图书馆服务的质量。针对这些问题，我国积极探索少儿图书馆服务创新的方法。研究少儿图书馆服务创新工作不仅能够提高少儿图书馆服务水平，而且对少儿图书馆的长远发展意义重大。

一、少儿图书馆的服务内容

第一，思想道德教育是少儿图书馆服务的重要内容，少儿图书馆应加强对未成年人的思想教育和理想信念教育，培养未成年人高尚的思想品质和科学的价值观，强化少年儿童爱国主义精神的培养，使少年儿童能够自觉抵制不良文化；第二，少儿图书馆服务应积极开展图书馆意识教育，培养少年儿童良好的阅读习惯，充分激发少年儿童的创造力和想象力；第三，少儿图书馆应积极为未成年人提供阅读指导与推广服务，教会未成年人科学的阅读方法，培养未成年人的良好阅读习惯。

二、少儿图书馆的服务特征

第一，少儿图书馆服务具有开放性特征，为全社会少年儿童提供阅读服务，开放图书馆资源，满足少年儿童的阅读需求。具体来讲，很多地方的少儿图书馆天天对少年儿童开放，每天开放时间较长，少年儿童可以免费阅读图书馆资源；第二，少儿图书馆服务具有多元化的特征。具体来讲，少儿图书馆阅读场所多元化。大多数少儿图书馆都积极为少年儿童提供多姿多彩的阅读场所，激发幼儿的阅读兴趣。同时，少儿图书馆积极开展多种多样的阅读活动，为少年儿童提供充足的阅读机会。

三、少儿图书馆的服务定位与发展目标

少儿图书馆是面向广大少年儿童开放的公益性文化事业单位。在知识与信息飞速发展的今天,少年儿童对公共少儿图书馆服务需求不断增加,社会对少儿图书馆的服务理念、服务方式、服务水平、服务内涵、服务评价等提出了更高的要求。如何充分发挥少儿图书馆的职能作用,更好地服务于少年儿童,这已成为少儿图书馆人应该理性思索的课题。笔者认为,坚持“五度”服务是新形势下少儿图书馆具有前瞻性的发展理念,基于“五度”理念来规划少儿图书馆的建设与发展,有利于少儿图书馆服务的准确定位和持续健康发展。

(一)坚守“有温度”的服务理念

坚守有温度的服务,是少儿图书馆发展的基本需求。在大数据环境下,少儿读者的图书阅读习惯受到了严重的冲击,动感和声音甚至视觉需求都能得到满足的网络和微信直接而又快捷,实用方便和多样化的功能已经得到了越来越多的少儿读者的青睐,越来越多的少儿读者正在逐渐远离图书,远离那些曾经影响过一代又一代人的散发着浓郁墨香的图书读物。这对于少儿图书馆来说,无疑是一个巨大的挑战。如何把少儿读者重新凝聚到传统的图书阅读上来,从而继续有效地发挥传统图书潜移默化的引导和熏陶作用,这将是少年儿童图书馆人必须探讨和思考的一个重要课题。而用有温度的服务把少儿读者引导到图书阅读上来,培养他们良好的阅读习惯,保存少儿读者对图书的一份亲近与关爱,就是一个很好的办法。

坚守“有温度”的服务,是针对特殊服务对象所采取的一种新的引导阅读方法。少年儿童因为年龄和社会经历以及社会经验、情感依赖等诸多客观条件的约束,决定了这样一个社会群体具有很大的可塑性和可引导性,尤其是情感的依赖性,是这个特殊的社会群体所共有的一个特点,而这个特点恰恰就是少儿图书馆人针对这个特殊社会群体提供有的放矢的服务的有利契机和极好的切入点。有温度的服务能够使他们产生对图书馆的热爱,从而产生阅读兴趣。

坚守“有温度”的服务,是城市精神文明建设的需要。城市文明建设呼唤着更有温度的少儿图书馆,在摩肩接踵却素不相识的城市人群中,图书馆无疑成为人们体会人间温暖,传递真爱力量的重要家园。这样的图书馆能够滋养每个少年儿童的心灵世界,在这样的滋养过程中,图书馆人也能够清晰地看到,少儿图书馆建设水平是城市文明的象征。少儿图书馆服务水平的提升,必然在促进城市精神文明建设上档次、上水平的进程中发

挥积极的作用。

（二）创新“有广度”的服务方式

1. 关注服务细节，提供 360 度服务

少儿图书馆所提供的服务不仅仅是传递信息，同时也要传递正能量。笔者提倡在实际工作中做到 360 度全方位服务：①一句问候。读者走入图书馆，主动和读者打声招呼，让读者感到被尊重。②一个动作。要认真对待读者的每一次借阅，电脑扫描完成所借图书，要把书轻轻放到读者可以拿到的地方，并温馨提示读者拿好借书证和下次还书日期。③一杯热水。在寒冷的冬天，一杯热水会为读者带去发自内心的温暖。④一个“认领箱”。在实际工作中，有读者丢落东西现象，有时馆员无法找到主人，就在醒目位置放一个“读者遗失物品认领箱”，这样方便读者下次借还图书时找到自己所丢落的物品。⑤一个微笑。笑容永远是亲和力的催化剂，一个优雅的微笑会让读者有幸福的感觉。要知道工作中没有小事，点石成金，滴水成河，只有认真对待自己工作中的所有环节，进行全方位的服务，才能获得读者的好感。

2. 拉长服务时间，实行 365 天开馆

少年儿童只有在自己走出校门时才有时间和机会去图书馆，其中包含午休时间、节假日、寒暑假、周末等时间，那么就会与工作人员上班时间发生冲突；有的少年儿童放学后去图书馆，每次刚走到图书馆，还没来得及开始查找图书，下班的铃声就响了。这就要求图书馆工作人员自觉延长服务时间，延迟下班时间为小读者服务。在节假日、周末期间，会有很多小读者选择到图书馆，这就要求图书馆工作人员放弃节假日、周末和家人团聚的机会，认真做好读者服务工作。少儿图书馆服务对象的特殊性要求少儿图书馆必须坚持 365 天全天候开馆，以方便读者随时借阅。

3. 延伸服务触角，实现 360 度辐射

少儿图书馆是静止不动的，怎么能让馆藏动起来，让图书馆有限的资源得到共享？不断延伸服务触角，最大限度地辐射更多的少年儿童已成为新的课题。盘锦市少儿图书馆已经开始了“小馆变大馆，一馆变多馆”的尝试，在偏远的学校、幼儿园、社区、军营、少儿管教所等建立了分馆、爱心书屋和图书流通站，让馆藏动起来，把服务延伸到馆外。

（三）挖掘“有深度”的服务内涵

1. 从简单的借还到全方位的服务

由于传统的少儿图书馆馆藏资源以印刷体为主，并且少儿读者的阅读需求大多是娱乐消遣型的，因此，长期以来书刊的借阅流通服务在读者服务中占有重要地位。随着信

息传播手段的日益多元化和素质教育在广大中小学校中的普及，少年儿童的阅读需求与阅读行为也随之发生了改变，主要表现为阅读内容、阅读渠道、阅读理念都发生了一定的变化。因此，少儿图书馆要挖掘有深度的服务内涵，从简单的借还到“全方位服务”，不仅要深化传统的流通服务，还要开展电子阅读、特色阅读、信息检索、参考咨询服务。

2. 打破传统的藏书—外借—阅览的小格局

顺应时代的发展，让计算机技术、数字化技术、远程通信技术在少儿图书馆得到广泛的应用，实现馆藏资源—资源使用—上网数字阅读—多媒体借阅—网站链接等大格局，开通网上借阅、网上检索、网上咨询等，使信息资源的存取突破时空的限制，大大方便读者，拉近读者与馆藏资源的距离，更好地发挥少儿图书馆的职能作用，提高馆藏资源的利用率。

（四）提升“有准度”的服务水平

1. 不断学习，精湛自己的业务

少儿图书馆读者服务工作内容的变化、角色的变化和手段的变化，对少儿图书馆读者服务工作人员来说必然会提出很多新的要求。准确的服务来自精湛的业务，这就要求图书馆工作人员必须增强紧迫感，与时俱进，不断加强业务学习，提高专业技能，补充其他相关学科知识（如心理学等）；努力学习礼仪知识，在为读者服务时做到举止文明、行为高雅，让小读者耳濡目染，使自己在为读者服务过程中随心所欲、游刃有余。

2. 掌握阅读方向，巧妙引导

根据读者的阅读心理引导借阅、辅导阅读。因为少年儿童时期是一个人的阅读心理从不成熟到成熟的发展时期，其阅读心理的发展离不开阅读活动过程中的正确引导。只有因材施教，因势利导，巧妙引导，才能让孩子爱上阅读，这是少儿图书馆工作者的责任。当人们在快乐的状态下去完成一件事情时，会做得又快又好，其实，孩子阅读也是一样。当他们把阅读看成是一种生活的过程去享受，就会乐于接受阅读带来的新知识。少儿图书馆人要遵循孩子心智成长的自然规律，诱导他们的兴趣发展，培养他们良好的习惯，发挥管理员的积极作用，帮助孩子树立快乐的心态和学习方式，为孩子营造一种快乐的学习氛围，让他们在享受中接受阅读所带来的快乐。

（五）推广“有力度”的服务评价

图书馆提供的服务大部分是无形的，服务是一种过程，一种体验。读者的评价是检验图书馆服务水平的重要标准：①环境。图书室、阅览室环境清洁、安静、整齐、舒适。②人员。图书馆管理工作人员热情、认真、主动，有专业能力。③设备。图书馆设施先进、齐全，能满足功能需要。④文献。图书馆的文献资源符合工作性质与目标，数量多、质量好、有特色。少儿图书馆要力争达到以上服务标准，满足读者的需求。图书馆的主要职能不是本身创造价值，也不是自身利用价值，其根本任务是把知识与读者的需求联系起来，起到知识交流的中介作用，承担起知识生产和知识利用的桥梁。“为书找人，为人找书”，是图书馆职业最简明的表述。列宁曾经说过：“值得公共图书馆骄傲和引以为荣的并不是在于拥有多少珍本，而在于图书馆在人民中的流传，吸引了多少读者，如何迅速满足读者的要求。”

新形势下少儿图书馆应该用“五度”理念来定位服务，不断细化服务，不断深化服务，努力提升服务水准和服务效益，让小读者满意，形成对图书馆的依赖，从而促进少年儿童图书馆事业的良性发展。

四、少儿图书馆服务存在的问题

（一）服务设施落后

有些少儿图书馆的服务设施滞后，图书馆桌椅数量较少，很多少儿在图书馆找不到阅读座位，图书馆设施难以满足少儿的阅读需求。并且，虽然部分少儿图书馆设置了计算机设备并开设了电子阅览室。但是，电子阅览室没有对少儿免费开放，少儿必须办理图书馆的借阅卡才能够进入电子阅览室使用计算机设备。在这种情况下，没有办理图书馆借阅卡的少儿无法使用计算机设备进行网络资源搜索。另外，很多少儿图书馆的数字图书馆和模拟图书馆建设滞后，难以满足少儿对数字图书资源的需求。

（二）服务方式单一

在信息技术背景下，传统的手工操作服务已经不适应少儿图书馆信息化的发展。少儿图书馆的信息采集、信息整理、信息存储和信息传播都需要信息技术的支持。然而，现阶段仍然有部分少儿图书馆采取传统的服务方式，少儿借书和还书必须亲自到图书馆。并且，少儿的图书阅读必须查阅图书目录卡，浪费了大量的时间。另外，这些图书馆的信息咨询工作、专题服务、图书失踪服务等缺失，少儿图书馆服务方式单一。

（三）文献信息滞后

现阶段，有些少儿图书馆的信息资源缺乏完整性和系统性，少儿图书馆并没有随着信息的发展及时更新图书资源，导致图书馆文献信息滞后。在这种情况下，少年儿童只能在图书馆借阅滞后的文献资料，缺乏对先进信息资源的了解。另外，大多数少儿图书馆的网络技术水平较低，网络建设缓慢，网络资源不够充足，难以为少年儿童提供充足的信息资源。

五、少儿图书馆服务问题的原因

（一）管理思想滞后

部分少儿图书馆的管理思想比较落后，缺乏对现阶段少儿图书馆职能和社会责任的正确认识，认为少儿图书馆仅仅是少儿借书和还书的场所，没有将少儿阅读指导、信息参考咨询、图书馆教育纳入服务范围，服务理念十分滞后。并且，这些少儿图书馆仍采取计划经济时代的管理思想，重视图书馆管理技术而忽视了图书馆的服务工作，导致图书馆内部管理人员数量过多，人力资源浪费现象严重。

（二）经济体制因素

现阶段，很多少儿图书馆工作人员都是在计划经济体制下相关人事部门分配而来的，没有经过相关考试，少儿图书馆工作人员素质难以保障。并且，受权力因素的制约，有些素质较低的人员通过人脉关系进入少儿图书馆工作，这些人虽然拿着工资，但是却没有积极完成工作，导致少儿图书馆成员较多，高水平有素质人员较少。另外，由于少儿图书馆工作人员的工资待遇与其他事业单位相比相对较少，有些工作人员对工资待遇收入不满意，缺乏工作热情，没有充分发挥自己的才能进行服务创新。

（三）技术不足

现代信息技术在信息传播中发挥着重要作用，并且，在信息化时代，信息技术的应用已经十分广泛。少儿图书馆服务必须引进信息技术，开展信息化图书馆服务，更新图书馆服务方式，促进信息传播和资源共享。然而，现阶段，有些少儿图书馆缺乏对先进信息技术的应用，图书馆服务技术水平较低，没有采用信息化的信息传播技术和数字网络技术，少儿图书馆信息服务水平较低。

（四）政府支持力度较小

少儿图书馆的发展需要政府的支持，然而现阶段，部分地方政府缺乏对少儿图书馆的重视，政府对少儿图书馆的支持力度较小。具体来讲，有些地方政府对少儿图书馆的资金支持十分有限，没有引导社会资金融入少儿图书馆服务，导致少儿图书馆服务面临较大的资金问题。并且，有些地方政府缺乏对少儿图书馆的技术支持，没有将先进信息技术投入到少儿图书馆建设过程中，导致少儿图书馆信息化水平较低。

六、少儿图书馆服务创新工作的策略

（一）创新服务观念

观念创新是少儿图书馆服务创新的前提，对少儿图书馆服务创新工作有着重要的指导作用。因此,少儿图书馆应积极创新服务观念。为此,少儿图书馆应树立读者第一的理念，以读者为中心进行少儿图书馆建设，坚持读者第一的原则开展阅读服务，积极优化图书馆服务内容和服务方式。并且，少儿图书馆应重视读者与图书馆的平等关系，平等对待读者，确保少儿使用图书馆信息资源的权利，加强对少儿的关怀和帮助，尊重少儿读者的人格尊严。

（二）创新服务管理

创新服务管理是少儿图书馆服务创新的重要途径，因此，少儿图书馆应积极创新服务管理。为此，少儿图书馆应树立读者服务理念，积极创新少儿图书馆管理方法和服务方法，提高服务效率。并且，少儿图书馆应积极借助社会舆论，用社会道德习惯制约少儿图书馆工作人员的行为，提高少儿图书馆工作人员的服务质量。另外，少儿图书馆应积极改变传统计划经济时期的管理方式，加强对少儿图书馆工作人员的考核，确保少儿图书馆人员的业务能力和服务能力，避免人力资源浪费。

（三）创新服务队伍

创新服务队伍能够有效提高少儿图书馆服务质量，加快少儿图书馆服务创新工作。因此，少儿图书馆应积极创新服务队伍，不断提高少儿图书馆服务人员素质。为此，少儿图书馆应提高人才引进的要求，使人才在通过相关考试之后才能够进入少儿图书馆工作，进而确保少儿图书馆的业务能力。同时，少儿图书馆应加强人才培养，定期组织图书馆工作人员参加业务培训，学习先进的图书馆服务知识和技能，提高少儿图书馆人员的服务能力。另外，少儿图书馆应积极与高校合作培养少儿图书馆专业服务人才，确保少儿图书馆人员的专业知识结构和专业服务技能，增强少儿图书馆服务的专业性。最后，少儿图书馆应加强对少儿图书馆人员的创新教育，提高少儿图书馆人员的创新意识和能力，积极鼓励图书馆人员创新服务工作，促进图书馆服务创新的开展。

第二节　少儿图书馆服务的现状和特点

我国少年儿童图书馆面向不同年龄结构群体的服务分为：未成年人服务与成人服务两大内容。

对于未成年人服务中的“未成年人”，各图书馆从自身实际和社会职能出发，结合未成年人的身心特点和成长需求，将其划分为：婴幼儿、儿童、青少年。《联合国儿童权利公约》将儿童定义为18岁以下的人，IFLA于2018年新出的《0—18岁儿童服务指南草案》所指的儿童也依据这一定义，指的是0至18岁的目标年龄，这包括为婴幼儿、儿童和青少年提供的服务和资源。结合以往的政策将未成年人年龄段做细分：①一般国外说的婴幼儿（baby and toddler）：婴儿是1岁前，幼儿即蹒跚学步儿童（toddler）是1～3岁（来源于IFLA的Guidelines for Library Services to Babies and Toddlers）；②儿童：定义没有统一，我国是指到14岁，IFLA旧版的儿童服务指南是指到13岁，新版的暂未规定；③青少年：IFLA建议图书馆自定，推荐是12～18岁。IFLA将0～18岁群体分为三大部分，婴幼儿、儿童、青少年。少年儿童图书馆成人服务的对象包括家长、教师、社会教育工作者等。近年来，图书馆未成年人服务引起了国内图书馆界的日益关注。纵观其发展史，平等免费地服务于未成年人，向未成年人开放图书馆及其资源，使其自由使用图书馆资源，并向其开展多样化服务和服务设计（包括特殊人群），使服务活动化，使读者综合能力得到提升，是我国公共图书馆未成年人服务普遍存在的服务内容和形式。

一、分层理念下的未成年人服务

（一）面向婴幼儿的图书馆服务

我国未成年人服务存在一个误区，认为只有已经具备阅读能力的儿童才是图书馆服务的对象。因此，以往少儿图书馆都将服务对象的年龄下限定为3或4岁。而国际图联却早已为婴儿和学步儿童专门制定了图书馆服务指南，指出“图书馆为婴幼儿的服务应该与为成人的服务同等重要”，并在指南后面介绍了许多国外图书馆面向婴幼儿开展的各类图书馆服务，包括美国的“做好学习准备”、克罗地亚的“早期经典阅读”、西班牙的“出生即开始阅读”、加拿大的“婴儿书计划”“每周婴儿故事活动”、英国的“阅读起跑线计划”、韩国的“阅读起跑线活动”、日本的“与宝宝共享儿歌”“在摇篮中讲故事”活动、德国的“宝宝爱读书”“阅读起跑线计划”等。在《公共图书馆宣言》1994年版则将未成年人服务提到更高的位置，其中对平等服务的陈述是公共图书馆应不分年龄种族性别宗教国籍语言或社会地位，向所有的人提供平等的服务，这一陈述将年龄放到了平等服务的首位。

在我国，不少公共图书馆已经意识到面向婴幼儿服务的重要性。在旧有的传统借阅服务的基础上，许多新建的图书馆纷纷设置符合婴幼儿身心特点的专区，如杭州少年儿童图书馆根据婴幼儿的身心特点设有“玩具天地”和“绘本区”，广州少年儿童图书馆设有以玩具及婴幼儿文化为主题的“童趣馆”，温州市少年儿童图书馆设有“幼儿天地”等。越来越多的图书馆专门开辟婴幼儿服务空间，同时也便于开展更贴近其需求的活动。

为婴幼儿服务方面，我国图书馆大多更为注重亲子教育和启蒙教育。除了区域设置更为合理之外，更重要的就是开展各类丰富有趣的阅读推广活动。但就具体的阅读服务而言，婴幼儿不具备主动的阅读能力。因此婴儿和学步儿童的阅读服务需要更多的专业知识与创新性服务举措，并非有服务意愿就可开展好服务。目前，我国图书馆为婴幼儿服务的活动形式可能类似，但是内容侧重却有所不同。比如杭州少年儿童图书馆对学龄前儿童的阅读服务细分成了0～1周岁、2～3周岁和4～6周岁三个年龄段，根据学龄前儿童的生理和心理差异，进一步细化并明确每个年龄段服务对象的特点和服务内容，各个年龄阶段都有开展“小可妈妈伴小时”亲子课堂。对0～1周岁的爬爬宝宝则更加侧重宝宝的大肌肉发展，在朗朗上口的儿歌游戏中开展各类爬爬游戏，增进亲子间的情感沟通和交流；对2～3周岁的宝宝开展阅读游戏活动，抓住幼儿语言发展的关键期，开展简单有趣的手指谣、亲子游戏等内容，帮助幼儿提高注意力集中的时间，同时使口肌得到锻炼；4～6周岁的幼儿则会增加绘本阅读、涂涂画画、趣味手工等各类丰富的内容，为幼小衔接做好准备。同时，面对学龄前的家长读者开展各类育儿讲座，帮助其了解婴幼儿护理知识、各年龄段的身心发展特点和应对策略，以及幼小衔接等内容。深圳少儿图书馆将该馆的婴幼儿服务对象定义为0～9岁，苏州图书馆的新生儿大礼包则是直接面向初生婴儿的服务活动等等。

（二）面向儿童的图书馆服务

面向小学1～6年级的儿童，除了提供书籍借阅服务，开展读书征文、知识竞赛等文化活动外，则更注重生活体验。目前我国少儿图书馆开展的体验内容有图书漂流、闲置物品买卖、垃圾分类，以及书画、手工、音乐、舞蹈、棋类等生活体验。厦门少年儿童图书馆的“开心农场”就是有关种植类的生活体验；山东省图书馆在“五一”期间，举办“珍奇古稀化石科普展”，包括长3米重达200余斤的特大鲸鱼刺、亿万年前的恐龙幼龙骨架、恐龙蛋化石、亿年前的猴头化石等一批珍贵的展品，以此丰富儿童的阅读内容；杭州少年儿童图书馆的“文明督导员”吸收了杭州市小学阶段的儿童成为图书馆的小小志愿者，“在岗”期间，小小志愿者需佩戴红色绶带引导来馆读者正确使用图书馆资源，为读者开展简单的咨询服务，以营造馆内良好的阅读氛围，目前，此举受到众多儿童读者及其家长的欢迎。

（三）面向青少年的图书馆服务

步入初中、高中年龄段的未成年人已经具备在公共图书馆办理借阅证件的资格，具备与成人读者相同的阅读能力，公共图书馆往往将他们当成年读者对待，同时，这个年龄段的未成年人的兴趣爱好较为广泛，因此，图书馆在图书的采选方面，内容要求更广、品种要求更多，而不仅仅局限于教育类、小说类书籍。同时，这部分读者面临中考、高考，学习任务非常重，来图书馆的人数相对较少，图书馆很少开展针对他们的阅读服务，因此面向青少年的阅读推广服务在我国图书馆也是一个盲区。唯一开展较多的服务，就是为青少年读者提供志愿者活动岗，完成学校的社会实践任务。

这类人群处于青春期，价值观、世界观和个人信仰在这个阶段开始形成。为了让这个群体的读者在图书馆享有自由阅读的权利，新建图书馆纷纷针对性地开辟出了青少年服务空间，如休息区、学习区、数字资源区，同时为他们提供网络空间，吸引青少年来馆。在国际图联的未成年人服务指南体系中，有专门针对这一群体的指南。一般而言，图书馆针对他们的阅读服务应侧重培养他们的社会意识、公民意识和成人意识，除了对他们开放普通阅读服务外，还可提供志愿者活动、讲座（关于择校、就业、两性话题等）、展览等相关的阅读服务项目。总之，面向青少年的图书馆服务，我们还有许多有待研究和提高的地方。

二、拓展服务：面向家长、教师等成人的少儿图书馆服务

（一）面向家长的服务：提高家长对阅读的重视度，造就少儿阅读的坚强后盾

家庭是孩子人生的第一课堂，也是终生的课堂，父母是孩子的第一任老师，也是终生的老师。所以少儿图书馆服务应该在面向未成年人服务的同时，也注重为家长服务。少儿图书馆应将收藏的儿童教育学、心理学以及文学名著、科普文史等适合家长阅读的各类优秀文献向家长开放，帮助家长拓宽知识面，提供借阅服务，培养爱读书的家长；设立亲子阅览室，倡导亲子阅读，让家长参与孩子的阅读，激发孩子阅读兴趣；此外还

可以开设家教论坛，举办家长沙龙，邀请支持孩子阅读的家长现身说法，让更多的家长了解阅读对孩子的意义；利用宣传栏、网站、馆刊、媒体等多种渠道，向家长介绍指导少儿阅读的方法和技巧；邀请专家或名人名师，为家长开展各类知识讲座，使家长学会为孩子选书，指导孩子阅读。逐渐提高家长对阅读的重视度，造就少儿阅读的坚强后盾。

（二）面向教师和其他社会教育工作者的服务

由于未成年人的年龄与能力、不安全的社会治安以及应试教育环境等原因大大限制了未成年人的活动半径。为更好地扩大少儿图书馆的服务半径，发挥其中心馆作用，许多少儿图书馆都与幼儿园、中小学建立了合作关系。2012 年 8 月 27 日，杭州市教育局与杭州市文化广电新闻出版局签订了《关于做好杭州少年儿童图书馆阅读服务网点建设工作》（杭教宣〔2012〕44 号）文件，截至 2018 年底，杭州少年儿童图书馆建立幼儿园、小学、初中、社区以及社会教育相关网点共 66 家；温州少年儿童图书馆自 1996 年开始，先后在高校、社区、乡镇建立了 30 多个图书流通点。目前，越来越多的少儿图书馆都已认识到图书馆的服务半径离受众群体越近，读者对图书馆的服务就更了解，对资源的获取就更便捷。鉴于图书馆的公益性质，社会教育机构愿意主动与图书馆合作开展有益于读者的阅读服务活动，希望借此推广并拉近机构自有资源与读者的距离，拉近服务与读者的距离。

新建网点是图书馆面向教师和其他社会教育工作者提供社会教育服务的有效保障：图书馆根据网点的需求为其配送相应的图书种类和数量，定期更新，提供数字资源，满足读者对文化资源的需求；借助网点人力、指导网点图书管理员开展图书借阅服务，满足网点读者的借阅服务需求；有效整合网点教育资源，实行“引进来、输出去”的合作战略，合作开展阅读推广活动，丰富图书馆教育资源的同时，可根据网点的需求提供各类丰富的社会教育资源，实现资源共享。这一举措很好地延伸了少儿图书馆的服务触角，扩大了受众群，更完善了少儿图书馆事业的基础建设，实现整体推进图书馆事业的协调发展。

三、阅读服务的转变

近年来，许多少儿图书馆为未成年读者开展阅读服务活动的能力逐渐增强，并有了新的突破和发展，主要体现在三大转变。

（一）阅读服务的内容从单一转向多元

为满足未成年人读者的不同阅读需求，少儿图书馆的阅读服务从简单的借阅服务转向书本阅读与体验式阅读相结合的方式。比如读者亲自动手、操作体验的生活实践活动，绘本情景剧表演，实践性科普实验，绘画类审美课堂等，以吸引读者来馆体验学习。

范并思提出，图书馆未成年人服务的重要特点之一是“服务活动化”。成年人的借阅、参考服务大多是一种被动的、静态的服务，其服务形态相对稳定，常年不变。但未成年人服务则需要更多地去策划组织，不断推出新的活动吸引未成年人，以保持他们对于图书馆服务和阅读的关注。国际图联在《儿童图书馆服务指南背景文本》（The background text to the Guidelines for Children's Libraries Services）中指出，“儿童图书馆通过为儿童设计不同于成人的活动促进儿童权利”。

事实表明，“服务活动化”是适合未成年人服务的组织方式，深受未成年读者的喜爱。因为开展未成年人服务活动较之传统的借阅服务更有利于细分服务对象，更有利于促进发展读者的最近发展区，因此，“服务活动化”也是使所有未成年人平等享有图书馆服务的基本路径之一。

（二）为儿童提供教育支持，转向为家长和儿童提供教育支持

以往的图书馆未成年人服务，常常只为儿童提供教育支持，现在，越来越多的图书馆在为低龄儿童读者开展阅读服务的同时，还为广大儿童家长读者开展有关其感兴趣的或感到困扰的话题和内容的阅读推广活动：为婴幼儿家长读者讲授科学的育儿方式、良好习惯的养成；帮助即将升学参加中考的家长读者了解最新的社会教育动态、教育体制的改革变化等，活动形式有讲座、交流会、沙龙等等。帮助爱好学习的家长读者提高阅读指导能力，实现终身学习的目标。

（三）从支持学历教育到培养儿童自学能力相结合

摒弃传统旧有的被动式教育，不再以灌输式、填鸭式开展教育活动，而是在原有的基础上更注重活动内容的选择，以支持学历教育与培养儿童自学能力相结合为服务目的。在阅读服务的内容选择上，保证德智体美劳全面发展；通过对内容进行形式环节的设计，让儿童读者对知识产生兴趣，进行自主主动式学习，以此养成良好的学习习惯，不断提升活动效率，达到未成年人读者全面素质的提升。

图书馆界已认识到，未成年人服务的对象不再局限于能自主阅读的未成年人，而将服务面拓宽到0岁起，这一服务举措足以表明我国少儿图书馆在未成年人服务领域中的长足进步。未成年人阅读服务中需要研究与探索的理论与实践问题很多，目前，对于我国的少儿图书馆，最值得探索的问题是进一步拓展未成年人阅读服务，使少儿图书馆的未成年人阅读服务真正成为面向所有未成年人的服务。

四、少儿图书馆精细化流通服务

（一）营造温馨舒适的阅读空间

符合少儿读者高度的书架，圆角设计的阅览桌椅，各类柔和温暖的光源，色彩明快的墙绘，富有趣味的环境创设会让少儿产生愉悦的心理感受。

（二）提供丰富多彩的导读服务

1. 细化书架标识

图书馆除了配备书目查询系统的电子设备外，如果能再增加一些外部的辅助设施，读者会更节省时间。如浙江省温州市少年儿童图书馆在书目查询设备旁边会放置“索书号架位导引表”，引导读者找到索书号对应的书架号。在书库中增加辅助标识拼音读物专用色标、专题专类、热门图书、热门作者等。

2. 实体图书文献的陈列展览

主题书展：陈列的都是某一领域、话题的优秀图书，通过主题书展以及读者借阅，可以向读者传递这些图书中的思想和价值观，还可以深化中国梦和社会主义核心价值观教育，在引导少儿阅读方面起到了重要作用。设置专架：馆员积极收集各学校的推荐阅读书目，并根据书目及时调整补充馆藏图书复本量，集中放置“学校推荐阅读图书”专架上，方便读者借阅也减少了读者咨询，馆员一一告知的烦琐，更提高了借阅效率。

3. 各种载体的书目推荐

通过分级阅读推荐书目、馆员荐书等形式宣传推广馆藏资源方便读者使用。分级阅读书目是向不同年龄段的读者推荐适合他们阅读的图书。制作馆员荐书视频在阅览区的电视屏幕中滚动播放，让读者了解馆藏信息。

4. 特色活动

图书馆资源电子化、信息网络化是当下的主流趋势，不少读者家长提到网络就直摇头，就怕孩子沉溺于电脑游戏，从而荒废学业，对身心造成损害。如何利用好现有资源，做好数字资源阅读推广工作，浙江省温州市少年儿童图书馆近年来进行了一些创新工作，很受少儿读者及家长的喜爱。第一，图书馆可利用节假日时间邀请数据厂商组织一些生动、有趣的线下活动，通过互动活动能够让少儿及家长了解图书馆数字资源，促使相关数字资源阅读量的有效提升。第二，把数字资源的阅读推广工作纳入日常活动中去，通过定期开展活动，让读者尤其是家长能够深入了解数字资源，打消家长在阅读内容方面的顾虑，为少儿提供更多的良好的阅读平台。如浙江省温州市少年儿童图书馆定期开展的“中华连环画数字阅读馆”阅读有奖问答活动是馆员结合该数字资源库里的内容设计的一个书面答题式阅读活动，通过活动读者不仅从中汲取了中华传统优秀文化的营养还能得到额外的奖励。特色活动增加了读者与图书馆的粘合力，做到了可持续性的读者培养。

5. 图书馆宣讲活动

对于潜在读者，图书馆可以采用“引进来”和“走出去”的形式对读者进行导读服务。“引进来”是指组织接待学校、幼儿园的学生、孩子集体到馆参观、体验，在馆员带领下，孩子们参观阅览室，倾听图书馆简介，体验特色活动，借阅图书等。通过参观、体验活动，孩子们对图书馆有了直观的了解，在孩子心中埋下了一颗阅读的种子。“走出去”是指馆员进校园上门宣讲“如何利用图书馆”，为他们介绍图书馆的藏书布局、图书分类等基本信息，图书馆开展的各类读者活动。

（三）提高馆员的服务意识

服务是流通工作的出发点，馆员要牢记服务是灵魂、服务是核心、服务是基础，树立以“读者”为中心，“全心全意为读者服务”的理念，并依据这一理念使流通服务更加精细化。读者在借阅活动过程中，需要的不仅是文献资料，还需要温情的话语、亲切的关心以及体贴周到的服务。只有从最细微处去关心读者，才能使读者接纳并认可图书馆，使少儿图书馆成为读者的良师益友。

少儿图书馆的流通服务只有通过不断地拓展工作新思路、新方法，深入挖掘服务过程中的可精细化项目，才能为读者提供更深层次的服务，满足读者日益增长的阅读需求，使少儿图书馆得到更长足的发展。

第三节　少儿图书馆参考咨询服务

图书馆参考咨询服务工作为馆藏资源与读者建立起一个沟通的桥梁，这也是现代参考咨询服务工作的主要内容。少儿图书馆是社会机构的重要构成部分，每年为少年儿童提供大量的儿童文献信息，将学校教学的内容得到了更好的延伸，也为培养少年儿童阅读能力和理解能力提供了信息资源保障。而参考咨询服务工作是少儿图书馆的重要工作内容，它负责与读者进行沟通交流、解决读者的疑惑问题、传递读者所需要信息的相关内容。但在国内少儿图书馆的参考咨询服务并不对读者群体进行区分，在青少年方面的研究更是少之又少，因此笔者对少儿图书馆向青少年提供的参考咨询服务进行分析。

一、青少年参考咨询服务的内涵

在图书管理学和档案学以及信息情报学中，将参考咨询服务定义为图书管理人员对读者的知识求助和文献利用、信息情报等需求提供帮助，通过解答疑惑、协助检索、开展专题文献报道等方式向扶着提供其所需求的信息事实、数据、文献等内容。国外的图书馆协会对参考自存服务的定义为：依托图书馆藏资源为读者提供知识寻求帮助的研究工作。从定义中可以看出，参考咨询服务具体一定的服务性质和学术性质，但在广义上将，参考咨询服务只是工作人员为读者的问题提供解决方案的过程。在高速发展的信息技术时代，少儿图书馆在努力地达到现代参考咨询服务标准，同时也要注意到数字化参考咨询服务对少儿图书馆服务工作的意义和作用，在信息化技术的支持下为读者提供更快捷、更准确地咨询服务工作。

少儿图书馆的参考咨询服务工作对象年龄跨度比较大，按照年龄的划分，可以分为学龄前儿童、学龄儿童、青少年，也包括家长、教师和儿童工作从业者等。所以服务对象年龄的差距，对服务工作的要求也不同。其中青少年群体是少儿图书馆的重要读者，他们的身心素质在不断的发展，思想也不断地成熟，容易受到社会上的不良诱惑。因此，少儿图书馆应将更多的关注放在对青少年提供参考咨询服务上，为青少年的成长提供正能量的知识理论内容，为我国青少年的未来提供正确的方向。按照国际年龄规定 12 至 18 岁为青少年时期，我国将其界定在 6 周岁至 18 周岁这一范围，但文章以国际界定标准为准。

二、少儿图书馆面向青少年提供参考咨询服务的建议

（一）给予参考咨询服务工作更高的重视

青少年是少儿图书馆使用的主要群体，由于他们的知识水平和辨别能力有限，需要专业的人员为其提供符合他们年龄特征的指导和帮助，参考咨询服务工作可以利用馆藏资源根据青少年的具体情况进行有针对性的指导。

在指导和帮助的过程中，首先要对青少年的心理状况有明确的掌握，尊重个体意愿和想法，给予青少年更多的认可。青少年时期，是一个敏感又叛逆的成长阶段，在这个实际如果不能进行良好的沟通和指引，会造成青少年内心叛逆、扭曲，不利于青少年的身心健康。所以，当青少年向参考咨询服务人员求助时，工作人员一定要了解青少年的内心倾向，在沟通过程中，避免言语和行为对青少年内心造成刺激，应更多地为青少年

提供其所需要的帮助，并适时的鼓励和认可青少年，给予他们更多理解和尊重，激发青少年的智慧和潜能，正确的纠正青少年的认知错误，帮助青少年树立自信。同时，也可以多开展一些心理咨询活动，青少年在学习生活中和日常生活中会遇到诸多的问题，由于有些青少年不喜欢与父母进行沟通，陌生人的方式可能更容易让其接受，所以少儿图书馆可以更多地开展一些自存活动，对青少年的心理发展和做出有效的引导。

（二）利用信息化技术开展数字化参考咨询服务

在信息化技术的支持下，参考咨询服务的内容和形式会更加多样。虽然目前少儿图书馆的数字数据库建设还不够完善，但基本的建设内容能够满足青少年群体的需求。首先在网上可以建设常见问题解答专题区域，这样既节省了青少年和工作人员的时间，也提高了工作效率。青少年在使用网络咨询服务系统时，通过主动寻求解决问题方式，能够很好地锻炼青少年自主解决问题的能力。其次，国内的少儿图书馆都不是 24 小时营业的，但通过网络信息化咨询服务，青少年可以随时随地的进行咨询和求助。同时各大少儿图书馆应经常组织经验交流活动，青少年作为一个群体，其发展规律和思考方式有一定的相似性，各少儿图书馆可以总结日常经常被提问的问题进行经验交流，找到最佳的解决方式。

（三）提高服务人员的专业素质

在现代参考咨询服务工作下，工作人员要转变传统工作方式，努力提高自身的技术水平，不仅要掌握图书档案管理、文献资源情报的相关知识，还要提高自身计算机操作能力、英语水平，为青少年提供更好的咨询服务。

综上所述，青少年作为咨询服务工作的主要对象，少儿图书馆在为其提供服务时，要根据青少年的心理特点为其提供准确的服务，注意服务的态度和行为，理解青少年的敏感，尊重青少年的自尊心，满足青少年对信息的需求，有针对性的为其提供服务。从而保证青少年健康成长，走向光明的未来。

第四节　少儿图书馆亲子阅读服务

随着我国经济的不断发展，国民素质不断提高，在国民素质提高的同时对教育越来越重视，不仅要让孩子们享受到高等教育，更重要的是要开阔孩子们的视野，提高孩子们的阅读量。因此少儿图书馆应该充分发挥其应有作用，为少儿提供良好的阅读场所并且提供良好的服务，亲子阅读成为一种时尚并且被广大少儿图书馆所采纳，通过开展亲子阅读对发挥少儿图书馆的阅读作用具有十分重要的作用和意义，因此应该结合少儿图书馆的服务职能，拓展服务业务加强指导，确保亲子阅读取得良好的实际效果。

一、亲子阅读的概念和内涵

所谓亲子阅读也可以称之为亲子共读，就是通过书为媒体，以阅读为纽带，让孩子和家长可以共同来进行阅读，亲子阅读是学生早期阅读的重要组成部分，不仅能够有效地活跃少儿的大脑，帮助少儿开阔视野，丰富想象力，另外也能够积极地加强少儿和家长之间的沟通和交流，实现良好的互动，促进亲子感情的培养，在这一过程中也能够实现自身素质和家庭教育质量的不断提升，所以开展亲子阅读具有十分重要的作用和意义，为了充分发挥其作用，需要少儿图书馆为其提供良好的场所将亲子阅读活动落到实处。

二、少儿图书馆开展亲子阅读活动的现状及优势

（一）现状

1. 活动辐射面狭窄

目前，虽然一些少儿图书馆已经认识到阅读对少儿成长的重要性，但由于资金不足，很少开展亲子阅读推广活动。此外，一些经济发达地区的少儿图书馆会组织亲子阅读活动，但活动对象仅限于城市的少儿及其家长

2. 推广活动独立

虽然有很多少儿图书馆会组织亲子阅读活动，且向外进行推广，但这两项工作是相对独立的。目前，我国的少儿图书馆虽然开展了形式多样、内容丰富的亲子阅读活动，但是全国性的活动较少。而国外图书馆已经举办了多次全国性的阅读推广活动，并取得了很好的效果。我国图书馆应借鉴国外的经验，制订阅读推广计划，开展大规模的阅读推广活动，满足少儿的阅读需求。

（二）优势

少儿图书馆开展亲子阅读活动的优势主要体现在以下几个方面：首先，少儿图书馆作为社会公共文化教育机构，是对少儿进行综合性素质教育的重要阵地，能为少儿提供不同类型的书籍，让他们在不知不觉中养成良好的阅读习惯，能使他们养成良好的行为习惯，能提高他们的文化修养、语言组织及表达能力。其次，家长是孩子的终身引导者，通过亲子阅读能找到适合孩子的教育方式，用阅读引导孩子，更好地与孩子进行沟通，

培养孩子终身阅读的意识。最后，成功的亲子阅读活动能让少儿在快乐的氛围中学到知识，也能让他们感受到家长的关爱，进而促使他们主动走进图书馆、爱上图书馆。

三、少儿图书馆开展亲子阅读服务的重要作用和意义

少儿图书馆通过开展亲子阅读活动具有十分重要的意义和作用，主要表现在以下几个方面：

第一，能够促进少儿良好的阅读能力以及理解能力。由于学龄前儿童本身处在掌握语言的敏感期和关键期，因此为了迅速地促进少儿大脑的发育，通过开展阅读活动帮助幼儿掌握更多的语言，这就需要少儿图书馆充分发挥其社会文化教育的重要作用和职责，为孩子们提供良好的精神家园，由于少儿图书馆具备丰富的馆藏资源，能够满足不同少儿的阅读习惯，通过开展亲子阅读让孩子们潜移默化地养成良好的阅读习惯以及阅读能力，在各种书籍的熏陶之下提高自身的阅读兴趣，并且进一步加强理解能力和阅读能力。

第二，有利于家庭掌握正确的阅读方式方法。凡事只有方法正确，才能够取得良好的实际效果，但是在实际的过程当中，由于家庭缺少专业知识，使得他们在阅读方面不能给予少儿正确的指导，通过少儿图书馆开展亲子阅读服务能够让孩子和家长一起阅读，在阅读中享受阅读的快乐和兴趣，并且可以培养亲子感情，最重要的是能够让家长们认识到如何进行阅读的方法和技巧，从而给孩子正确的指导，帮助孩子们真正地掌握阅读的方法。

第三，有利于社会的教育发展和家庭的和谐。通过在少儿图书馆开展亲子阅读服务，不仅能够充分发挥图书馆应有作用，而且加强了社会和家庭之间对培养孩子阅读能力的交流，让家庭成员一起阅读，不仅能够培养孩子和家长之间的感情，让孩子的心灵得到父母和长辈的慰藉，更重要的是以阅读为纽带，能够为家长和孩子之间创造良好的沟通机会，从而促进家庭的和谐，通过开展这种亲子阅读活动让少儿图书馆也承担了教育孩子们的重要职责，有利于社会教育的发展。

第四，有利于少儿图书馆自身的发展。少儿图书馆通过开展这些活动不仅能够引起读者的参与，而且能够让社会对自身的职能更加认可，很多读者都采用在图书馆阅读的方式来学习，这样就为少儿图书馆带来了新的发展机遇，不仅能够得到社会的认可、政府支持，同时也促进了自身的不断完善。

四、少儿图书馆开展亲子阅读活动的实践

（一）优化阅读环境

少儿图书馆为少年儿童提供了良好的阅读环境，是亲子阅读活动得以顺利开展的基础。硬件设施包括宽敞的馆舍、明亮的阅读空间、与少儿身高相符的桌椅、自动化检索系统、多媒体设备及 Wi-Fi 全覆盖。此外，少儿图书馆也要设置多功能阅读厅，满足不同年龄段少儿的阅读需求。少儿图书馆除能为读者提供文献借阅服务外，还能为读者开展阅读推广活动。目前，很多大型少儿图书馆都会在特定的时间段开展不同类型的阅读推广活动，如亲子阅读、名家讲坛等，吸引少儿积极参与活动，激发他们的阅读热情。开展阅读推广活动是营造人文环境的重要方式，既能提高少儿对图书馆的关注度，又是促进图书馆发展的必然选择。

（二）制订亲子共读计划

少儿图书馆要想让亲子阅读活动得以顺利开展，就必须制订详细的亲子共读计划。少儿图书馆应根据少儿的年龄段，为他们提供不同类型的读物，并指导家长掌握引导少儿阅读的方法。同时，少儿图书馆应根据不同的节日，选择特定的阅读书籍，提高少儿的阅读兴趣。少儿图书馆还应为少儿构建交流平台，引导他们积极分享读书心得。少儿通过参与少儿图书馆举办的活动，不仅能将自己的读书看法与心得体会分享给其他读者，还能将自己喜欢的书籍推荐给其他读者，进而推动阅读推广活动的持续开展。

（三）组织家长交流会

由于家长对孩子有非常重要的影响，如果孩子在亲子阅读活动中不愿意阅读，家长就可以进行示范引导，让他们把注意力放在书本上。家长可以根据孩子的性格特点及语言表达能力，制订针对性强的指导方案，促使他们逐步养成爱阅读的习惯。少儿图书馆应组织家长交流会，让家长互相交流引导孩子阅读的方式与方法。在这个交流平台上，家长能够获得更多教育孩子的方法。

（四）推广数字阅读

少儿图书馆应将馆藏资源数字化，大力推广数字阅读。如：一些少儿图书馆专门设置了数字阅读体验区，少儿及其家长共同操作电子触摸屏阅读图书或观看视频，实现影、音、视、听的融合，增强了亲子阅读的趣味性。数字阅读为亲子阅读活动的开展提供了新的思路，也为亲子阅读营造了良好的阅读环境，促进了活动的向外推广。

五、亲子阅读未来发展的思考

目前，很多少儿图书馆都设置了亲子阅读专区，大力推广亲子阅读，但仅仅依靠图书馆自身的力量是远远不够的，需要融合社会各方力量。亲子阅读是让孩子爱上阅读的最好方式之一，也是提高国民素质的重要途径。当爸爸妈妈与孩子共读一本书时，很容易会让孩子觉得读书是一件非常快乐的事情，进而更愿意自发地进行阅读。因此，亲子阅读需要社会各界给予足够关注并贡献力量。

（一）加大推广力度

西方国家非常重视亲子阅读，已经将亲子阅读上升到国家战略，以提高国民的整体素质，且每年都会投入大量的资金，完善基础设施，提升服务质量，为亲子阅读营造良好的氛围，让少儿在良好的阅读空间中体会阅读的快乐。如：英国每年都会从财政中划拨一部分资金作为专项经费，用于开展亲子阅读活动，为少儿购买图书，每个孩子都可以免费阅读总价值为60英镑的书籍。因此，我国政府应借鉴国外的经验，制定相关的法律制度，优化少儿阅读的大环境，进而推动亲子阅读活动的开展。

（二）整合社会资源

为了从小培养少儿的阅读兴趣，引导他们养成良好的阅读习惯，为他们的终身学习奠定良好的基础，少儿图书馆应根据少儿的年龄特点，为他们提供合适的书籍，促使他们形成正确的世界观、价值观和人生观。同时，少儿图书馆应借助社会力量，整合社会资源，推动活动的持续开展。具体措施如下：①少儿图书馆与出版社合作。少儿图书馆负责制订活动方案，出版社负责出版与活动相关的图书，以满足少儿的阅读需求。②少儿图书馆与科技馆合作。少儿图书馆应摆脱传统的阅读推广模式，将书本中的知识用立体化的影像展示出来，吸引少儿积极参与活动，达到传递知识的目的。③少儿图书馆与剧团合作。少儿图书馆负责选择合适的图书，剧团负责将图书中的故事进行重新编排，用人物动作与布景融合的方式表现出来，少儿观看这些活动既能获取知识又能提高阅读兴趣。

（三）利用网络推广

随着科学技术的快速发展，网络已经全面进入人们的生活，不断改变着人们的生活方式和工作方式。因此，少儿图书馆应以网络为平台，借助网络优势与网络资源，促进亲子阅读活动的开展。少儿图书馆利用网络的方式主要包括以下几种：一是在多个发布书刊的网络中输入与亲子活动有关的关键词，搜集适合少儿阅读的书籍。二是在网络上向专业人员咨询活动中遇到的问题，由专业人员根据实际情况制订相应的方案，指导亲子阅读活动得以顺利开展，提高活动组织的有效性。三是将与亲子阅读活动有关的信息发布到网络上，扩大活动的宣传范围，以强化家长对亲子阅读的全面认知。四是建立亲子阅读的网络平台，将图书制作成音频或视频并发布到该平台上，少儿及其家长可以根据需求自主下载。

（四）尊重少年儿童的选择

阅读习惯需要从小培养，好的阅读习惯可使少儿终身受益。因此，亲子阅读活动是培养少儿阅读习惯的有效途径，但是，如果少儿图书馆提供的书籍或活动方式与少儿的要求不符，就会使亲子阅读活动失去原有的意义。为了满足少儿的阅读需求及尊重少儿的选择，少儿图书馆在组织亲子阅读活动前，应预先在少儿中展开调查，根据调查结果决定图书的种类和活动的形式，并建立活动开展的长效机制。少儿图书馆在组织亲子阅读活动时，应适当加入创新元素，借鉴其他图书馆的成功经验，根据实际情况不断调整组织方案，尊重少儿，以服务少儿为宗旨，满足少儿及其家长的阅读需求。少儿图书馆应组织类型多样、内容丰富的阅读活动，增强活动的趣味性，达到吸引少儿及其家长积极参与的目的。少儿图书馆也应尊重少儿的选择，开展与他们年龄相符的活动，完善他们的心智，促使他们对正确的价值观有初步的认识。

（五）注重父亲的引导作用

我国的家庭教育模式主要是由母亲教育孩子，父亲只是在适当的时间进行指导。一般情况下，母亲负责打理孩子的生活，辅导他们做作业，帮助他们解决遇到的问题。但相关调查显示，孩子更希望得到父亲的照顾，希望父亲解答自己的疑惑。因此，每位家庭成员都应积极参与亲子阅读活动。不论是母亲还是父亲都有各自不可替代的作用，母亲陪伴孩子参与亲子阅读活动，会注重情感表达：父亲陪伴孩子参与亲子阅读活动，则会注重逻辑思维

亲子阅读可以培养少儿养成阅读的习惯，因此，少儿图书馆应积极开展亲子阅读活动，并加大推广的力度，充分发挥社会教育职能，营造良好的阅读氛围，为少儿提供合适的书籍，尊重少儿的选择，以期为家长教育孩子提供帮助。

第五节　少儿图书馆志愿服务

图书馆志愿者是图书馆读者服务工作的重要参与者和建设者，少年儿童图书馆招募和组织社会志愿者为读者提供更优质的服务成为大趋势。同时，少年儿童图书馆志愿者也有自己的特点，主要是其中未成年人志愿者占有相当比例，志愿者服务不仅给图书馆的服务平台增添了新鲜活力，促进了发展，也引发了社会的广泛关注。笔者认为应加强对少年儿童图书馆志愿者的管理研究，进一步完善志愿者管理长效机制，为实现志愿者管理工作的可持续发展提供保障。

一、定义

志愿者 (volunteer) 一词来源于拉丁文中的“voluntas”，“volunias”一词的本意是“意愿”。在西方，志愿者是指不受私人利益的驱使、不受法律强制，基于某种道义、信念、良知、同情心和责任感，为改进社会而提供服务、共享个人时间、才能及精神，而从事社会公益事业的人或人群。在我国香港地区，志愿者又称为“义工”，台湾地区称为“志工”，是指在不为任何物质报酬的情况下，为改进社会而提供服务，共享个人时间及精神的人。志愿服务是指任何人志愿贡献个人时间、精力、金钱及精神，在不谋求任何物质报酬的情况下，为改善社会服务和促进社会进步而提供的服务。国外志愿服务源于宗教性慈善服务活动，产生于 19 世纪末 20 世纪初。我国志愿服务事业的大规模开展始于 1993 年底共青团中央发起实施的中国青年志愿者行动。

少儿图书馆志愿者，是指富有爱心且热爱社会公益事业、关心祖国下一代身心健康成长的人士，他们不为任何物质上的报酬或个人的名利，志愿贡献个人的时间及精力，为改善社会公益服务、促进社会文明和进步而提供服务。

二、我国少年儿童图书馆志愿者发展实践

目前，我国大部分少年儿童图书馆都开展了志愿者服务，如广州少年儿童图书馆志愿者服务始于 1996 年，服务内容从整理书架、维护秩序，到开展“英语角”活动、举行故事会等；又如湖南省少年儿童图书馆志愿者工作始于 2006 年，常年面向社会提供图书馆志愿服务培训与岗位，每年组织志愿者活动大约一百余场次，主要围绕图书馆读者服务展开；而杭州少年儿童图书馆于 2012 年新建后成立了“杭州少年儿童图书馆社会志愿

者实践基地”，吸引了市民和社会机构、组织踊跃参与。

从志愿者准入门槛来看，各馆对志愿者的年龄、服务时间和服务能力均做了相应的要求，如从年龄要求来看，国家图书馆要求10～15岁，长春市少年儿童图书馆要求10～60岁，南通市少年儿童图书馆要求16～50岁，杭州少年儿童图书馆要求8周岁以上。

从志愿者服务内容和职责来看，涉及的大都是一线业务工作，如读者服务、读者宣传和教育、图书整理和流通等，其中服务内容、职责与志愿者的服务条件和能力密切相关。目前而言，大部分图书馆都会涉及这两个方面，同时招收一些辅助型服务的志愿者和技能型服务的志愿者，而在读大学生志愿者介于这两者之间，既愿意进行常规的岗位协助工作，进行辅助型服务，又有一定的技能和特长，具备开展技能型服务的条件，深受各馆的欢迎。

三、有效开展志愿服务的必要条件

（一）少儿图书馆志愿者必须具备良好的文化素质和心理素质

图书馆业务专业性较强，要求少儿图书馆志愿者在具备一定的文化程度、专业特长和组织协调能力的基础上，不仅要具备图书馆专业知识，能为读者提供文献借阅、文献整理等一般性的服务，提供少儿教育、儿童培训、儿童心理咨询等方面的服务，而且要掌握和小读者沟通、交流的技巧，与家长沟通的技巧。另外，少儿图书馆工作服务性较强，志愿者还应有良好的心理素质，对小朋友和气、耐心，对急性子的家长能冷静、理性地处理突发情况。

（二）应当为志愿者提供良好的工作环境与便利

少儿图书馆的人文环境与物质环境对图书馆志愿者活动的开展有着直接的影响。图书馆应该为志愿者服务活动提供良好的条件，诚心帮助志愿者解决服务中遇到的各种问题和困难，给他们提供工作上的便利，并不断地提升和激励他们的工作热情，保持他们的活力与创新精神，使每一位志愿者都热爱少儿图书馆、乐于为图书馆做贡献，从而保证志愿者的活动得到良性发展。

四、重大意义

（一）有助于提高少儿图书馆的服务质量

一方面，通过志愿者的热情服务，加大了少儿图书馆的宣传力度，保证了对读者、家长的意见、建议的及时答复、解释，从而改善和提高了图书馆的服务质量；另一方面，志愿者本身也是图书馆的读者，能够向图书馆提出善意的、更有建设性的批评和建议，促进图书馆业务工作的发展。

（二）有助于少儿图书馆事业的稳步发展

少儿图书馆不仅需要图书馆专业方面的人才，还需要计算机、教育学、心理学、管理学、外语等多学科的人才。现有的少儿图书馆由于受条件的限制，图书馆的人员结构配备也不尽合理，志愿者来自不同的行业或不同专业，其中不乏各行业的专业人才，他们在参加志愿者活动的过程中，能弥补图书馆人员知识技能结构上的欠缺，同时也把自己的良好作风和奉献精神带到图书馆，为图书馆注入新鲜活力，促进少儿图书馆事业的发展。

（三）有助于提高少儿图书馆的知名度

不同行业的志愿者通过参加少儿图书馆的服务及管理工作，借此可以更加了解少儿图书馆的性质、作用及所面临的困难，通过他们的宣传，有助于提高少儿图书馆的知名度，让社会公众进一步了解图书馆，加强社会对少儿图书馆的理解与支持。

（四）有助于缓解少儿图书馆人员、经费不足的压力

近年来，少儿图书馆读者服务量不断增大，有限的人员和事业经费促使读者需求与图书馆服务之间的矛盾日益显现。志愿者队伍作为一支生力军充实到图书馆相关服务领域中，既能弥补人手不足，又能节省外聘人员的开支，可谓一举两得嘛。

（五）有助于志愿者自我提高

一是奉献社会，呈献爱心。志愿者通过参与志愿者工作，有机会为社会出力，尽一份公民的责任和义务。志愿者在少儿图书馆可以通过与小读者和家长的互动，体验为人父母的快乐与艰辛，增强做人的社会责任感，少年儿童的天真无邪也给志愿者带来了无穷的快乐和人生感悟。二是丰富了自己的生活体验。志愿者利用业余时间，参与一些有意义的社会工作和活动，既可扩大自己的生活圈，更可亲身体验社会上的人和事，加深对社会的认识，这对志愿者自身的成长和提高是十分有益的。三是给自己提供了学习的机会。志愿者可在参加活动的过程中学习新知识，弥补知识结构的不足，增强自信心，提高适应社会的能力。四是有助于培养吃苦耐劳的精神，树立无私奉献、为人民服务的人生观、价值观，成为对社会有用、受他人欢迎的人。

五、志愿者活动内容

（一）公益性少儿图书馆读书活动

少儿图书馆会经常性地举办一些大型的、公益性的少儿读书活动，旨在引导少年儿童好读书、读好书，提高全民族的文化素养，促进整个社会的文明与进步。通常其主题内容十分广泛，十分贴切少年儿童的特点，活动的内容丰富、形式多样、情趣盎然、生动活泼、不拘一式，很受家长和孩子们的欢迎，也为社会所赞誉。志愿者可全程参与其中，涵盖活动主题策划、组织策划、内容策划、包装策划、宣传策划等。

（二）导读活动

针对少年儿童年纪小、文化层次低下、是非辨别力不强、好动的一些主要特点，通常会组织专业人员对小读者进行阅读辅导，对初到图书馆的小读者详细介绍图书馆馆藏构成，馆藏的分布，如何查阅、检索所需要的文献等。

（三）为社会特殊群体服务

所谓特殊群体是指社会上的弱势群体，它是指生活在社会最底层的人群。如无收入的下岗职工子女、孤儿、农民工的子女、弱残疾的儿童等。社会要关注弱势群体，图书馆要为他们提供无偿的知识援助。少儿图书馆以关爱弱势群体中少年儿童为己任，应以送书上门、组织他们来图书馆学习，开展读书活动等方式，为他们提供力所能及的帮助。志愿者可以为图书馆提供帮扶子女的对象资料，确定帮扶对象，也可以参与帮扶的活动中。

（四）图书馆宣传服务

少儿图书馆可吸纳新闻从业人员为图书馆的志愿者，通过他们向社会宣传图书馆新的社会功能、新的举措，呼吁全社会支持和帮助少儿图书馆的建设与发展，也让社会公众更多地了解图书馆，让更多的孩子走进图书馆、利用图书馆，从而提高少儿图书馆在社会上的知名度，同时也赢得社会的理解与支持特别是少儿图书馆经常性地举办的公益性的大型读书活动，有了媒体的宣传、推动，才会吸引更多的孩子参与，进而审视活动的效果，引起相关领导的重视，给少儿图书馆造就良好的生存环境。

（五）参与图书馆服务质量监督工作

图书馆可授权志愿者对图书馆的服务质量和服务工作态度进行检查监督。采取发放读者问卷表、举办读者新春茶话会、设立读者意见箱、定期到对外服务部门开展服务质量检查等多种方式，帮助图书馆收集、整理、反馈读者的意见与建议，协助做好读者的答复、解释工作。

（六）基础业务服务

逢双休日、节假日少儿图书馆的读者和家长倍增，常出现工作人员入手不足的情况，此时可以安排经过业务培训的图书馆志愿者充实一线岗位，从事文献借阅、图书修补、图书上架、阅读辅导等基础性的业务工作。

六、存在问题

（一）缺乏志愿者活动的经费保障

目前我国志愿者活动的经费来源渠道较为有限，资金总量也较为缺乏，在少儿图书馆中，志愿者的活动经费主要来自各图书馆“免费开放服务”的经费，甚至有一部分图书馆用的是日常办公经费，很少有专项经费。而国外志愿者组织的活动经费主要来自政府拨款、社会捐赠和个人资助，稳定的经费来源保障了志愿者活动的开展。

（二）日常管理机制不完善

不少图书馆的志愿者招募、培训和管理由多个相关部门共同承担，职能划分不清，管理分散，不成体系。

（三）缺乏有效的激励保障

志愿服务是出于个人意愿的自发行为，值得肯定和鼓励。目前图书馆针对志愿者群体缺乏相应的激励措施，难以激发他们进一步参与的热情和积极性，尤其是学生志愿者往往浅尝辄止，不容易发挥公共图书馆志愿者培养的社会教育职能。

（四）对于志愿服务定位不清

少儿图书馆的主要工作是服务少年儿童读者，为少年儿童读者提供阅读便利，由于工作服务对象特殊，工作人员也必须有一定的专业素养和沟通表达能力。而少年儿童的特点是活泼好动，不像成年人一样能够长时间专注于某一本书，同时少年儿童的阅读能力有限，不同年龄层的儿童的识字、识图能力还不同。因此少儿阅览室需要相关工作人员进行一些朗读、小组活动等娱乐项目，这就需要一定数量和专业素养的工作人员。目前少儿图书馆更多的是发挥现有工作人员的作用，很少把目光投向社会志愿者，对社会志愿者的作用认识不清晰，定位不明确。

七、工作建议

（一）建立志愿服务激励制度

表彰和奖励机制对于促进图书馆与社会力量之间的良性互动，提高公众参与图书馆建设的荣誉感和成就感，吸引更多社会力量投入公共图书馆服务体系建设，具有良好的促进作用。目前，我国图书馆对志愿者的激励方式比较单一，主要侧重于精神激励，如发放志愿者证书和表彰。而国外一些图书馆会向志愿者发放交通补贴和午餐费，并为按规定完成服务的志愿者提供便利和各种证明用于升学、就业等。建议为志愿者制定多种形式的激励机制，激发志愿者更好地服务社会，创造更多的社会价值，吸引更多的专业人才加入志愿者队伍中来。

（二）规范管理，加强长效机制建设

少儿图书馆必须坚持对志愿服务工作进行有效的管理，通过建立一整套长效工作机制，规范基础工作，从而更好地开展高效、优质的志愿服务。健全招募工作机制，规范选拔标准，认真做好志愿者发展和组织协调等工作；健全培训工作机制，制定志愿者培训工作标准，加强队伍建设，针对不同的志愿服务内容，开展培训，可通过外聘专家专题培训、与兄弟单位交流探讨等多种方式，促进志愿者专业工作能力、服务水平的提高；完善工作例会制度，邀请志愿者骨干参与，总结部署工作，并倾听志愿者的意见和建议，了解志愿服务过程中存在的问题和不足，及时予以解决。

（三）加强立法，保障志愿者权益

在一些发达国家，对志愿服务有完善的法规，并有一定的激励措施，而我国关于志愿服务工作的法律法规以及志愿者权益保护的立法还不完善，很多志愿活动也不够规范。目前，仅广东、山东等省份出台了相关地方法规。因此，尽快出台相关的法律法规势在必行，在促进志愿服务良性发展的同时，保护志愿者的权益，只有这样，少儿图书馆的志愿服务事业才能得到持续发展。

（四）创新志愿服务项目打造知名品牌

根据各类型志愿者特点因地制宜开发多层次服务项目，破除志愿服务项目活动单一化、同质化、未能形成自身持续品牌的问题。充分了解服务对象的实际需求，让志愿服务活动更贴近生活，利用志愿者的专业特长，挖掘其潜能，从而创新服务内容，做到人尽其才。要着力突出图书馆志愿服务的品牌效应，通过品牌体系构建带来人力资源的保障，用品牌的人气带来志愿者队伍的不断壮大和提升。

第六节　少儿图书馆微课服务

一、少儿图书馆微课服务概述

（一）微课概述

“互联网 +”时代，信息网络和各种终端发展迅猛，微课作为一种新的教学方式和教学理念也得到了越来越多的关注和应用。微课是利用微课平台以短小的微视频形式讲授单一知识点的教学活动，结合相关辅助功能可以加深和强化知识点的学习效果。

2008 年，“微课”概念被正式提出。微课具有短小、课程形式多样、自主性强等特点，目前已被广泛运用到教学活动中。从呈现方式上来看，微课以短小的微视频通过微课平台呈现在计算机、手机、平板电脑等终端设备上；从微课的内容构成来看，课程时间一般在 10 分钟以内，有些课程时间也会达到 15 ~ 20 分钟，包括微课课程视频、课程教案、课件、测试、个人课程管理、交流互动、反馈评价等相关配套资源；从微课的教学方法来看，它可以针对单一知识点进行深入讲解，这是与传统课堂教学最大的不同之处；从微课的资源利用情况来看，微课是可共享的教学资源。微课视频的观看学习和配套资源测评、交流等学习过程都在微课平台完成，学生可以不受时间和空间限制完成知识点的学习。微课是一种碎片化的自主学习形式，其泛在化的利用方式更好地满足了学生的个性化学习需求。

此外，微课平台具备交流功能，学生与教师可以通过“翻转课堂”的形式进行交流，这种交流有助于学生完成自主性学习。

（二）少儿图书馆微课服务范畴界定

微课课程本身属于碎片化教学模式课程，其最大的不足之处是缺乏知识内容的体系性讲授。少儿图书馆提供的微课课程应作为课外辅导性教学内容，主要培养少儿的学习兴趣、思维方式和学习能力，通过系列性知识的学习能够满足少儿对自身兴趣爱好和知识面的拓展需求。

（三）少儿图书馆微课服务受众用户概述

少儿图书馆微课服务面向的用户群体不应局限于少儿，也应该包括家长和教师。在微课平台设计方面，图书馆可以通过卡通图片等方式对碎片化的微课知识点进行呈现，这有利于在一定程度上提高少儿的学习兴趣，降低他们的使用困难，而这个过程需要家长和教师进行正确的指导。

二、少儿图书馆提供微课服务的可行性分析

随着互联网的快速发展及新技术的应用，资源和服务的类型更趋于多样化，少儿图书馆应鼓励少儿利用多媒体技术提高他们的信息素养。为少儿提供休闲、娱乐、学习的“第三空间”是少儿图书馆未来发展的目标和趋势。微课能够为少儿服务提供新的学习思路和学习方法：①少儿行为习惯的改变需要少儿图书馆提供新的服务形式。在日常生活中，随处可见熟练使用智能手机、平板电脑等数码产品的少儿，他们获取信息及阅读的习惯已发生改变。他们的学习方式也不再局限于传统的课堂教学，微课的全新教学方法和理念能够适应并满足数字时代少儿的学习习惯和学习需求，激发少儿的学习兴趣。②短时间的微课教学形式与少儿注意力的特点相适应。学习是需要集中注意力的活动，对不同年龄段的少儿而言，他们集中注意力的时间是不同的，并且随着少儿年龄的增长而不断增加。5 岁以下少儿集中注意力的时间在 10 分钟以内，5 ～ 7 岁少儿约为 15 分钟，7 ～ 10 岁少儿可达 20 分钟，12 岁以上少儿注意力的持续时间则可超过 30 分钟。与成年人相比，少儿在学习过程中的注意力集中时间显然是较为短暂的。微课碎片化的教学形式，有助于使少儿在注意力相对集中的时间内完成学习内容。③少儿图书馆具备资源和平台优势。微课不仅需要一定的平台来承载课程资源和各种配套功能，还需要提供与课程相关的各类辅助信息资源，同时需要教师或专业人员讲授课程。丰富的信息资源和数字图书馆平台能够为微课提供课程资源支持，专业的图书馆员或馆员与教师合作设计的微课课程能够为小读者提供丰富多彩的微课内容。

三、少儿图书馆微课服务建设要素

（一）少儿数字图书馆微课服务平台

微课服务平台是少儿图书馆提供微课服务的重要组成部分，也是微课各组成要素（如视频、配套资源和服务内容）的综合载体，它应该以卡通等趣味方式呈现出来，引导小读者进行自主学习。微课服务平台同时也需要提高家长的参与度，在构建微课服务平台

时可将家长参与板块加入其中，加强家长和孩子的互动。小读者和家长可以不受时间和空间的限制，随时在有网络接入的地方使用微课服务，并根据自身情况学习知识、交流学习心得。

（二）实体馆微课平台终端

在实体馆中，图书馆可以利用终端机为到馆的小读者提供微课服务，具备卡通外观设计元素的终端机器能够激发少儿知识探索方面的兴趣。图书馆工作人员也可以对家长进行相关的讲解，让他们对少儿的学习进行引导，同时，馆员可以为小读者提供面对面的答疑解惑。此外，图书馆也可以开展某些课程的课外拓展活动。

四、少儿图书馆微课服务平台构建策略

（一）少儿图书馆微课服务平台内容建设

1. 微课视频内容建设

少儿图书馆微课视频内容可分为少儿通识课程和各年龄段课程。少儿通识课程是可以供各年龄段少儿学习的知识内容，例如传统美德教育、历史故事、地方风土人情习俗普及、最基础的信息素养教育等。能够让各年龄段小读者接受的课程内容，主要以科普和培养少儿的德育素质为主。图书馆需要根据不同年龄段少儿的学习能力、知识结构、思维方式和理解能力等区分各年龄段微课课程，即根据不同年龄段少儿的知识结构和学习能力特点，安排不同难度的微课课程。微课课程有实验类、活动类、解题类等多种课程内容类型，新颖的课程类型和较高的参与度能够提高少儿学习的主动性。对于较为专业的课程，例如学龄前少儿的各科辅导性微课课程，图书馆可以通过与教师合作的方式录制课堂授课视频，或者根据教师提供的课程教案和内容制作相关动画或多媒体课件，以便于少儿理解和接受。

2. 微课配套资源建设

除了视频课程，微课也需要有相应的配套资源，如微课课件及教案、课后测试、咨询交流平台等。微课课件和微课教案是对微课课程设计的总结和归纳，能够明确课程的重点和难点；课后测试是对少儿知识点学习理解和掌握程度的测验，可以帮助他们进一步加深理解，提高学习效果；咨询交流平台用于教师与学生之间的答疑解惑；个人微课管

理主要是用户个人学习进度管理、学习计划制订和课程资源下载管理等方面的管理，便于少儿进行体系性学习。对于年龄较小的学龄前少儿，他们应在家长、教师或馆员的指导下进行微课学习。此外，图书馆可以鼓励小读者们在馆员、教师和家长的辅导下，自己创作微课视频并上传到微课平台，这不仅可以让小读者与其他人分享自己的学习成果，而且也可以更好地提高少儿的自主学习能力。

（二）少儿图书馆微课服务平台形式建设

1. 微课内容呈现形式

微课视频可以通过课堂讲课的形式加以呈现，也可以通过多媒体动画的方式加以呈现。学龄前少儿的微课视频、通识类课程视频、科普和信息素养类课程视频等如果加入卡通元素，将更符合少儿的心理特征，能让小读者们更有兴趣学习知识。

2. 微课平台呈现形式

少儿图书馆微课平台应降低操作难度，简化操作界面，如可以用语音和文字相结合的形式提醒小读者进行相关操作。微课服务平台也需要提供一站式检索功能和资源导航，以方便小读者查找微课视频和各类配套资源。

通过构建少儿图书馆微课服务平台，为远程在线和到馆的少儿提供微课服务，能在一定程度上解决地区间少儿图书馆服务覆盖不均的难题。少儿图书馆提供微课服务能够满足少儿的学习需求，有利于培养他们的自主学习能力。因此，少儿图书馆应注重微课的设计及制作，为小读者提供更加多样化的选择。

第七节　少儿图书馆数字化阅读的推广服务

阅读是青少年学习知识、认知世界最重要的行为之一，也是交流沟通、创造研究、逻辑启发等能力提升的基本条件，当阅读深化到一定程度，可以让一个人对事物的认知产生升华，并归纳、整理、总结出更完备的知识体系和更健全的人格。近几年，各地少儿图书馆购置了许多数字化、网络化的资源，并且自建了不少特色数据库服务青少年，这些都得益于数码技术的蓬勃兴起和网络应用日益完善，使得这些资源大量涌现，数字资源极其丰富、获取途径极其便捷，数字化阅读时代已经到来。这种情况的出现，需要少儿图书馆在青少年数字化阅读推广方面，要思考当前社会环境与青少年需求的变化和青少年数字化阅读的不足，探讨少儿图书馆的服务手段、工作方法，并通过我们的推广，逐步使青少年对数字资源充分了解，融会贯通，使他们的阅读能力和动力得以提升。

一、数字化阅读的优势

数字化阅读近年来发展迅猛，其含义有两层：①内容以数字化方式呈现；②阅读载体是数字化设备，它是介于传统阅读和未来感官阅读之间的一种阅读方式，与纸质阅读相较，它有着巨量的存储、迅捷的检索、容易保存、价格低廉、更友好的阅读体验等无可比拟的优势。

①它实现了多感官阅读，将文献多种呈现方式结合起来，其在内容上具有多样性；阅读形式上具有新颖性，无论读者处于室内或旅途中，它都可以提供良好的阅读体验，可让阅读者保持良好的阅读感受和信息获取感。②它可以充分利用读者的碎片时间，让读者在工作、学习、生活、通勤等各种环境下，借助移动智能终端享受到高品质的阅读，从而进行充分的学习和获取知识，所以说，它是一种全面、高效、便捷的阅读方式。③随着 4G、5G 网络技术的成熟，数字化阅读在文献内容上可以做到即时更新，载体形式上可以做到方便携带，很大程度缓解了阅读需求和传统文献更新缓慢，阅读内容与载体过大的矛盾。

二、青少年数字化阅读的现状

根据 2015 年 11 月 13 日刊登在《光明日报》上的《光明调查》栏目所载内容，总结分析出以下几个特点。

（一）数字化阅读内容娱乐化

我国青少年有近六成的人喜欢阅读微信朋友圈或微博，55% 的青少年喜欢阅读轻松幽默的文章，然后是教学辅导材料选择率达到了 52%，另外，约 1/3 的青少年喜欢网络文学和娱乐信息等内容，有 1/5 热爱阅读时政新闻及军事相关的文章，约 17% 的青少年喜欢去感兴趣的网络论坛潜水，喜欢经典文学比网络文学的高出了 2.1 个百分点，可见，网络文学与经典文学在青少年阅读喜好上难分高下。

（二）数字化阅读目的多样化

分析显示，76.4% 的青少年是为了“搜索自己所需要的信息资料”这是最重要的阅读动机，他们的个人爱好和情感抒发也是重要的阅读动机，有 67.9% 的青少年主要是为“满足对某方面知识的好奇或兴趣”，67.5% 是为了“使自己心情愉悦”，另外，59.3% 的青少年是为了“提升个人修养”，49.5% 的青少年为了“与同学聊天时有共同的话题”，“闲暇时消磨时间”这种目的性不明确的阅读者也占了 44%。可见，满足知识需求、提升个人修养、人际认同和娱乐是青少年数字化阅读的主要动机。

（三）数字化阅读深度浅表化

青少年对数字化技术有着先天的敏感性，他们基本上已经掌握了如何通过搜索引擎或者其他信息技术获取知识的能力。青少年中约 60% 的人认为能够通过数字化阅读将这些知识解释、分析、加工、总结，形成自己的认识和理解，64.3% 的人认为可以组织自己的语言来评论网上看到的信息，并能与其他评论者共同交流，数字化阅读中，能够把阅览的信息进行分析、判断很重要，四成多的年轻人认为能够对所阅信息进行批判性评价，42.8% 的人相信自己有能力判断信息是否真实，58.5% 的青少年存在“走马观花式的浏览”，经常如此的有 11.4%，53% 的青少年有“遇到不理解的地方跳过去不深究”的情形，经常如此的有 12.8%。基于以上分析，加上数字化信息具有碎片性、发散性和流动性的特征，使得青少年精研式阅读较少发生，而更多的是浏览式阅读，这种阅读方式增强了大脑略读和扫描信息的能力，但阅读陷入浅表化，难以引起深度思考和认识上的升华。

三、青少年数字化阅读的重要性

数字化阅读由于其固有的特性，存在着不同于传统阅读的影响因素，这些因素决定了它的重要性，笔者将其归纳总结如下。

（一）非线性

读者在阅读数字资源的时候，可跟随文献内的超链接进行跳跃式的阅读，可将读者带入到一个全新的阅读主题当中，以了解个人阅读时所希望知道的背景资料。

（二）互动性

读者可以随时分享阅读体验、评论等，在读者之间、读者与馆员之间相互及时沟通，有一种阅读同在感，增强了阅读的趣味性，也方便导入其他阅读者的思维。

（三）实时性

数字化阅读中，读者可随时、随地获取任意网上信息，也可以随时启动记事本等小程序将阅读笔记记录在案，这将对阅读经验的积累造成良好的影响。

（四）集成性

数字化阅读呈现的文字、图片、音频、视频等，能够让读者始终处于兴奋状态，它的生动性与活泼性加之多媒体技术的配合，让阅读更易于理解并激发更多的想象力。

（五）匿名性

可以使读者表达自己想法的时候少了许多顾虑，也更容易抒发阅读感受，将促进各种想法的碰撞，更容易产生出新的思考、新的观点。匿名性、链接性、观点多元性是数字化阅读区别于纸质阅读的显著特征。

此外，根据美国相关专家的研究成果显示，通过数字化阅读可以对阅读有障碍的学生进行治疗，以提高他们的相关能力，通过 3 个月的数字化阅读，使得参与测试的美国七年级学生学习成绩提高了 25%，有 30% 的学生传统阅读成绩较差，但数字化阅读的成绩明显好于传统阅读。

四、少儿图书馆数字化阅读的推广服务策略

少儿图书馆应该从数字化阅读的环境建设、图书馆的服务内容和手段、馆员的自身素质三方面入手，为他们提供更舒适、更友好、更多元化地数字化阅读服务，逐渐培养出读者良好的数字化阅读习惯和阅读技巧。

（一）数字化阅读的环境建设

数字化阅读的环境建设主要有：硬件环境、软件环境、心理环境和制度环境建设。

1. 硬件环境

少儿图书馆作为社会教育的终身课堂，要为青少年创造免费阅读的条件，搭建数字化阅读服务平台，建设使用方便、环境舒适的数字化阅读场所，改善青少年数字化阅读条件不平衡的现状，还应开发数字化阅读共享空间，设立图书馆大厅数字化阅读体验区，推动图书馆数字化工作进一步上水平等。

2. 软件环境

首先要做好数字资源建设，应具备辅助阅读工具、应有互动和分享功能、并且界面

要求友好。汇集、整理有价值的信息给青少年永远是少儿图书馆的第一要务，由于青少年上网时间长、利用计算机能力强，因此，青少年的数字化阅读推广的软件环境应以在线的方式搭建，并将少儿图书馆数字化资源整合起来，宜采用成熟的网络社交平台，如：微信、微博开发在线读书会，加入直播、论坛讨论、个人中心、书签等功能，让青少年和他们的家长及老师们分享读书心得，引导好孩子们阅读，并允许在他们的微信等自媒体上转贴图书馆所提供的书单、书评、照片等，并鼓励他们自己创作数字化资源。

3. 心理环境

指明确数字化阅读的目的，培养正确的阅读心态。研究指出，具备良好的阅读心态，能够增强自身的满足感，而且可以丰富读者的阅读体验，明确的阅读目标与心理预期，还能让青少年在阅读中合理使用有限精力和集中注意力，避开无关信息的干扰，可以减少在阅读中出现的焦虑。

4. 制度环境

主要指少儿图书馆相关机制和程序要跟得上时代发展，虽然数字资源巨大，但使用效果良好的分类法还没有出现，怎样将数量众多的数字资源充分利用，是少儿图书馆数字化阅读推广需要优先解决的问题。除此之外，少儿图书馆还应该采取一定的法律手段，维护网络安全，屏蔽不良信息，为青少年营造一个安全、文明、健康的数字化阅读的制度环境。

（二）少儿图书馆的服务内容和手段

少儿时期的孩子们对图书馆举办的各种读书活动参与意愿很强烈，但入学后，随着课业压力或者图书馆举办的活动已不太适合他们的年龄段时，走进图书馆的时间逐步减少，这要求除了定期举办适合青少年的读书活动外，还应该主动与他们保持联络沟通，提高图书馆对读者的黏性。例如：通过少儿图书馆微信公众号向他们推送信息或者利用互动平台与读者们进行沟通，这些是让他们关注图书馆的好办法。公众号和平台的设计上，要提供形式多样的信息提供手段，界面效果要适合青少年的审美，大量动画和多媒体影音的使用更能够激发出读者的点击欲望。

馆员要向青少年推荐合适的数字资源，这是少儿图书馆推广阅读最重要的方式，可以向读者推荐收藏的音频、视频、电子报刊、动画等内容，这些内容不局限于本地数字资源，也包括网络数字资源。除此之外，可以让他们自己上网推荐喜爱的馆藏资源，还可以让他们互相对推荐的馆藏资源互动发表评论，以便激发青少年共同阅读的兴趣和愿望。

少儿图书馆也要和出版方合作，举办优秀数字出版物展览；联合拥有网络阅读专业背景的读书网站搞线上读书会；聘请知名学者搞网络讲座直播，借助多元化服务，吸引青少年读者参与数字化阅读。特别需要提出的是，青少年的课业是对少儿图书馆信息需求的关键，图书馆应该为他们提供课业数字咨询服务，包括：课程知识和背景资料网站的搜集、提供课业咨询网上通道、提供考试信息、采购教学辅导数字资源等，并与学校和教师建立良好的合作关系，通过学校了解他们数字阅读方面的需要，还要利用馆藏数字资源为学校和教师们提供教学支持，让教师在教学和推动阅读时有更多的手段和资源。

我们还应在数字化阅读能力和素养的提升上有所建树。①通过各类型的青少年读者活动，让他们了解数字化阅读带来的积极影响和存在的弊端，以便日后扬长避短，能有较客观的判断力；②进行心理干预，提升读者阅读时自我控制力和自信心，以培养他们阅读的效能感，这将对青少年的数字化阅读行为和阅读品味产生巨大的影响；③加大力度提升青少年的电脑应用水平，使他们更加方便、准确的搜藏信息；④结合课业情况，合理计划他们进行数字化阅读，促进青少年全面协调发展。

（三）馆员自身能力需要提高

馆员要有海纳百川的包容心，来接纳青少年的阅读和学习模式，只有这样才能对他们产生积极的影响，必须有指导读者网络使用技能和数字化阅读技巧等方面的能力，还应该具备引导他们通过数字化阅读培养自己在阅读、创新思考、语言表达、写作等方面的组织引导能力。此外，馆员还应掌握数字资源加工技术、读者服务工作、推广服务、心理学等知识与技能，鼓励馆员从事数字化阅读使用行为的研究，使馆员成为数字化资源与青少年读者之间的桥梁和纽带。

只有阅读能承载知识，也只有阅读能让青少年将来具备强大的竞争力，阅读形式已实现多元化、多样化。在信息时代，传统阅读和数字化阅读都包含在阅读的范畴里，虽然数字化阅读有阅读深入不够、对视力有影响等令人诟病的地方，但青少年对信息技术的接纳程度超乎了我们的想象，已经成为最大规模的数字化阅读人口，我们正处于阅读方式变革的转折点上，青少年的数字化阅读能力，需要我们图书馆人共同努力，以完成少儿图书馆所承担的历史使命。

第八节　“互联网 +”背景下少儿图书馆智能化服务

2015 年国务院出台了《关于积极推进“互联网 +”行动的指导意见》，“互联网 +”概念一度成为信息学科、科技创新新领域的热点研究内容之一。经过近两年各领域学者和专家的应用研究和呼吁，“互联网 +”的理念迅速渗透到人们的生活和生产方式中，成长为实实在在的互联网服务模式，而且颠覆了社会管理模式乃至人们的生活方式。其本特征是跨界、变革、开放、融合，它是移动互联网、云计算、大数据、物联网以及 4G、5G 等信息通信技术在现实应用中的进一步升华。

一、少儿图书馆传统服务及局限

信息网络科技的迅猛发展，图书馆网络化、数字化、信息化水平得到很大改善；信息检索服务、参考咨询服务、文献传递服务、信息素质教育培训等服务方式和服务内容悄然演变。少儿图书馆传统服务的局限主要表现在以下几方面：

（一）服务范围狭窄，服务内容单一

通过官方网站、微信公众号、微博等网络媒体推介图书馆概况、读者指南、数字资源等各项功能服务；查询期刊论文资料和检索书刊等基础社会服务。殊不知社会服务和教学、科研服务是有机整体，不可分割；内容上紧围绕少儿书图书馆资讯、数字资源使用、书目推荐等简单公示于网页。网站结构没能及时更新和公告图书馆联馆服务，无法资源共享、联合保障，满足日益多元化的读者需求。

（二）不重视知识发现，数据挖掘分析

图书馆作为存储信息知识和传播知识的场所，一般都用 OPAC 系统记录读者信息，但很少对少儿阅读数据进行分析利用，深层次管理、组织、挖掘学科知识，利用数据价值进行学科研究，进而深入研究少儿读者的隐性需求。比如：少儿玩具资源、数字资源、体验资源、特色资源（经典阅读资源）等方面的开发需求。

（三）忽视读者服务的内涵和使用体验

基于国家对图书馆藏书总量和平均年进数量有规定，“重藏轻用，重管轻用”现象严重，不重视书的实际利用价值，导致有限资源浪费。部分学生或读者自带书籍到馆学习（图

书馆是安静的自习室），到馆率虚高。当读者需检索某一知识点时，除了利用书目检索系统检索，还需要不同数据库的不同检索引擎。途径烦琐，多次检索，才能获取相关完整的文献信息。

二、“互联网 +”背景下少儿图书馆智能化服务模式

随着“互联网 +”时代伴随高速发展的信息技术、网络技术的到来，少儿图书馆将向传统挑战，将运用“互联网 +”的理念与模式，从理论及应用层面上助推少儿图书馆服务创新模式，从而解决少儿图书馆从传统到智能的创新转变。作为智能图书馆的拓展和延伸，“互联网 +”图书馆并不是单一的知识叠加，而是管理与服务技术的模式创新；并且二者无缝嵌入，深度融合，衍生出以读者为导向，服务理念、思维、模式上“+”的智能化图书馆服务模式。由传统馆藏为重点的文献服务转化为以信息知识集成为重的智能化服务模式。

（一）构建大数据知识服务平台

1. 加强数据信息资源整合

实现“互联网 +”智能化服务模式，必须建立大数据处理层。全方位整合数据信息资源，充分发现、挖掘信息资源中蕴含的隐性知识及内在联系。利用物联网技术，加强图书资源信息化建设和图书资源数据库建设。对各种载体的文献、所有数据库中的原数据进行加工，建立对应的关联，形成完整的数字化资源库，保存在特定服务器上。读者可利用移动终端或PC端实时获取图书馆每一条资源信息，并且能跨库、跨载体、跨平台知识检索，实现读者利用资源的智能化。

2. 创建“少儿馆云”存储平台

云服务技术引入图书馆存储平台同时还要符合少儿生理、心理特点，操作系统简便、明了，界面清晰、多学科服务，为少儿图书馆提供基础设施服务，减少成本，提高效率。云口令通俗易懂，画面生动活泼，有趣。通过知识发现、数据挖掘、信息检索和智能代理技术，进行分布式存储与托管，将图书馆转变为集成知识信息的“银行”。给每位读者分配一个 ID，读者可以将照片、文字、视频或者课程资料、科研课题存储在图书馆云端里；零散知识汇聚帮助读者为不同时期留下完整的知识回忆。

3. 建立统一知识检索平台

"互联网 +"背景下，图书馆是在处理层、核心层和基础层配合运行下提升知识管理水平，根据少儿有好奇、多动的特征，喜欢非规范化操作，对纸质、非纸质载体文献进行数字化，适合少儿操作。少儿读者不必登录图书馆不同书目检索系统，或者数据库搜索引擎进行多次文献检索，而是直接通过 PC 端，移动终端来访问知识检索平台，进行一站式文献检索。搭建现实与虚拟空间的智慧融合，现实世界的各种资源与网络世界的有效链接，进而实现信息和数据的交换与共享。其实"互联网 +"，好比一座桥梁，将图书馆与图书馆之间、图书资源与读者之间有效链接，跨学科、专业领域相通，彼此间有机融合。

4. 打造少儿读者广泛参与的互联平台

（1）完善读者动态档案，提供个性化服务。个性化服务环境已成为"互联网 +"图书馆领域发展的必然趋势。提供优质的个性化服务可以避免读者被动接受图书馆的信息及服务，从而帮助读者更加自主的选择自己所关注资源以及所需的服务。建立完善读者信息档案，以便完成个性化服务方式，其关键要求保持每条记录数据的完整性和特征数据结构的设计，这决定了少儿图书馆信息服务质量。因为读者信息档案是少儿图书馆开展智能化服务的基础，是读者个性化分析的数据来源，是大数据构建的依据。

读者是图书馆的生命线。图书馆除满足读者文献需求、信息需求、知识需求外，少儿图书馆的读者层次相对低点，对专业知识要求不太高精尖，他们使用的数据能够暗示少儿图书馆的发展方向，促使少儿图书馆管理服务创新和某一领域知识服务产业化。

少儿图书馆可采用身份识别技术或者运用手机二维码识别读者身份，读者个人信息、所学专业、兴趣爱好、阅读需求等利用无线射频等物联技术，存储于 ID 信息内，馆员可通过 ID 信息档案分析为读者定制文献推荐、参考咨询等个性化服务，有利于知识服务价值创新。

（2）开展社交网络服务，满足多元需求。少儿图书馆为挖掘潜在读者，拓展服务范围，提升服务质量，可引入移动性和社交性较强的产业链 O2O（Online to Offline）模式，即线上线下新型服务模式。根据读者信息档案细分读者群体，形成读者圈（相同阅读倾向），利用网络平台和社交媒体，通过微信公众平台、微博，加大与读者圈的网上互动，掌握读者需求，定期举办线上线下读者活动（读书沙龙、专题研讨、讲座）。真正做到图书馆与志趣相投读者零距离互动沟通，良性的服务体验有利于提高读者对少儿图书馆的黏性。结合时政热点，每月线上线下制定读书活动方案，借助网络，宣传推广专家深度讲座，或者邀请名人（名家）做客少儿阅播室分享阅读；成立读书协会，定期举办书友会，邀请社会名流成为读书推广达人，让更多读者知晓和参与读者活动，提高图书馆知名度及社会效益。

少儿图书馆除了继续开展传统信息服务外，可借助 APP 使用便捷、覆盖面广等优势，开展少儿服务调查、专题讨论、立体阅读等特色服务，还可将服务拓展至学生图书召回、电话咨询、快速索引、工序请求、代理借阅、学生成绩、课程安排等个人信息的查询，以及快递、出行、天气预报、银行存取等与学生生活相关的信息查询。

三、保障智能化服务亟待解决的问题

（一）网络信息安全亟须解决

“互联网 +”时代，信息安全保障困扰每个行业。个性化服务方式必然要求建立完善读者信息档案，牵涉个人隐私问题，不可避免带来读者数据的安全防范问题。做好两方面保障：一方面，统一少儿图书馆计算机网络安全管理中心设计；另一方面，建立加密技术防护层。落实读者信息安全工作，将是智能化服务模式时需解决的问题。

（二）技术设备投入亟须优化

构建大数据知识服务平台的构建，如购置物联网感知层的设备，需要投入大量的经费，优化升级软硬件设备。而少儿图书馆传统经费主要用于纸质馆藏资源建设、数据库购买。如何调整经费支出结构、申请国家专项资金等。勿让经费不足成为“互联网 +”智能化服务模式的绊脚石。

（三）馆员综合素质亟须提高

在“互联网 +”智能化服务模式中，少儿图书馆员的工作职责由传统的馆藏文献借还、深化为处理馆藏资源的信息化加工、信息参考咨询服务以及个性化特色服务；利用信息检索、数据挖掘分析、智能代理等知识技术，将发现有价值的知识反馈给读者，这就要求少儿图书馆馆员成为“多面手”。不仅拥有敏锐捕捉情报信息的意识，而且应是信息系统的建设者、组织者、信息专家。

著名图书馆学家杜定友提出的图书馆人精神，在“互联网 +”形态下，仍具有重要的意义。少儿图书馆作为存储信息知识和传播知识的公益机构，有责任和义务为每一个读者提供所需信息、将文献信息传递给需要的人。“互联网 +”的发展诠释了这一责任和义务；“互联网 +”对于少儿图书馆而言，既是机遇又是挑战；为了更加高效、快捷服务于广大少儿读者和教、学、研活动，服务于知识生产、保存、传播、利用，随着技术的不断进步，少儿图书馆将会涌现出更多的智能化创新服务模式，将发展成无所不容的智慧文化大空间。

第九节　少儿图书馆创新服务

信息技术的不断提高，多媒体逐渐得到广泛应用，用户通过少儿图书馆寻找信息的途径也发生了巨大的变化，人们可以通过多媒体设备来获得少儿图书馆中所需要的信息资源。传统的少儿图书馆已经满足不了现在的客户对信息的需求，因此在信息技术快速发展的压力之下对少儿图书馆服务进行创新是必须思考的问题。虽说在互联网的冲击下少儿图书馆创新有巨大的压力，但是也是一个不可多得的机遇。那么少儿图书馆怎样抓住时代的机遇，充分展现出其积极的作用，并发挥对社会带来的积极影响是当前所有少儿图书馆人员认真思考的内容。

一、少儿图书馆服务创新的意义

（一）促进少年儿童劳逸结合

创新少儿图书馆的服务设施及图书分布。每一阶段的少年儿童在成长过程中，随着成长的变化其心理也会随之改变，不同年龄的少年儿童对图书的喜欢种类各不相同，因此少儿图书馆在进行图书分布时要依据少年儿童的年龄及兴趣来进行分布，使得少年儿童在读书时更方便快捷。根据年龄、兴趣的不同，少年儿童读书方式也不同。年纪较大的少年儿童更喜欢独自阅读，学龄前儿童则需要家长的陪同下阅读，有的少年儿童喜欢观看音像。因此，要根据少年儿童不同的读书方式进行相对应的阅览区，这样使得少年儿童可以按照自己喜欢的方式阅读。因少年儿童具有不定性的特征，所以少儿图书馆需要在合适的位置建立一个休闲娱乐区，里面可以放一些与不同年龄相对应的玩具，从而使少年儿童在读书疲乏时获得放松，使得孩子劳逸结合，吸收知识效果更好。

（二）促进少年儿童合理读书

据调查，少年儿童进图书馆读书时，所翻阅的书籍大多是杂乱无章的，且少年儿童在寒暑假期进图书馆的次数较多。不仅仅少年儿童如此，大部分成年人在阅读书籍时大多是选择与自己专业有关的书籍以及杂志等类的书籍，极少阅读经典作品，并且在翻阅时较随意。面对这种现象，少儿图书馆在进行服务创新时，大量引进积极、优秀的图书，并开展多种读书活动，这样能够促进少年儿童在读书时能够读好书，形成良好的读书习惯，并在读书过程中有所斩获，促进少年儿童合理读书。

（三）激发少年儿童的读书兴趣

传统的读书引导方式使得少年儿童在寻找书籍时浪费大量的时间，少儿图书馆可以引用多媒体技术，将少儿图书馆的建筑布局、图书分布、优秀图书推荐、页面目录、读书活动等程序纳入多媒体中，让少年儿童通过多媒体就能对图书馆所有内容进行了解，既节省了少年儿童找书的时间，又激发了少年儿童读书的兴趣，还能培养少年儿童迅速接受新事物的能力。

二、少儿图书馆服务现状

（一）少年儿童阅读习惯的改变

少年儿童阅读习惯会随着时代的变化而改变。在网络信息化发展的时代，少年儿童在网络的围绕中成长，他们在生活中大多是通过多媒体来进行对信息的获取，获取信息的方式也在不断变化。通过纸质来获取信息资源的方式已经无法满足现代人们的需要了，通过网络媒体来获取信息资源的方式将会逐渐替代传统的纸质获取信息的方式，而少年儿童也会逐渐通过网络媒体来阅读书籍。面对少年儿童的阅读习惯的转变，少儿图书馆服务必须对其进行创新，从而迎合少年儿童的阅读需求。

（二）教育形势对少年儿童的影响

在教育形势对少年儿童的影响下，少儿图书馆竞争压力较大。在现阶段家长为了提高孩子的学习成绩，会在课余时间为孩子报各种补习班、奥赛班、各种比赛以及报各种各样的特长班，比如钢琴，舞蹈等。这种现状导致孩子们逐渐成为学习的机器，自己的课余时间少之又少，使得孩子们没有充足的时间进入图书馆读书学习。虽然少儿图书馆对少年儿童的教育起着重要的作用，但是还有诸多教育机构发挥着对少年儿童的教育作用。因此，少儿图书馆在这种形势下为了提高竞争力必须进行服务创新，通过服务创新来吸引少年儿童走进图书馆读书学习。

（三）对社会大众的要求

图书馆作为文化服务平台，国家、政府将会对其进行拨款来保障图书馆的正常运行。而对于社会大众而言，需要通过对图书馆的服务来证明自己的社会价值。所以，少儿图书馆服务要进行创新，让更多的用户充分体现自己的社会价值。

（四）网络媒体对少年儿童影响较大

随着科学技术的迅猛发展，网络媒体将少年儿童包围其中，遍及少年儿童的各个角落，使得少年儿童逐渐对传统纸质读书方式失去了兴趣。他们更注重于游戏、电影、流行音乐等方面，这会导致少年儿童阅读能力下降，对中国文化的了解也会逐渐减少。如今大多数少年儿童都沉迷于游戏无法自拔，他们往往在游戏中消耗的时间比在图书馆消耗的时间较多，使得许多少儿刊物发展前景大不如前。这种现象会对少年儿童产生恶劣的影响，导致少年儿童头脑变得更简单、掌握的知识逐渐匮乏、综合素质下降。因此，必须对少儿图书馆服务进行创新，才能吸引少年儿童走进图书馆，将更多的时间用在读书学习上，才能降低网络媒体对少年儿童的恶劣影响。

（五）图书馆行业的发展需求

网络多媒体的广泛应用使得图书馆行业发展形势严峻，进入图书馆的用户数量逐渐减少，图书馆发展面临巨大的危机。因此，图书馆为了自身发展必须改变传统的服务方式，对其进行服务创新，吸引用户走进图书馆，增加读者数量，促进整体的可持续发展。图书馆行业竞争愈发激烈，图书馆只有对其进行创新，完善信息资源获取途径，增加图书馆资源，才能促进图书馆行业的有利发展。

三、少儿图书馆服务创新措施

（一）开展多类读书活动

1. 开展节日少年儿童教育活动

我国有许多重要的节日，比如端午节、春节、元宵节、中秋节等，而每个节日背后都有不一样的故事。少年儿童大多数喜欢观看影片，少儿图书馆可以在节日时引进影院设备，为进入少儿图书馆的少年儿童们播放相对应节日的影片，使得学生对获得知识产生兴趣，并能让少年儿童在观看影片的同时了解中国文化。

2. 开展征文活动

少儿图书馆可以通过奖励的方式开展有奖征文活动，少年儿童大多数对奖品有着较高的积极性，所以少儿图书馆可以通过网络媒体进行广泛宣传，这样不仅可以激发少年儿童读书的兴趣，还能提高少年儿童的阅读写作能力。

（二）创新服务方式

传统的少儿图书馆只能提供少年儿童在馆内进行阅读与借鉴，这使得他们对于一些喜欢的书籍只能去书店进行购买。因此，少儿图书馆服务创新方式上可以采用阅读、借鉴、购买一体化模式。在图书馆中有些书籍是只能阅读不能外借的，少儿读者只有购买才能拥有；有些图书对于新书分类需要消耗一定的时间，少儿读者可以根据自己的需要进行提前购买；少儿图书馆对于有些书籍藏书数量较少，少儿读者可以通过少儿图书馆提供的渠道进行购买。阅读、借鉴、购买一体化方式不仅方便了少年儿童的阅读，满足了少年儿童对书籍的需求，还提高了少年儿童对图书馆的兴趣，促进了图书馆行业的发展。

（三）多种平台机构共同合作

少儿图书馆是重要的社会服务机构，仅依靠自身的发展是不够的，应与各个公共服务平台以及教育机构合作，从而进行对少儿图书馆服务的创新。少儿图书馆应与各个公众服务平台合作开展阅读活动、讲座，诸多少儿图书馆会定期举行少年儿童消防知识安全讲座、少年儿童常识讲座等活动，从而提高少年儿童的安全意识。

目前为止，少儿图书馆的数量较少，成人图书馆比重较大，少儿图书馆的布局也不合理，使得少儿图书馆资源无法得到充分的发挥。因此，少儿图书馆可以与学校以及社区合作，将少儿图书馆通过学校发挥资源优势，可以在学校设置读书室，在班级设置“班级读书角”，这样既丰富了少年儿童的课余生活，又能够让少年儿童学习到课外知识，开阔少年儿童的视野。少儿图书馆也可以与社区进行合作，在社区共同联办少儿图书馆，使得少年儿童可以就近阅读，不仅为少年儿童提供方便，还能节省少年儿童在路途中的时间，克服了地域之间产生的距离

（四）建立特色网站

网络技术的不断发展突破了传统空间与时间的限制，网络媒体遍及少年儿童生活的

各个角落。少年儿童将更多的时间消耗在游戏、娱乐上，但是对于适合少年儿童的网站较少。少儿图书馆可以利用网络媒体发挥自己的信息资源优势，建立适合少年儿童的特色网站。少儿图书馆的特色网站可以让少年儿童可以随时随地进行访问和咨询，使得少年儿童学到更多的知识，为少年儿童在网站中方便快捷的获得自己所需要的信息。

（五）扩大图书馆空间，增加新的服务项目

目前的少儿图书馆空间大多是办公相关用房，对于阅读区、研讨区以及活动室较少。少儿图书馆应扩大图书馆空间，将少儿阅读区、少儿探讨区以及少儿活动室作为主要内容，减少办公相关用房的空间。少年儿童也可以在家长的陪同下，对办公相关用房进行申请开展公益活动，在图书馆允许下，开展公益活动可以提高空间利用率，减少空间资源的浪费。在进行少儿图书馆服务创新时，增加新的服务项目是进行创新的最主要的方式。服务创新要随着时代的变化而改变，少儿图书馆服务内容不应只注重于书籍的借还，图书的推荐，目录也比较普通。因此，少儿图书馆应增加新的服务项目，比如亲子共同阅读、适合少年儿童的游戏服务项目、绘本图书阅读等。新的服务项目可以提高少年儿童对读书的兴趣，从而促进图书馆行业的发展，推动少儿图书馆服务的创新。

（六）引进专业人员

随着现代科学技术的迅猛发展，对少儿图书馆服务进行创新成为一个难题。随着网络媒体的不断发达，少儿图书馆服务途径呈现多样化趋势，应逐渐开拓少儿图书馆服务的范围。虽然现在科技较发达，设备较先进，但是对少儿图书馆服务进行整体创新，则需要相对应的专业型人才对其指导。在少儿图书馆服务创新方面需要引进综合素质较高的复合型人才，需要具备专业知识能力较硬，各方面知识水平较高的要求，并且对现有的工作人员进行培训，从而建立起一支能力较强的专业少儿读者服务工作团队，促进少儿图书馆服务的创新。

在信息化发展的时代，教育竞争愈加激烈，教育形势更加严峻，少年儿童单纯以书本中理论学习为主是远远不够的，需要大量的阅读课外书籍，开阔自己的视野。在如今以网络为主的时代，大多数人们逐渐用电子书看书，极少数是阅读纸质书籍的，而纸质书籍的魅力是电子书所替代不了的，因此，要努力倡导少年儿童阅读纸质书籍，减少在网络上所消耗的时间。少儿图书馆是对于少年儿童开阔视野最好的选择，但是怎样让少年儿童自觉的为了学习知识主动走入少儿图书馆，则是一个长久问题。少儿图书馆是对于少年儿童获得知识与信息资源的重要的服务平台，必须对其进行服务创新，从而推动图书馆行业的发展。随着社会的快速发展，快节奏的生活也逐渐压得人们喘不过气，而这时“慢阅读”形式的出现能够让人们在快节奏的生活中找到一种归属感。因此，对少儿图书馆服务创新也是“慢阅读”的体现。

四、新时期少儿图书馆创新服务探索

随着科技的进步，公共服务需求不断提升。为满足新时期的发展需求，图书馆应转变服务理念和服务模式，进行多元化发展，寻求新定位，调整功能设置，并将少儿图书馆作为主要部分进行深化和扩展，以促使其文化职能的发挥。

（一）建设场馆

为促进少儿图书馆服务工作的完善，营造良好环境，对其进行合理布局是保证工作顺利进行的重要条件。如在少儿图书馆设计时，可增加职业板块、才艺板块、数字化板块等，也可专门设定具备民族特色的阅读区域，以满足多个地区的发展需求。

少儿图书馆在完善或调整功能设置时，要结合少儿的个性发展和心理特征需求，营造美观、舒适、宽松的环境。如可以用明亮的色彩和别致的图案、墙绘、植物等引起少儿的关注和共鸣，也能吸引孩子和家长，以实现少儿图书馆的现代化发展。

（二）实现图书文献服务

文献服务是少儿图书馆中最主要的服务内容，一流的服务能促进少儿图书馆的稳定发展。为了满足新时期的发展需求，要构建图书文献服务的多样性。

第一，构建特色文献。文化产业如今已逐渐成为新的经济增长点，图书馆以及相关机构纷纷加入该行业，构建特色文献能有效地吸引读者，在激烈竞争中获得有利地位。比如广西少儿图书馆针对地区服务群体的特殊性，设立专门的阅览区，加大对民族文化特别是具有地方特色的民族文化的弘扬力度，也实现了对民族文化的传承。当前，早期教育得到重视，各地十分重视少儿图书馆的建设，为其提供丰富内容和资源能满足家长的教育需求。

第二，推广阅读活动。少儿图书馆可以开展主题鲜明、形式多样的阅读推广活动，不仅能使少儿养成良好的阅读习惯，掌握正确的阅读方法，也能让少儿图书馆获得更多资源，促使自身价值的实现。比如在少儿图书馆中，根据不同年龄阶段少儿的兴趣爱好，开展一些具有针对性的专题活动和讲座，使少儿在不同形式的阅读活动中感受到阅读带来的快乐。

第三，利用彩色贴标对图书进行分类。图书馆文献分类是利用分类号实现的。但少儿年龄尚小，不能准确地按照自己的兴趣进行查找。因此，少儿图书馆可在分类号排架的基础上，利用彩色贴标的方式进行区分。根据图书种类的不同，按照红、绿、蓝等颜色进行区分，这样不仅能为少儿提供方便，也能促进整理工作效率的提升，以达到有效的创新发展和进步。

（三）对服务工作进行扩展

为了满足日渐增长的文化发展需求，少儿图书馆还需拓展思路，更新服务理念。

第一，体验活动的创建。少儿图书馆可以划分为不同区域，如职业板块，根据社会分工创建虚拟的社会环境，使孩子体验不同的社会角色。还可以创建数字化板块，引入触摸屏等电子化设备，配置 3D 打印室、视听室等，让孩子在不同体验下，掌握先进的科学知识。

第二，专题活动的构建。根据少儿图书馆的优势，可以与一些社会机构进行合作，策划不同的专题活动，令活动达到良好的效果。比如在端午节，引导孩子在专业人员的指导下，自己动手包粽子，这样既能保证少儿对传统节日的认识，又能锻炼动手能力。

第三，开展志愿者服务工作。我国在 2016 年出台了文化志愿服务的相关管理办法，推动了文化志愿服务的规范化、制度化。引进志愿者服务对少儿图书馆的建设有重要意义，它能有效促进图书整理、咨询、引导等工作的开展，也能完善其他各项服务工作。因此，在工作中可邀请志愿者积极参与。但少儿图书馆要为志愿者服务工作构建完善的规章制度，成立志愿者信息服务平台，保证在管理工作中实现统一发展，以促进日后工作的规范化发展。在后期工作执行期间，也要为志愿者服务工作提供新的发展思路，激发志愿者的服务兴趣，加大奖罚力度。

基于以上分析和研究，可以发现创新少儿图书馆服务工作将成为少儿文化教育工作的主要部分，能在一定程度上满足不同的发展需求，这不仅能促使其文化职能的发挥，也能为图书馆的长期发展带来强大动力。

第三章 少儿图书馆管理与建设

DISANZHANG SHAOER TUSHUGUAN GUANLI YU JIANSHE

第一节　少儿图书馆管理与建设概述

新形势对人才培养有了新的要求，少儿培养必须要顺应时代发展进行革新。作为培养少儿重要阵地的图书馆，也必须要进一步加强管理，为少儿培养提供保障。为了做好这项光荣的工作，相关管理人员必须大力提升自身素质，提高自身品位及管理水平，进而提高自身管理少儿图书馆工作的能力，以此来推动少儿图书馆蓬勃发展。

一、新形势下少儿图书馆服务的价值

（一）增强少年儿童的视野

少儿图书馆属于社会文化教育机构中重要的服务部门，是少儿获取知识、看世界的窗口之一。在少儿图书馆中，少儿能够阅读到各种图书及报刊，还能够接触到各种不同的信息，能够从中获取到教科书之外的知识，通过阅读逐渐养成自学及独立思考的习惯。图书馆也在定期或不定期开展各种智力活动，有效挖掘少儿自身智力潜能，提高少儿的动手能力。

（二）为少年儿童开辟第二课堂

一直以来，一些教师与家长认为少儿年纪还小，不能够过多阅读课外读物，错误地认为少儿只要将课本知识弄深弄透就行，看多了课外书会胡思乱想影响学习。在新形势下素质教育快速推进，打破了教师与家长的陈旧观念，开始重视起课外读物，很多家长主动为少儿订阅各种报刊。但家庭阅读始终具有片面性，而少儿图书馆中有齐全的报刊品种，丰富多彩且图文并茂。少儿图书馆就成了少儿喜欢的第二课堂。从很多实况来看，每天许多少儿都会到图书馆学习及活动两个小时左右，将这些宝贵时间利用起来，在知识海洋中遨游。

（三）培养少年儿童的爱国主义思想

在新形势下，少儿图书馆还必须承担培养少儿健康人格的重任。高尔基就曾经明确说，书籍是开启人们智慧与心灵的钥匙，能够帮助人们从烂泥塘中站起来。世界上的大文豪已确认书是开启人们智慧的钥匙，因此必须要从小培养少儿的爱国主义精神，通过在图书馆中阅读，从各种书中看到可歌可泣的民族英雄事迹，看到祖国的大好河山，进而在他们幼小的心灵中激发爱国主义热情，通过阅读学会如何鉴别真与假、善与恶、美与丑。在市场经济体制下，爱国主义是凝聚与团结民族的力量，更是维系民族生存与发展的精神支柱。因此，少儿图书馆必须要重视爱国主义教育，通过各种书籍来提高对少儿的吸引力和实效性。

二、新形势下少儿图书馆管理策略

（一）营造良好学习环境

少儿图书馆属于纯公益性机构，资金上都是依赖财政扶持，投资的多少关系着少儿图书馆的档次与质量。近些年经济大力发展，财政给各地公益事业投入逐渐加大，但是真正投资于少儿图书馆的并不多。笔者对附近很多地区进行调查，发现很多地方并没有少儿图书馆，大都没有规划构建少儿图书馆，目前很多地方还是使用公共图书馆兼顾少儿图书馆。财政也没有拨出专项经费，致使图书馆各方面经费欠缺，并未将少儿工作视为重点工作，致使少儿图书馆设施简陋，所藏之书也较匮乏，严重制约着少儿图书馆的发展。因此要改变这种现状，相关单位要加大财政投资，加大少儿图书馆的投资。针对公共图书馆兼顾少儿服务的地区，在财政上必须要拨发少儿图书馆专项经费，并且要跟踪监督使用，逐步加快少儿图书馆的发展。构建现代化少儿图书馆，也是为了有效提升少儿素质教育。

（二）丰富图书馆信息资源

任何图书馆物质基础都是藏书建设，如果一个图书馆缺乏足够数量、质量及种类的藏书，谈服务都是空谈。对于少儿图书馆而言，接待的读者对象自然都是低龄儿童，因此少儿图书馆中的藏书应该以知识性广、思想性强、健康向上、趣味性强以及图文并茂的读物为主，还要收藏家庭教育、教育学、百科知识、心理健康、连环画及卡通等各方面书刊。在新形势下，藏书必须要跟上时代步伐，选购爱国主义之类的教育书籍，及少儿思想道德教育方面的读本，做好相关书籍的采购工作。采选上还要选一些音像资料，助少儿们学习一臂之力。最好选择优秀的光盘及碟片建立动漫库满足少儿的需求，增加一些模型及益智游戏等相关资源，用来吸引少儿，让他们通过阅读体会到愉快教育。在新形势下，藏书要与时俱进，耳目一新，不但要做好纸质建设还要做好电子载体，发挥少儿图书馆资源最大优势。

（三）强化培训引导服务

少儿图书馆承担着社会教育职能，主要的服务对象是少儿读者，因此必须要从小培训少儿的图书馆知识，逐步引导他们，让他们学会如何选择图书，提高使用图书的能力，通过培训让少儿娴熟、独立地使用图书馆，为少儿长大后使用图书馆打下基础。由此可见，培养少儿自觉使用图书馆，养成自学求知习惯，养成自觉学习习惯，这是新形势下少儿图书馆肩负的重要任务之一。如今科学技术快速发展，新知识、新科学日新月异，少儿如果仅仅依靠学校课堂学的知识是片面的，必须要依靠图书馆满足少儿逐渐增长的求知量。因此少儿图书馆一定要积极合理引导少儿，让少儿们正确认识图书馆，走入图书馆，掌握图书馆的使用方法来获取知识，通过图书馆获取知识来满足自身需求。因此图书馆的管理人员要引导少儿热爱读书，进而指导少儿活动。过去少儿图书馆宣传上大都是推荐知识性的读物，进而教育少儿的思想。一些人还引导少儿去阅读各种名著。事实上书籍不但是少儿的求知工具，还是少儿娱乐的工具之一。合理引导少儿去检索，在图书馆阅读中释放身体、情感及精神各个方面，进而让少儿明白阅读书籍的作用，树立热爱读书的习惯，实现教育的真正目标。

（四）提高管理人员素质

新形势下要加强少儿图书馆的管理，提升相关管理人员的素质具有重要作用。因此提高管理人员的自身素质，构建出强有力的管理队伍是少儿图书馆工作的基本条件。提升管理人员的素质大体要从业务技能及敬业精神方面入手。一是通过学习充电，和书本做朋友，从书本上吸收知识及营养，用知识来武装自己，通过学习知识来提高管理人员的适应能力、工作能力及应变能力。二是强化服务实践，拥有足够的理论知识还不够，还必须通过实践来提升自身的素质。事实上，在磨炼中得出的经验总结才是最宝贵的知识。少儿图书馆的管理工作表面上看似容易，但要真正做到科学、合理及规范管理并不是那么简单的，管理人员必须要具备相应的管理知识，精心细致、乐于奉献、勤奋好学及积极向上的精神风貌。

（五）开展丰富中小学读者活动

少儿图书馆不但要做好自身硬软件建设，还要加强和其他中小学及社区合作的力度，图书馆的管理人员要进入学校及社区图书馆进行业务指导，对其进行业务辅导、培训及提高。同时还要在各个中小学积极开展图书馆方面的教育课程，引导学生课余时间主动走进图书馆。成立读者、家长及教师有机结合的协会，定期或不定期召开座谈会，举办各种读书活动，让少儿图书馆充满个性，为读者提供个性化情感的服务。图书馆可以针对中小学读者的特征，科学合理地安排丰富多彩的活动，比如故事会、读书会、书画比赛、有奖征文及文娱活动等，针对岁数稍微大点的儿童开展一些实践活动，在实践中教育他们，通过各种活动来丰富少儿的课余生活，通过各种文化活动让少儿感受到图书馆的价值，增强对图书馆的爱好，进而通过图书馆成就少儿健康成长的大道。

少儿是我国的未来、民族的希望，因此培育少儿成才不仅是社会、学校及家长的责任，也是图书馆应尽的职责。因此少儿图书馆要树立为社会负责、对家长负责及对孩子负责的思想，努力提高自身管理水平。家长将少儿送进图书馆，就是对图书馆的信任，图书馆要充分做好管理工作，让少儿在图书馆中学习好，学得愉快、舒畅。只有这样的少儿图书馆才能够承担新形势下的培养重担，才是少儿所向往的理想图书馆。

第二节　少儿图书馆期刊的分类与排架管理

期刊作为少儿图书馆必备的文献资源，其具有内容新颖、学科广泛、版本多样、连续性强、时效性强等特点。随着社会的进步，期刊也在日新月异地发展，品种不断增加，类型多种多样。为了使无序的期刊有序化，更好地满足广大读者的需求，让读者更为便捷地获取利用所需知识信息，期刊的科学分类与有序排架管理显得尤为重要。

一、期刊分类

期刊分类是期刊科学管理过程中的一项重要工作，是编制期刊分类目录、组织期刊分类排架的必要条件。现行的期刊分类主要依据以下几种方法：最常见的是采用《中国图书馆分类法期刊分类表》类分期刊；二是借用《中国图书馆分类法（简表）》进行仿分；还有就是直接取用期刊自带的国内统一刊号的基本类号作为分类标准。

期刊又名杂志，其最典型的特点就是内容庞杂，形式多样。根据这一特点，决定了在类分期刊时，应尽量做到“宜简不宜繁”“宜粗不宜细”。

（一）综合性少儿期刊

凡以少年儿童为特定读者对象，刊载内容不限于某个学科或某一方面的少儿期刊，即为综合性少儿期刊。例如《小学生时代》《初中生之友》《学生天地》《少年博览》等。对少儿图书馆而言，大部分的馆藏期刊属于综合性少儿期刊。此类期刊内容丰富，涉及多种学科领域，因此不能只根据其中某类学科或部分内容来进行类分，而要从整体上把握分类，分入某些大类或者不同内容所同属的上位类。以《小学生时代》为例，其设有20多个特色栏目，包括自然探秘、魔幻实验、美文共享、时代卡通、心灵驿站等多项主题内容。由于该期刊内容涉及多种学科，包含自然科学(N类)、文学(I类)、艺术(J类)、哲学(B类)等类目，分类时不能将其归入其中某个专类，应类分至综合性(Z类)。

（二）专业性少儿期刊

专业性少儿期刊，顾名思义，是指以少年儿童为特定读者对象，刊载内容只涉及某一学科或介绍某一方面知识的少儿期刊。例如《小学生作文选刊》《儿童文学》《青少年书法》《数学大世界》等。此类期刊所涉及的学科属性明确，根据“凡能入专论的就不入总论”的分类原则，类分时只要对照《中国图书馆分类法·少儿版》将其归入专指性类目即可。以上述期刊为例，《小学生作文选刊》归入H154写作类，《儿童文学》归入I8儿童文学类，《青少年书法》归入J23书法类，《数学大世界》归入O1数学类。

（三）既有总题名又有分题名的少儿期刊

我们经常会碰到既有总题名又有分题名的少儿期刊，它们除了有总刊名之外，根据不同的订购刊号还有各自的分刊名。例如《小哥白尼》《百科探秘》《金色少年》等。这些期刊多属于综合性少儿期刊，但不同于一般综合性少儿期刊的是，它们都有各自的分刊，且各分刊所涉及的学科内容各不相同，相当于每个分刊都是一种专业性少儿期刊。在分类此类期刊时，应分析总刊和各分刊的相互关系，根据具体情况分别处理。若内容相对集中，则根据总题名为分类依据，例如《百科探秘》，分刊包括《玩转地球》《海洋世界》和《航空航天》，3种分刊都属于自然科学范畴，因而宜归入上位类自然科学N类；若内容比较分散，则以分题名为分类依据，归入各类。例如《小哥白尼》，分刊包括《野生动物画报》《军事科学画报》和《趣味科学画报》，3种分刊所涉及的学科相对独立，宜归入各专类，《野生动物画报》归入Q生物类，《军事科学画报》归入E军事类，《趣味科学画报》归入N自然科学类。

（四）按读者对象归类的期刊

一般来说，少儿图书馆的服务对象大致可分为0～2岁的婴幼儿、3～6岁的学前儿童、7～12岁的小学儿童、13～18岁的中学少年以及家长和教师群体。根据少儿图书馆的性质和任务，参考期刊的办刊宗旨和读者需求，期刊除了按内容的学科属性进行分类外，有时还应从读者对象进行考虑。对于读者对象明确且涉及多种学科的综合性期刊，可依读者对象归类。例如《中国妇女》《少先队活动》，从内容上看，它们均属综合性期刊，其内容涉及面广，具有知识性、思想性、趣味性等特点，根据各自的读者对象，前者归入 D44 妇女类，后者归入 D43 学生类。对于读者对象明确，但内容只涉及单个学科的专业性期刊，依旧按内容的学科属性归类。例如《少儿美术》，虽然读者对象为少年儿童，但内容只涉及美术专类，因此宜入 J2 美术类。

二、期刊排架管理

期刊排架是期刊科学管理的一项重要环节，其目的在于将每一种期刊依据一定的排列方法，在期刊架上找到相应的固定位置，以便于期刊的管理和利用。在期刊工作中，应做好期刊的排架管理，准确地向读者提供相关的信息，节约读者查找期刊的时间。索书号的编制和期刊排架的合理性，直接影响到期刊检索的速度和准确性。

（一）排架方法

现行的期刊排架方法有很多，常用的有分类排架法、刊名排架法、地区排架法、刊号排架法、流水号排架法等。图书馆的期刊排架是为了满足读者的检索需求而制定的，要切实做到“以读者为本”，就要从读者的角度出发，遵循读者的索刊习惯，方便读者的取刊、阅览与归架。虽然读者索刊习惯不尽相同，但一般情况下，读者大多以分类检索和刊名检索这两种习惯索刊，因此厦门市少儿图书馆将两种检索方法结合在一起，制定了一种新的排架方法——分类题名自然序号法。所谓“分类题名自然序号法”，可以简单理解为“分类 + 题名字顺 = 自然序号”。首先是选择确定好期刊排架的主类号，再按主类号的基本大类分类排序。在此只选择基本大类分类排序的原因是，一般读者对图书馆的分类法了解较为粗浅，若分得太细，一个类目下只含有少数期刊也不合适；接下来在同一基本大类的类目下按刊名的音序字顺排列；最后按所有排列而成的顺序列出自然序号，即从 A 类的第一种期刊一直到 Z 类的最后一种期刊，给每一种期刊及其所在的架位号编上自然序号代码。这种期刊排架方法的优点，在于可以让学科属性相同或相近的期刊集中在一起，并且通过刊名的音序进行排列也符合读者对已知刊名期刊的查找习惯，最终形成的自然序号让读者在借阅过程中更为直观、更为方便地取还期刊，提高查找索取期刊的效率。这让按名索刊的读者只要简单掌握学科大类，就可从相应的大类中找到自己所需的期刊。图书管理员在期刊上架时也十分方便，只要将期刊上的自然序号和架位上的自然序号一一对应即可，即准确高效又轻松便捷。

（二）过刊的排架管理

所谓“过刊”，是相对“现刊”而言的。《简明图书学词典》将其定义为：“期号最新的连续出版物（期刊），称为现刊；一年以后的连续出版物（期刊），称为过刊。”也就是说，《词典》将现刊和过刊的时间界定为一年。但在实际工作中，为了让新到的期刊尽可能在较短时间内为读者所利用，大多数综合性图书馆包括少儿图书馆都缩短了现刊转为过刊的时间。

综上所述，对于少儿图书馆而言，期刊的分类与排架是期刊管理工作中两项既相对独立又相互关联的内容。期刊分类是组织期刊排架的前提和必要条件，而期刊排架则是期刊分类达到“刊以类聚”的表现形式和结果体现。因此两者相辅相成，缺一不可。只有科学合理的期刊分类，才能实现便捷有序的期刊排架。

第三节　人格化管理在少儿图书馆管理中的应用

人格化管理是现代管理学中非常重要的一种组成元素，具有较为新颖的理念与策略。他是以严格管理作为基础，但是又有别于严格管理的一种更高层次的管理模式。如将这种管理模式应用于少儿图书馆的管理中，因为人格化管理符合少儿图书馆的管理特点，所以能够提高管理效率，促进少儿图书馆管理更好地发展。

一、人格化管理的含义

所谓人格，是人在社会中所表现出来的性格与各种功能的总称。是人在各种社会环境的影响下出现的各种情绪反应，以及思维和行为模式的表现。因为有人格的存在，使人与人之间存在区别，才有了各种类型的人。而人格化管理就是基于人与人之间存在差异的特征，来充分理解个体间的不同。人格化管理在应用上主要是通过感情交流的方式，即人与人之间加以信任理解和尊重。贯彻以人为本的思想，进而开展管理工作。

二、少儿图书馆中应用人格化管理的意义

作为我国少年儿童健康成长重要基地的少儿图书馆，以极高的地位在我国图书馆事业中占据了一席之地。少儿时期是一个人在智力方向和体力方向发展最迅速的一段时期。所以在这一时期，各种各样的课外阅读成了少年儿童的必需品，而少年儿童图书馆则是为少年儿童提供课外阅读的最好场所。所以少儿图书馆责任重大，要在为少年儿童提供丰富多彩的少儿读物的同时，引导他们读好书。所以，这就需要少儿图书馆在管理模式上有方法、有效率。

（一）促进少儿图书馆发展，创新管理模式

作为系统化工程的图书馆科学管理，一定要与现代社会的发展特点和趋势相符合，摒弃传统就事论事的思想，将以人为本作为核心，对少儿图书馆实行管理，创新管理模式。推动人格化的少儿图书馆管理前进的脚步与发展，在符合时代发展的前提下建立新的管理模式。除此之外，少儿图书馆在进行日常的相关管理时，一定要尽可能最大程度发挥社会的价值与主观的能动性。只有这样才能积极有效地展开少儿图书馆的各项工作，将少儿图书馆的影响作用发挥到最大。进而在提高图书馆影响力的同时，也为少年儿童在文化学习方面提供了保障。

（二）减少专业少儿管理人员的流失

由于少年儿童图书馆的管理工作是成年人对少年儿童进行服务和工作的原因，致使少儿图书馆在对管理人员的专业技术与水平上都没有太高的要求，造成了少儿图书管理人员业务能力水平都相对较低的现象。从这种现象中可以看出，在少儿图书馆的图书管理员中掌握新技术与技能的人少之又少，这与少儿图书馆的发展要求完全不符。而且，为数不多的专业人员也仅仅是将少儿图书馆当作一块跳板，只要有更好的时机，他们就会马上离开。这种缺乏专业人员，或专业人员流失的现象，都会影响少儿图书馆向更好的方向发展。但是如果给予图书管理人员足够的关心和关怀，将人格化管理渗透到管理中，则能很好地避免这一现象的发生，使图书管理人员在良好的工作状态下，积极参与到工作中去，不仅实现了自我价值，还能够全身心地投入到为少年儿童的服务工作中去。

（三）完善管理模式，提高服务质量

在少儿图书馆管理的模式中一定要深入贯彻人格化管理以人为本的核心内容，管理人员在遇到任何问题的时候，都要及时有效地相互协助去解决，让他们感受到家的温暖，他们才会将这种温暖传递下去，以馆为家，更好地投入到服务中去，促进少年儿童图书馆管理模式的不断完善，并提高自身的服务质量。使少年儿童在舒适的环境下，更有效地阅读，不仅推进了少儿图书馆向更高层次发展，还提升了少年儿童的阅读效率。

（四）满足阅读需求，完善服务功能

少年儿童图书馆从名字中就可以看出，它的服务对象是少年儿童，所以实行人格化管理的目的是为了能更好地为少年儿童服务。面对少年儿童这一特殊的群体，在以人为本的核心下，实行由内而外的人格化管理政策。先从内部的管理人员做起向外延伸，从而达到满足少年儿童阅读需求、完善服务功能的目的。少年儿童本身就具有好奇心强、注意力不集中、想象力天花乱坠等特征，而在进行人格化管理的时候，就可以充分考虑

到少年儿童的这些特征。管理人员在对少年儿童进行服务的时候，时刻关注少年儿童的情绪变化，在不打扰的前提下可以进行正确的引导，为他们创造一个温馨舒适的环境。在图书馆的一些摆设上，也可以别出心裁，选择一些能激发他们阅读兴趣的饰品，使他们爱上这种阅读的氛围，保证阅读的质量。

三、人格化管理的主要应用策略

（一）在氛围与环境中融入人格化管理

大多数人对于图书馆的印象是浓郁的文化气息、一排排整齐的书架、琳琅满目的图书、宽敞空旷的大厅、静谧悠然的过道。从一些图书馆的建筑中，就可以看出图书馆的整体品味，比如一些古籍名著类的图书馆就会选择一些典雅庄重的建筑，而一些现代文学作品就会选择一些具有色彩气息和现代气息的建筑。所以，少儿图书馆在环境布置、基础工程的实施、建筑物的结构、室内的整体框架等方面，都要用少年儿童的眼光来进行布置和实施，在设计上贴合少年儿童的心理，要让少年儿童能够融入环境中去，对环境感到舒适和温馨。良好的环境才能给予少年儿童愉悦的身心，这样才能更好地阅读。除了环境之外，良好的氛围也是保证少年儿童有效阅读的重要因素，这就需要图书管理人员来发挥作用，站在人文情怀的角度，使图书管理人员和少年儿童成为良师益友，互相尊重互相学习共同进步。除此之外，也可以在图书馆中摆设一些开发智力的玩具等，让他们在阅读的间余，调整思维，以便于更好地学习，上海少年儿童图书馆就在低幼部设置了用于低年龄读者的绘本室，里面不光有印刷精美的绘本，还有很多配合绘本故事的场景与玩偶。

（二）在文献资源管理中融入人格化管理

文献资源不仅仅是图书馆建立和发展的基础，也是少年儿童获取知识和认知实际的源泉，所以在文献的选择上至关重要，因此在人格化管理的要求下，图书馆需要了解少年儿童的兴趣去向和需求取向。相关工作人员积极与少年儿童家长交流沟通，迎合少年儿童的心理，采购少年儿童需要的文献资源，大大提高图书馆的实用性，使图书馆中的图书在少年儿童的成长中尽可能多地发挥作用。

（三）将人格化管理贯彻于整个工作模式中

在以人为本的大条件下，将人格化管理贯彻到图书管理的每一个工作环节中去。无论是文献的整理、保存和选择，还是各项工作人员的业务管理，以及其他细小的工作项目中，都深入透彻人格化的理念，这样才能促进少儿图书馆跟上时代的步伐与时俱进，发挥出更高的价值。

综上所述，少儿图书馆在管理上，站在少儿的角度上，每个环节都渗入人格化管理。无论是图书的选择，还是环境的建造、装饰物的摆设都完全迎合少儿的心理。一切都从实际出发，更好地为少年儿童服务，这样才能达到共赢的目的。不仅能使少年儿童更加高效地学习和进步，也使少年儿童图书馆在图书馆的行业中站稳了脚跟。

第四节 少儿图书馆数字资源采购管理

随着社会的不断进步以及信息技术的飞速发展，日新月异的文献载体形式和方便快捷的网络阅读方式彻底打破了传统意义上的图书馆服务方式，大量的网络信息和多媒体资源充斥着社会生活的方方面面，尤其是智能手机的广泛应用，让人们对电子和数码产品过度依赖，很多成人甘愿沦为“低头族”。尽管因为这些新的信息存储和传播方式使人们的语言沟通少了，相互间的走动少了，甚至连下楼散步的时间都少了，但网络却让人们的思想和认知在整个地球上的距离拉近了，这是一个不容争辩的客观事实。

孩子们更是一群充满好奇心的小精灵，他们在使用计算机、手机浏览网络信息能力方面并不比成人差，所以，少儿图书馆与成人图书馆一样面临着新技术新媒体的大挑战，纸质文献的借阅服务方式已经不能满足孩子们日益增长的阅读需要，必须改变原有的馆藏文献资源建设结构。为此，除了采购纸质文献以外，还必须采购丰富的数字资源，来适应广大少儿读者的阅读需求。当然，少儿数字资源采购工作既不是多多益善，也不是只要新的就一定好，而是要根据目前数字资源发展的现状，结合孩子们的阅读需求，遵循一定的分析原则，进行多角度全方位的综合分析判断，从而确定采购目标，提供给广大少儿读者。

一、业界发展现状分析

目前我国数字资源的制作单位很多，如中国少年儿童出版社制作的中少快乐阅读数字资源库、澳通公司研发的乐儿数字资源平台、龙源电子期刊少儿阅览室、新东方教育培训机构制作的多媒体资源库、北京方正阿帕比技术有限公司出版的电子书等等，这些由网络计算机公司、出版社、教育培训机构等组成的多行业跨地区的数字资源制作单位，基本上都是各自做各自的业务，各自开辟各自的产品市场，没有统一的制作标准和管理规范，更无法避免资源重复建设问题，造成了数字资源内容重复多，专业知识程度深浅不一，购买时不买不行、买了重复的两难局面。

数字资源产品目前还没有国家标准和行业标准出台，毫无例外也存在产品质量问题，所以图书馆在购买这些资源之前，必须了解业界发展的现状，慎重选择，仔细甄别，明辨哪家数据公司的产品质量好，哪家数据公司销售业绩好，哪家数据公司的资源更新速度快，并对已购资源的图书馆使用情况进行广泛调研，了解读者在线使用情况，从而作出目标资源判断，然后对重点考虑的资源做进一步考察分析。省级少儿图书馆可以做为本地区少儿数字资源采购联盟牵头馆，对本地区少儿数字资源采购需求进行全面调研，然后对市场上的优质资源进行联合采购，通过资源共享技术手段，使本地区少儿数字资源的利用率最大化。

二、资源内容分析

（一）资源内容要适合孩子的需要

少儿图书馆与成人图书馆的馆藏文献内容不同，成人图书馆里中国图书分类法 22 个大类的文献都有，甚至有些内容属于专家学者阅读的内容，专业性、理论性和学术性较强，而少儿图书馆的图书类目则相对比较集中，其中文学、教育、语言、艺术类占到馆藏量的三分之二。这些文献基本上属于浅显易懂型，以培养孩子的学习兴趣、生活习惯和增长课外知识为主。从目前各家供应商推出的少儿数字资源内容上看，也呈现出了与实体少儿图书馆馆藏文献内容基本一致的特点，所以我们在分析少儿数字资源时可以着重分析它的内容是不是适合少儿的认知能力、是不是孩子们生活和学习所需要的。为了更准确地把握这一点，少儿图书馆采购人员可以把供应商提供的资源让孩子们试用一段时间，并征集孩子们的阅读感受，从而为选购资源提供依据。

（二）资源内容科学准确是采购工作的重中之重

有的资源制作成精美的动画片形式，色彩鲜艳、图文并茂，但显示内容有错误，这样的资源，图书馆应拒绝采购；有的资源是纯文字的，但错别字较多，这样的资源图书馆也要拒绝采购；还有的资源配图与文字不符，精准度差，图书馆也要拒绝采购。所以工作人员在采购时一定要打开每一个子库，抽查子库中的具体数据内容是不是准确，必要时对照专业图书进行比对，保证采购回来的资源质量优良。

三、资源内部分析

少儿数字资源目前的表现形式很多，从页面内容上看有纯文字的、有图文并茂的、有动画视频的、有实景拍摄的；从阅读体验上看有手动翻页的、有连续播放的、有播完一个内容再选择下一个的，还有播完后延伸出知识、游戏和答题内容的，这么多表现形式，采购人员到底要选择哪一种呢？这就需要深入资源内部进行细致分析。

（一）分析内存大小

分析目标资源所占内存的大小，最好选择内存占用量较小，界面友好的资源进行采购。这个非常重要，它关系到读者是否愿意浏览和下载的问题。如果资源本身占用内存较大，会严重影响网速，界面长时间打不开，不能达到让读者快速使用的效果。如果资源所占内存空间小，界面友好，一点就开，既方便使用，也节省流量，这样的资源读者也愿意打开浏览。尤其是视频资源一定要点击观看播放是否流畅，如果有卡、拖帧、马赛克等现象说明制作质量差，内存占用空间大，也对读者的阅读设备有更高的内存要求。购买这种资源时，要根据馆里储存设备情况慎重选择。

（二）分析目录层级设计

分析资源目录层级设计，尽可能选择层级设计简单、内容直接的资源进行采购。有的资源大的分类下面就是一个个子条目，点开就可以使用，如知识视界的资源，每期一个专题，专题下面就是具体内容，很直接，点击就可以阅读相关内容。而有的资源就有很多层级设计，每一次阅读完毕都要退回2－3层目录才可以选择下一个知识点进行阅读，这样的设计浪费读者时间，而且阅读起来很不连贯，让读者很快失去阅读兴趣。

四、资源新增速度分析

（一）资源增速是重要采购依据

在采购数字资源时还要分析资源近年来的增速问题，如果增速很快，说明公司处于良性发展状态，如果增速缓慢，说明财力、资源和人力等后续跟进力量不足。为了保证资源的连续性，一般情况下少儿图书馆会选择增速较快的数字资源作为采购重点。在采购新增后续资源时要与已购的其他资源进行抽查类目和文献相似度对比，并深入分析新增模块的内容，如果新增的内容与其他已购买的资源内容重复，就不要续订，如果不重复则可以购买新增的子库，在采购时要有这些分析指标做依据。

（二）购买相似资源需兼顾年龄段特点

新增资源有重复内容时原则上不买，但有时还要考虑少儿阅读的年龄特点适当采购。在少儿科普知识方面，很多公司都有涉猎，如果几家供应商的资源相似内容很多，那么就要挑选内容丰富、界面友好、孩子们特别喜欢的资源。但有一种情况可以适当购买，那就是资源相似，但表现形式又适合不同年龄段的孩子，如乐儿科普视频、知识视界中的自然科学栏目、恩多少儿数字图书馆中的科学实验室等都有十万个为什么、动物、植物、天文、地理等内容，但是表现形式不同。恩多少儿数字图书馆是通过许多简单的动画小故事来展现知识内容的，乐儿科普资源平台则是通过一个卡通熊和小蜜蜂所见所闻向孩子们讲述科普知识，而知识视界是通过国外录制的真实纪录片来向孩子们展现科普知识。在这些资源中，年龄特别小的学龄前孩子适合阅读恩多少儿图书馆资源，小学低年级的孩子适合看动画的乐儿科普视频，青少年则更适合阅读真实再现的知识视界，尽管资源内容有些重复，但难易程度和表现方式分别适合不同年龄段的孩子，这时即使资源重复建设，也可以适当购买。

五、合同条款分析

确定了要购买的目标数字资源后，可以与制作单位洽谈购买合同。在分析合同条款时需做以下三个方面的工作：

（一）分析合同条款内容

合同条款要认真研读，必要时可以邀请法律顾问和行业评审专家进行审核，其中购买的类目、使用的年限、新增资源的补充时间、新增资源的更新内容、售后跟踪服务等要清晰明确，如果合同条款中有产品试用期限，则可以发动读者用户进行集中宣传利用，广泛征集读者使用情况信息反馈，如果在试用期内读者反映不佳，可向供应商讲明问题要求退货；如果反响很好，说明采购资源符合读者需要。除此之外，还包括每个资源的售后服务承诺，尤其是阅读设备的更新、根据资源库而做的少儿阅读推广活动场次，这些在合同中属于资源以外的附加服务内容，采购人员要认真分析，从而做出采购或退购的决定。

（二）分析数字资源的使用范围

在合同签订时还要特别留意数字资源公司或供应商的资质问题，是不是合法注册公司，有没有法人资格，在审查合同协议时还要留意采购的数字资源是否允许通过网络或是馆里服务器进行阅读，是输入读者密码还是进入馆网址页面直接阅读。对图书馆来说只要是图书馆的用户都应该能享受其数字资源服务，在网上输入读者证号，就能快速进入并浏览所有的资源。

（三）商家让利分析

数字资源采购合同签订前要货比三家，在同等条件下，一般会采取低价优先原则，但也要考虑谁的资源让利多。谁赠送的资源库或阅读设备多，谁的数字资源平台可以对采购馆读者用户开放，那么在采购时也应得到优先考虑。在列出采购项目时，注意每个项目是否有分包单位，每个分项目的单位价格要认真核对，明确是模块更新费还是全库更新费，对于不能详细列出的技术和服务，要求供应商提供设计方案或解决方案，仔细做好采购计划。

数字资源采购工作是一项非常重要的馆藏资源建设工作，也是一项非常繁重的基础业务工作，它关系到少儿图书馆的服务质量和服务水平，责任非常重大。希望以上五种分析方法可以对从事少儿图书馆数字资源采购工作的同仁有所启发和帮助，在甄别数字资源质量方面发挥积极作用，准确采购到优质高效的数字资源，把少儿图书馆的购书经费花在“刀刃”上，让更多利用数字资源的小读者从心底里感到满意。

第五节　新时期少儿图书馆馆藏文献建设

习近平总书记十分关心少年儿童的成长和未来，提出“全社会都要了解少年儿童、尊重少年儿童、关心少年儿童、服务少年儿童，为少年儿童提供良好社会环境”希望通过学习和了解我们民族和国家的历史，不断增强文化自信，增强作为一个中国人的骨气和底色，进一步弘扬爱国主义精神，并做到格物致知、知行合一。

关心与服务未成年人的健康成长，是少儿图书馆义不容辞的社会责任。新时代新使命新要求，少儿图书馆要主动适应时代建设发展，更好地服务于少年儿童的思想道德教育，必须切实改进服务理念、提升服务质量、保障服务供给，在保护和传承中华民族优秀传统文化的同时，加强馆藏文献结构建设的系统性、全面性、多样性和导向性，以健康向上、益智增知、树德励志等方面的文献保障服务向少年儿童提供优质的精神食粮。

一、存在的主要问题

在我国，少儿图书馆建设起步晚，基础薄弱，无论是在场馆建设、人员配备、资金投入等方面都比较滞后，与新时代少年儿童素质教育的需求严重不匹配、不协调，一方面是少年儿童强烈的求知求新的知识需求和国家、社会、家庭对少儿素质教育的高度重视，另一方面是作为重要思想道德教育基地的少儿图书馆建设量小人少，保障不足，在文献资源、信息服务保障方面更是捉襟见肘。

（一）馆藏文献量小，品种少

在我国，少儿图书馆事业发展起步晚、政府重视不够、财政投入不足，造成少儿图书馆建设总体量少体小、分布不均，同时受制于多年来适合少儿阅读的出版物少且形式相对单一，致使绝大多数少儿图书馆馆藏文献拥有总量小品种少，难成体系，加之政府总体经费投入不足，用于文献采购的经费难以有效保障，无法从根本上满足广大少年儿童广泛的阅读需求。

（二）馆藏文献系统性差

从少儿图书馆现有的馆藏文献结构来看，由于缺乏专业的馆藏文献建设总体规划，各馆馆藏文献都不同程度地存在这几方面的问题，即：文献采购随意性大，单本图书复本量大，教辅图书采购量大，重版图书重复购置率高，区域内少儿图书馆和中小学图书馆文献建设同质化程度高等，这些现象造成原本有限的文献购置经费极大的浪费。馆藏文献结构不合理、系统性差、保障率不高，直接影响少儿图书馆的文献信息服务质量和图书馆职能的发挥。

（三）文献品质良莠不一

目前，我国有少儿图书出版业务的出版社500多家，年均出版4万多种少儿图书，图书出版市场鱼龙混杂、良莠不齐，有些不法商家跟风、蹭热点，什么好卖做什么，制造出各种劣质盗版图书，图书内容成人化、低俗化，缺乏原创性。一些少儿图书馆在图书采购中对图书内容、质量把关不严，使一些思想性、教育性、指导性不强不高甚至有害的图书流入图书馆，对少儿读者造成伤害，给图书馆带来极其不良的负面影响。

二、具体做法与设想

指导少儿阅读、激发少儿对知识的渴求，培养少儿读者多读书、读好书的良好阅读素养是全体少儿图书馆工作者的服务宗旨，科学、优质、丰富的馆藏文献资源是少儿图书馆开展服务工作的基础，围绕读者需求、开展馆藏特色文献资源建设是图书馆建设的应有之意。

（一）科学规划馆藏文献结构体系

少儿图书馆的文献资源建设有其自身的特殊性，其服务对象是0～14岁的少年儿童。不同年龄段的少儿对阅读的兴趣、需求不同，图书馆在规划馆藏文献建设中要充分考虑区域内不同年龄段孩子的结构数量，根据孩子的生理心理特征、阅读能力，科学、合理配置资源，确定文献复本和种类，资源配置既要满足由浅入深、由低幼到初中的不同年龄段读者的阅读需求，又要突出重点，体现特色。如学龄前少儿读物应以激发兴趣、吸引眼球、增添乐趣为主，少儿读者已具备一定的阅读能力，则以益智、拓展类读物的主。

（二）注重馆藏文献的系统性建设

馆藏文献建设是一个长期系统工程，既要有长期总体规划，又要体现时代发展的新成果，因此仅凭文献采购人员或采编部门人员去完成馆藏文献的系统性建设，既不可能也不现实，必须组建一支专业性强、涵盖面广且热心文化教育事业的文献资源建设保障团队，图书馆提供书目清单——专业人员选购——图书馆综合订购，此工作可与教育机构、家庭合作，广大图书馆员工广泛参与。同时图书馆在馆藏文献建设中要重点保障优秀出版机构、名家出版物收藏的连续性和完整性。

（三）强化文献质量的导向性服务

面对出版发行市场良莠不齐的各类文献信息，如何杜绝不适宜少儿阅读的文献流入图书馆，侵蚀、损害少儿思想，把关、甄别文献信息的优劣成为图书馆一项重要工作。文化部委托国家图书馆每年编修的《全国少年儿童图书馆基本藏书目录》，为我们提供了一个很好的文献采购清单。同时各馆可建立黑名单制度，对审查发现的文献出版质量不高、内容导向有问题的出版机构和著者在今后的文献采购中坚决予以杜绝，此举可谓一举数得，净化了馆藏文献，优化了出版发行市场。

（四）加强馆际间的联盟合作服务

网络技术的发展使图书馆馆际间的合作变为现实，数字资源的协同采购、馆藏资源的共建共享在技术上已无障碍，主要是在体制机制方面的壁垒，少儿图书馆应主动作为、协调各方，纵向联系、横向联盟，共同构筑图书馆服务合作网络。如少儿图书馆可主动联系本辖区内幼儿园、中小学图书馆，在信息服务、文献保障、资源配置、阅读指导、活动开展等方面结成联盟、资源共享。辖区内图书馆联盟可由政府协调、主导，制订联盟准则，明确合作规则与各自职责，开展深度合作。辖区内联盟合作可在一定程度上解决图书馆因经费、场地、资源不足的发展瓶颈，对少儿教育、公共文化建设、文明社会建设都具有十分重要的现实意义和作用。

少年儿童是祖国的未来，是中华民族的希望。少年儿童图书馆建设是关系到国家前途和民族命运的希望工程，是关系到亿万家庭切身利益的民心工程，关系到民族文化的传承。加快少年儿童图书馆建设，构建少年儿童图书馆服务体系，不断提升文献信息保障能力、服务水平和优化文献资源结构，是少儿图书馆可持续发展的重要保障。少儿图书馆文献资源建设是一个循序渐进的过程，需要我们去不断探索和解决。

第六节　少儿图书馆网络建设

一、我国少儿图书馆网络建设现状

二十一世纪是一个网络信息时代，伴随着计算机网络技术的突飞猛进，许多图书馆创建了专门的网站，各大图书馆通过联网的方式，组建了一个庞大的信息库。少儿图书馆的建设应该适应时代的形势变化，迎合新时代背景下读者多元化需求。在网络环境下，少儿图书馆的资源结构配置、布局发展、提供文献的服务方式和服务质量都需要更上一个档次。工作人员也应该更新自己的思想，提高创新意识，促进少儿图书馆面向现代化、网络化的方向发展，更好地适应新时代的大众需求。

自党的十八大以来，以习近平同志为核心的党中央高度重视文化建设，对文化改革发展做出一系列重要论述，提出许多新思想、新观点、新要求。十八届三中全会提出“建立健全现代公共文化服务体系”；十八届四中全会提出，要制定公共文化服务保障法；2015 年初，中办、国办印发《关于加快构建现代公共文化服务体系的意见》，对现代公共文化服务体系建设进行了顶层设计。在这些精神的指引下，各地以标准化、均等化为目标，坚持政府主导、重心下移、共建共享，我国形成了公共文化服务体系建设的基本思路，初步建成了包括国家、省、地市、县、乡、村和城市社区在内的六级公共文化服务网络。正是在这种形势下，我国少儿图书馆建设走上了良性、快速发展的轨道。

改革开放 30 多年来，我国逐步形成各级各类型的少儿图书馆系统，使少儿读者服务工作步入了一个新的历史发展时期。2015 年我国独立建制的少儿图书馆达 113 个，比原来增加了 12 倍多，总面积 15 万平方米。目前，上海、天津、重庆、湖南、河南、福建等省建有省级少儿图书馆。全国 10 个省级城市建有少年儿童图书馆，其中深圳市少儿图书馆馆舍面积 1. 4 万平方米，广州、武汉、大连、杭州和厦门市少儿图书馆馆舍面积均在5000平方米以上。以江苏为例。近年来新建成开放的少儿图书馆有4所，其中如皋市少年儿童图书馆由原如皋市文化馆改建而成，总面积6500平方米，2013年5月31日，正式开馆。2015年10月扬州市少儿图书馆新馆开放，占地15亩．建筑面积7090平方米，总投资4100万元，新馆建成后扬州市少儿图书馆总面积达13000平方米，就规模和体量而言，将是全国地级市中最大的，在全国少儿图书馆中名列前茅。2015年10月南通市少儿馆的新馆开放，面积约1500平方米。改革开放30多年来．县以上公共图书馆的少儿阅览室增加了20多倍．少儿阅览室有2200多个。

少儿图书馆事业的迅速发展及服务设施不断完善，要求加强少儿图书馆网络建设。少儿图书馆网络建设是少儿图书馆事业整体发展的必然选择，加强少儿图书馆网络化建设．是推进我国少儿图书馆事业的整体发展，实现图书馆资源共知、共建、共享的有效举措。

二、少儿图书馆网络建设内涵、类型

图书馆服务网络指的是近年来出现的一种新的行业合作形式，其实质就是通过行业协调，在不同建设主体负责的图书馆之间形成资源共享机制，使读者的跨馆利用行为成为可能。所谓少儿图书馆网络是指：将各类型、各级别的少儿图书馆有组织、有领导、有计划地紧密地联系起来，形成一个既有分工又有协作，纵横交错、脉络贯通的少儿图书馆体系。

我国少儿图书馆分属文化、教育、共青团等机构领导，有文化部门设置的少儿图书馆，各级公共图书馆中的少儿服务部门；教育部门设置的中小学图书馆；共青团部门中的少儿图书馆；工人文化宫中的少儿图书馆；私人、宗教团体、工商企业、民间团体等设立的少儿图书馆，其中文化部门管辖的少儿图书馆是主体。

建设少儿图书馆网络的目的是：打破少儿图书馆事业上纵向的条块分割结构．加强在横向上馆际之间的业务与组织联系。其基本要求是：由地区少儿图书馆为中心馆，承担起网络的中心机构，制订、推行、落实少儿图书馆网络计划，促进馆际协作协调和办理少儿图书馆网络日常工作。地区少儿图书馆网络建设的成败，在于中心馆作用的发挥。

少儿图书馆网络类型分为两种：少儿图书馆事业网和电子计算机检索网。少儿图书馆事业网是将分布在各系统、各地区、各类型的少儿图书馆纵横交错、脉络贯通地组成为集中统一领导的全国性或地区性的少儿图书馆网络。就我国国情而言，先建设好地区的少儿图书馆网络，再组建全国性的少儿图书馆网络。少儿图书馆计算机检索网是指：

在各系统、各地区少儿图书馆事业网形成的基础上，选择全国的、地区的和系统的重点少儿图书馆作为中心，利用电子计算机存贮、检索，并围绕这些中心分设若干个中心与终端，形成少儿图书、情报资料的存贮检索和机读目录的网络。少儿图书馆事业网是计算机检索网的基础。

少儿图书馆网络建设的要求是：确立和重视网络中心在图书馆的地位和作用。少儿图书馆网络，是为更好地实现资源共享和更好地为用户服务，建立在信息数据与计算机、通信三者结合基础上的少儿图书馆网络体系。少儿图书馆网络化建设的目的在于科学地确定网络中心图书馆的地理位置和发展方向。突出少儿图书馆网络中心图书馆在少儿图书馆网络中的地位和作用，尤其在全国或地区少儿图书馆网络中具有辐射和牵动作用，成为我国少儿图书馆发展的创新点和对外开放的联络点。

三、少儿图书馆网络建设的要求

（一）发挥少儿图书馆网络的中心馆的作用

从国家层面看，国家图书馆少年儿童图书馆要充分履行国家馆的职能，发挥全国少儿图书馆中心馆的作用，负责全国性的网络建设。同时，进一步加强与全国少年儿童图书馆及公共图书馆的交流与合作，推动资源的共建共享，为少年儿童提供丰富的文化资源和服务。国家少儿图书馆建成了少儿数字图书馆分馆，借助数字图书馆分馆建设的共享平台，在人才培养、图书联合编目、馆际互借等业务方面向基层少儿图书馆提供服务，通过各级公共图书馆、少儿图书馆，为全国的少年儿童提供服务，把国家图书馆的少儿服务延伸到全国。根据我国国情，少儿图书馆计算机检索网以其事业网为基础，分为国家、省、地级市和县四级计算机检索网。

省、市少儿图书馆自然成为全省、市少儿图书馆网络的中心馆，因其馆藏文献资源、人力资源、技术资源、设备资源等都具有突出的优势。没有独立建制的省市少儿图书馆地区，省市图书馆应主动承担起少儿网络中心馆的职责。如江苏地区就没有独立建制的少儿图书馆，南京图书馆作为省馆就主动承担全省少儿图书馆网络中心的职责，建立了馆中之馆——少儿图书馆，不仅将少儿服务对象扩大到0—6岁儿童，开创了省级图书馆为低幼儿童服务的先例，而且承担起全省少儿图书馆网络中心馆的任务。2014年由南京图书馆牵头，江苏全省100家公共图书馆参与，经过三年努力，于2016年10月建成了江苏省少儿图书馆，开创了江苏省公共图书馆共建、数字资源全省共享、线上活动全省共办的新型少儿读者服务方式，率先开创了全国领先的全覆盖、均等性、便捷性、即时性的公共文化服务新平台。

县（区）公共图书馆要承担社区、农村乡镇少儿图书馆网络中心的任务。随着我国县（区）公共图书馆分馆的实施，越来越多的基层分馆将承担起为少儿服务的职能。许多地区的公共图书馆、少儿图书馆通过与中小学联办，设立图书流动站，为少儿服务。江苏省靖江市图书馆首先在全省开创与中小学联合办馆的做法，在全省推广。

（二）加强少儿数字图书馆建设，提升网络中心图书馆的功能

提升网络中心图书馆功能在于不断加强少儿数字图书馆建设。随着我国省、市少儿图书馆数字图书馆建设速度的加快，少儿图书馆网络中心图书馆的作用越来越突出。各地在少儿图书馆网络建设中，注重提升网络中心图书馆的功能，图书馆网络功能有多重性，具有生产功能、流通功能、开放功能和创新功能。数字资源建设已经成为少儿图书馆的重要工作内容之一，要根据少儿读者需求构建合理的数字资源库，不断地查找问题以提高数据库利用率。

（三）建设具有本馆特色的数字资源

建设具有本馆特色的数字资源。资源共建共享一直是图书馆有效节省资源购置经费，最大限度地提高资源利用率的最佳手段。数字化的信息服务改变了少儿图书馆的办馆模式和服务方式，依托先进的网络平台、优良的网络环境、丰富的数字资源、方便快捷的数字化图书馆，使读者充分体验到网络服务的方便与快捷，初步实现信息资源数字化、信息传播网络化、信息共享化、信息服务增值化。与中小学联合开展数字资源共享是一个很好的尝试。比如深圳市少儿文献资源共享“常青藤”计划，就是深圳少年儿童图书馆与深圳市电教馆联合市内中小学共同建设的，为当地中小学生提供一个文献资源共享平台。

（四）重视少儿图书馆网站建设

在少儿数字图书馆建设中，全国众多少儿图书馆相继建立了自己的网站，为读者提供最便捷的网上信息服务，在规模、内容、形式、服务与应用等方面都取得质的飞跃。少儿图书馆网站，为数字资源的使用提供平台。从目前情况看数字资源建设渠道上可分为自建数字资源、外购数字资源、共享数字资源三种。在种类上可分为电子图书、视频、音频等。访问方式上可分为馆内方问、馆外账号登录访问、无访问限制等。少儿图书馆在网站的栏目设置上大致相同，包括本馆简介、读者指南、信息快递、读者借阅查询、特色资源、馆藏查询等，平均设有七个栏目。这些栏目的设置囊括了少儿图书馆宣传本馆及为读者服务的各种功能。通过这些栏目可以使读者对图书馆的服务及功能有一个全

面具体的了解。是读者掌握最新动态、消息，更是读者在网上进行馆藏图书查询、个人借阅情况查询，包括本馆的特色电子资源库的信息窗口浏览的便捷工具。目前，我国10余家省、市级少儿图书馆联合创办了中国少年儿童信息大世界网站，开启了多馆资源共建共享的航程。通过网络进行馆际合作，联合购买超大数据库、创建本馆特色数据库，链接各馆资源库重组、扩大和完善数字资源。

（五）以在线学习平台，开展少儿阅读

网络数字阅读已成为少年儿童的新趋势，少儿图书馆也由资源型服务转向学习型服务转变，由传统的文献信息中心转向新型的学习服务中心转变。因此，少儿图书馆构建新媒体环境下的学习平台就显得十分重要。以在线学习平台，将助力少儿图书馆把自身打造成面向少儿的网络阅读与学习的中心。当然，少儿图书馆配合区域性少儿服务网络的建设，在线学习平台需要结合未成年人的特点为其量身定制相应的资源与服务，避免未成年人在书籍选择方面的盲目性和追随性，引导少儿会读书、读好书，实现阅读到“悦读”的转化。如苏州图书馆于2011年启动“悦读宝贝计划”，面向全市婴幼儿赠送阅读大礼包，并举办多种新颖实用、喜闻乐见的亲子活动。2013年成为中国大陆唯一被Bookstart英国总部承认的“阅读起跑线”成员馆。

目前，经济发达地区和省市少儿图书馆条件的省、市，少儿图书馆网络建设通过建设分馆有服务点向城市社区和农村延伸。笔者认为，有计划地重点建设好省、市一级少儿图书馆，使之成为地区少儿图书馆网络中心，同时加快少儿图书馆数字图书馆建设的步伐。我们深信：随着各地贯彻落实中央《关于加快构建现代公共文化服务体系的意见》和《公共文化服务保障法》，国家将扶助革命老区、民族地区、边疆地区、贫困地区的公共文化服务，促进公共文化服务均衡协调发展。这对中西部地区的公共图书馆和少儿图书馆建设是大好时机，少儿图书馆建设步伐将加快，将向标准化、均等化、专业化发展跨越。

四、网络环境下少儿图书馆的变化

（一）传统的馆藏赋予新含义

处在信息时代的背景下，大众已经不再用旧的衡量标准来评价少儿图书馆的好坏。“藏与用”之间的矛盾一直让传统的少儿图书馆很难处理，网络环境下的少儿图书馆就很好地解决了这一个问题，让各式各样的读物不因其物质价值而不能供少年儿童阅读，在很大程度上扩大了少年儿童阅读的范围。网络环境下少儿图书馆建设的内在驱动力就是为了增大少儿图书馆的馆藏量。传统的少儿图书馆在收藏图书的时候会考虑到少年儿童的特点，着重于收集一些适合供给少年儿童阅读的纸质、影像资料等。传统的少儿图书馆在发展的过程中很容易遇到图书馆面积不够、时效性较低以及投入经费不足等一系列的问题，但是现代社会信息量巨大且增长迅速，单单靠传统形式的馆藏形式是远远不够的。网络的优势在于信息量大且更新速度快，很好地适应了现代社会的趋势。但是，网络中的内容比较杂乱无序也是少年儿童在阅读的时候所面临的问题。网络环境下少儿图书馆的建设正好作为一个管理并传播知识的平台，使大量有序的信息源源不断在网络上进行补给。因此，网络环境下少儿图书馆是扩大馆藏的一种方式，是信息时代下的必然产物。

（二）图书馆服务形式的变化

传统的少儿图书馆的服务重心在于馆藏工作，就是说在传统模式下的少儿图书馆为少年儿童提供的服务工作都是以藏书为中心来进行的，藏书的规模将受到馆舍大小的制约，而网络环境下少儿图书馆将把服务重心放在读者身上，工作人员提供的服务都是以满足读者的需求为目的，根据读者的需求来发展图书馆的服务质量。传统的图书馆服务形式、目的始终如一，但是，网络环境下少儿图书馆的服务将随着少年儿童需求的变化而变化。网络环境下少儿图书馆的建设要及时了解当下少年儿童读者的需要，尽最大的可能满足读者的需求。网络环境下少儿图书馆服务多了一项关于读者需求调研的工作，可以采取问卷调查、统计读者阅读量以及访问的方法来了解读者的喜好。除此之外，为了更好地服务于读者，网络环境下少儿图书馆的服务应该形成咨询、检索以及文献提供的一条龙服务，这也是网络计算机时代的一个发展方向。

（三）图书管理员的职责变化

传统的少儿图书馆工作人员主要需要掌握图书馆学的一般业务知识，网络环境下少儿图书馆工作人员还必须拥有一定的计算机技术和网络知识技术，能够在网络信息时代的条件下为读者提供尽可能多渠道的服务。在工作过程中，工作人员应该善于了解和发现少年儿童的喜好，根据读者当下的能力状况，引领少年儿童安全、健康以及正确地运用互联网资源。同时，工作人员也应该积极的发展和创新少年儿童图书馆网站，一方面可以给少年儿童读者提供所需的网络咨询，另一方面也要针对少年儿童自身特点提供科学合理的服务。提高工作人员的素质也是网络环境下少儿图书馆建设的一项重要内容。

五、网络环境下少儿图书馆的建设措施

在信息时代的背景下，传统的信息收集方式已经不再适用。网络环境中的信息分散

在世界各地，通过网络连接，可以获得任何地方的信息资源。信息存储方式已经不再是传统的单独的实体存储形式，而是一个庞大的资源共享体系。少儿图书馆的工作人员利用网络把所有的资源集中起来，然后根据少年儿童的需要来提供其所需要的服务。服务的内容包括信息的检索、获取、处理以及利用。读者只需要把自己的设备连接上网络，就可以在任何时间、任何地点快速地获取所需资源。网络环境下少儿图书馆建设适应形式的变化，让读者在信息化时代可以方便快捷地得到自己所需要的信息，为社会的发展提供了动力。下面对网络环境下少儿图书馆的建设意见展开具体论述。

（一）多元化馆藏资源，建立读者数据库

传统的少儿图书馆的馆藏资源主要还是印刷品文献，然而，在网络环境下少儿图书馆中将出现影像资源、数字化资源以及光盘等多种多样的新媒体信息资源。这些信息资源传播速度快，信息存储量大而丰富，方便检索，获取便捷。在互联网时代下，它们拥有印刷品文献没有的优点，提高了获取信息的效率。在进行少儿图书馆馆藏资源建设的时候，应该着重搜集一些具有创新性、有益健康成长的读物、影像和光盘，全方位地去激发和培养少年儿童的创新意识和生活情趣。这种形式的教育会让少年儿童更容易接受，将寓教于乐的教育理念融入其中，让读者在快乐中收获知识。所以，网络环境下少儿图书馆馆藏资源必须朝着多元化方向发展。建立读者数据库，是少儿图书馆坚持以人为本的理念，全面提高服务质量，不断满足读者多种多样需求的工作要求。每个读者需要的资源不同，网络环境下的少儿图书馆会形成一种互动形式的网络系统，为每个读者提供其真正需要的最新资源，提供最高效直接的服务。这样的服务一定是建立在非常了解读者需求的基础上，所以，网络环境下的少儿图书馆应该建立完善的读者数据库，记录和跟踪少年儿童的阅读情况，分析其阅读倾向，全方位地了解少年儿童的需求，尽量满足其个性化的需求。

（二）转换服务理念，创新服务内容

进行网络环境下少儿图书馆建设的时候，少儿图书馆的工作人员的思想也要与时俱进，不能拘泥于之前的观念，也就是说工作人员不能再以馆藏作为服务理念的中心而是转变到以满足读者的需求为中心，将过去那种“重藏轻用”的理念舍弃掉，全心全意的以读者的需求为服务目标，并积极利用计算机网络技术提供多元化的服务。网络环境下少儿图书馆的资源提供形式将一步一步成为以读者需求为重点，将各式各样的信息资源集中起来并进行传递。工作人员开通网上阅览、查询、咨询以及网上借书等服务形式，把信息、文献和读者很好地结合起来，形成一体化的服务模式。除此之外，少儿图书馆还可以专门针对少年儿童的特点开展创新型的服务如中华文化展览、古诗词背诵大赛、读书月以及英语角等。为了更好地获取少年儿童和老师家长的建设意见，创立专门的意见邮箱，定期进行问卷调查。也可以设立专家应答系统，就少儿图书馆的各项问题做出解释，赋予少儿图书馆更多的服务特色。目前，少儿图书馆的建设正向着更深层次服务的方向发展，不再是单一地提供书籍的借还服务，而是融入了家庭和社会的理念，使服务更加多元化，在更加明确以人为本的服务理念的同时积极开展一些创新性、主动性的活动，以全方位、多层次的服务形式，帮助越来越多的少年儿童认识图书馆，走进图书馆并且利用图书馆。

（三）全面提高少儿图书馆工作人员的素质

网络环境下的少儿图书馆工作人员需要拥有更高的专业素养，这不仅仅是指图书馆学的专业素养，更重要的是网络信息技术的专业程度。网络环境下少儿图书馆的工作人员既是知识的管理者又是信息的导航者，利用专业的网络技术为读者提供方便快捷的服务，在信息的海洋中，把读者真正需要的资源以最直接的方式呈现出来。在组建少儿图书馆的工作人员队伍的时候，应该全面地优化队伍的结构，包括年龄、知识素养、学历以及职称等各个方面。在对工作人员进行培训的时候，应该从网络技术、文献信息管理技术以及现代信息技术等方面提高工作人员的综合素质。除此之外，还可以制定科学合理的职工管理制度，提高工作人员的爱岗就业精神，增强其竞争意识并且提升其创新能力。少儿图书馆工作人员拥有越高层次的素质，网络环境下的少儿图书馆建设就更加完善。

网络信息时代促使少儿图书馆的建设进入了一个突破了时间和空间局限性的信息共享时代。少儿图书馆的发展在迎来机遇的同时也面临着一系列的挑战。网络环境下的少儿图书馆建设应该积极抓住发展的机遇，利用好一切可以利用的资源，同时，勇于挑战，敢于创新，顺应时代发展，在机遇与挑战中更好地服务于社会。

第七节　互联网＋时代少儿图书馆信息资源建设

互联网＋是指在计算机技术、互联网和多媒体技术等结合的基础上，构建的广域、高速、综合的各种各类的数字式应用网络环境。在网络环境中，传统的信息提供与获取方式已彻底改变，读者更习惯通过互联网查找自己需要的文献信息资源，既便捷又快速，这对传统图书馆的管理、服务模式产生了巨大影响，同时也给少儿图书馆信息资源建设带来了机遇和挑战。因此，在互联网+的大背景下，少儿图书馆如何认清当前形势，明确自身在网络环境下的建设定位和发展方向，借助现代信息技术在网络环境下对信息资源进行建设，深化和拓展少儿图书馆的服务，是当前少儿图书馆界亟待探索的课题。

一、网络环境下信息资源的变化

（一）信息资源载体的电子化、网络化

网络环境下图书馆馆藏文献的载体形式是多样的，印刷书刊文献是传统图书馆的物质基础和重要资源，但必须看到，电子信息资源的增长幅度已远远超过了印刷型文献，且印本资源与电子资源的增长比率继续向后者倾斜，传统图书馆的不少馆藏印本文献早已开始进行数字化转换，并将继续向电子化、网络化方向转化。同时，随着互联网的迅速扩展，其已成为世界上覆盖面最广泛的全球信息网，蕴藏着极其丰富的信息资源。据不完全统计，目前在 Internet 通过约 50000 个大型图书馆和文献库运载着天文数字般的电子信息资源，涌现了一大批有重要影响的网上文献数据库。信息资源已成为图书馆的重要组成部分，信息资源建设成为衡量图书馆实力的重要指标。信息资源建设是图书馆赖以存在的物质基础和保证，信息资源的质量和体系建设的优劣直接影响着图书馆信息服务的水平和效率。现阶段，图书馆信息资源建设主要包括文献资源建设、数据库建设和网络信息资源的开发与组织等方面，其对于图书馆的建设非常有必要。

（二）信息资源服务的网络化

传统的信息服务是以馆藏文献的开发和利用为主要方式，但这种传统方式和手段管理的图书馆已不能很好地为读者提供其所需要的信息资源，必须要进行变革。

美国图书馆协会 (ALA) 曾在全美进行了一次民意调查，在调查报告《在互联网时代使用公共图书馆》中指出："仅在书架上存放图书已不能充分满足网络时代图书馆用户的需要，68%的应答者相信从公共图书馆联网存取信息将很有价值，在逐渐演进的互联网时代，公共图书馆正变得更像一种服务概念"。这个例证表明，少儿图书馆不仅要保持原先传统的信息服务，而且更应实现由传统信息服务向网络化信息服务的转变。互联网+时代中，少儿图书馆应积极参与信息财富的组织和管理工作，使广大少年儿童读者充分享用这些财富，并且再创造数量更多，质量更高的信息资源，以提供给少儿读者，从而达到全、准、精、快、便的服务效果。

二、网络环境下的信息资源建设

（一）优化调整信息资源载体结构

目前，少儿图书馆的困境体现在五个方面：一是图书馆经费开支的有限增长不仅赶不上文献量爆炸性的增长，更抵消不了其价格上涨的幅度；二是传统印刷文献体积较大，存贮密度低的弱点使图书馆空间不足；三是印刷文献寿命有限，加大了保护的开支与难度；四是少儿图书馆经费不足，购买的书刊品种数量增幅有限，藏书结构有待于更加合理化；五是长期“重藏轻用”，藏书利用率偏低，信息服务手段落后，形式单一，且不能实现资源共享。少儿图书馆所提供的信息往往是教科书式的过时信息，对少儿读者缺乏足够的吸引力，而不能充分满足他们的需要。而电子出版物在这些方面具有自己的优势，能较好地解决这些问题。

但是必须强调的是，这不能就此认为印刷型出版物就可完全被电子文献所替代，应该说，二者是优势互补的。好的做法是：将电子文献与印刷型文献结合起来订阅，这样效果较佳。就现阶段来说，我们可从藏书量比例、经费比例、读者使用率等因素来考虑，确定印刷型文献与电子文献收藏结构比例，逐步增加电子文献的数量。

（二）加强信息资源建设．尤其是各类数据库建设

信息资源是因特网最重要的资源，一般可以理解为“通过计算机网络可以利用的各种信息资源的总和”信息资源建设的核心是数据库。数据库建设包括书目数据库、文摘数据库、索引数据库、全文数据库和混合数据库等，这是馆藏建设的组成部分，也是基础性工作。少儿图书馆间的交流与协作，应走“分散建库，集中联库，分散服务，资源共享”的联合建库之路，这样可以节省人力，降低成本，避免重复劳动。在具体过程中应该坚持执行统一的标准规范，这些标准有英美编目条例 (AACRZ)，国际图联 (ILLA) 名称规范系统，中文机读目录通讯格式 (CNMARC) 等。

由于经费开支的相对不足以及图书价格的不断上涨，大部分少儿图书馆图书采购品种数量不断削减，单靠一馆已无法满足少儿读者的需要。因此在网络环境下，应积极开展馆际互借和文献服务，实现资源共享，从而弥补各馆资源的不足，达到满足少儿读者对文献信息服务的需求。文献传递可借助网络以电子邮件、文件传递协议 (FTP)、流媒体、数据库文件等方式将有关信息资源传递给计算机终端的文献需求者。由于文献传递的电子化，其具有可重复、多用户、强时效性，从而极大提高了文献保障能力，解决了少儿图书馆经费有限的矛盾，实现了大范围的资源共享。因此在订购书刊时，要合理规划馆

藏结构，对利用率高的书刊予以订购，而对价格高、利用率低的一些工具类书刊则可改为利用文献传递获取，以降低成本，这样就可使信息资源在较少的经费条件下具有最大的效用性。

（三）充分利用虚拟资源．对网上信息进行选取和组织

网络环境下的图书馆馆藏概念比传统图书馆馆藏概念大大地扩充了，它既包括图书馆实际拥有的印刷型文献与电子型文献，同时又涵盖了虚拟馆藏，即网络化信息资源，这些虚拟文献信息资源也成为重要的馆藏文献。少儿图书馆应积极开展虚拟文献信息资源建设，深入知识单元做好数字资源的整理、排列和组合，按照统一规范和标准建构联合数据库存储机制并建立一个异构平台，使馆藏文献与网络发展、网络用户增加的情况相适应，为数字数据库的建立创造良好的条件。

由于种种原因，少儿图书馆在网上信息资源建设方面不尽人意，这与我国拥有人口四分之一的少年儿童的国情是极不相称的。因此，加快少儿图书馆信息资源建设，为少年儿童提供方便快捷的网上服务，是少儿图书馆的职责和使命。值得指出的是，由深圳少儿图书馆牵头，全国几家少儿图书馆共同建设的“中国少年儿童网上信息大世界—数字图书馆”，在这方面做了有益的尝试，给少儿图书馆向网络化发展带来质的飞跃。

三、信息资源的服务

（一）信息服务向电子化、网络化方向发展

网络环境下，对图书馆地位的衡量，不再仅仅是以馆舍、馆员、馆藏的规模多少为标准，而是取决于信息服务。少儿图书馆必须进行观念创新，特别注意发挥多人次、多项目、交互式、同步化网上服务的功能。比如说主页上就应设立“网络导航”“读者查询”“书目查询”“数据库”等栏目。使少儿读者点击便可获取信息，从而大大节省查询时间，充分发挥了网络优势。

（二）关注少儿读者信息认知能力的培养

作为少儿图书馆服务对象的少年儿童，其心理和求知兴趣与成人不同。他们接受知识的方式比较注重新奇、有趣。特别是对以图像结合的动画、电影、网络游戏等信息服务更加喜爱，但同时他们又对网上的不良信息辨别能力不强。网上信息泛滥无序的今天，我们必须清醒地认识到为少儿读者进行信息服务的特殊性，充分利用网络环境这一有利条件，使少儿读者具备较好的信息认知能力。这种能力培养应包含以下几个方面：①对传统图书馆文献的利用能力；②一定的计算机操作和网络应用能力；③能有效地使用和交流各类信息；④有能力处理信息；⑤能够利用正确的信息做出决策或将事情完成得更好：⑥能够对不良信息具有分辨和批判能力。少儿读者信息认知能力的培养是少儿图书馆的一个新课题，完成得好就可以从少年时代就为读者树立良好的信息意识，激发信息需求，为其终生可持续发展打下良好基础，从而也推动了少儿图书馆信息服务事业的发展。

（三）开展新的信息服务方式和手段

互联网既给我们带来了极其丰富的信息资源，也衍生出了新的服务方式和手段：①采用各种交互手段，如微信公众号、微博、门户网站等，少儿读者可随时随地向图书馆提出咨询，由图书馆专设的信息服务部门进行解答并传递给用户；②利用联机公共目录查询(OPAC)，在网络上实现馆藏文献的查询和借阅，用户可在网上续借、预约、预借，真正实现24小时全天候服务；③电子公告板系统在少儿图书馆主页建立公告版服务，设立读者论坛等衍生服务；④文献传输通过FTP等网络传输协议使图书馆与读者可进行资料的双向电子传递；⑤用户点播服务。用户通过这种方式直接获取图文信息资料，使少儿读者通过网络向图书馆下设的信息服务中心发出请求，随意选择所需的各种图文资料。

（四）自建专题数据库

网络中的信息资源遍布于世界各地的服务器中，通过远程检索，读者虽然能够获取自己所需的信息，但目前网络中仍然存在许多问题，诸如网络信息污染严重、网络信息堵塞、网络信息组织不完善等，这为用户检索远端的网络信息设置了重重障碍。少儿图书馆在此即可发挥积极的作用，根据不同的需求下载网络信息资源，并加以专业化的整理和组织；根据不同的专题组建各种本地数据库，并及时跟踪网络信息的变化，定期对数据库内容进行更新和补充等。采用这些措施，少儿读者就不会面对无序的信息而感到无所适从，从而在较短的时间里快速寻找到既准确又具有时效性的信息，更重要的是避免了网上不良信息对他们的侵害。

总之，计算机网络化、数字化管理和服务是未来少儿图书馆的发展方向。互联网环境下所拥有的丰富信息资源为少儿图书馆的工作提供了诸多的便利，也为开创新的服务方式和手段创造了前未有的条件。图书馆网络化扩展了其信息服务能力，但网络上信息资源的纷繁复杂，给组织管理和有效的查询带来了较大的困难。广大少儿图书工作者应拓展思路，不断分析、了解网络环境下少儿图书馆信息资源的特点，并对其组织管理技术指引库的建设等加以科学地研究，有效地提高信息资源建设质量，实现信息服务的创新，促进少儿图书事业的更大发展。

第八节　移动新媒体时代少儿图书馆阅读推广建设

当下无论是在家庭和校园，还是在公共场所，随处都可以看到少年儿童通过智能设备进行阅读的身影。这意味着少儿读者通过移动新媒体技术进行数字化阅读已经成为一种新常态。面对移动新媒体时代数字化阅读发展的新形势，如何在机遇与挑战并存的情况下，通过阅读推广活动与服务的宣传，来为广大少儿读者提供更为优质的数字阅读服务，已成为国内少儿图书馆亟待解决的关键性问题。

一、移动新媒体与少儿图书馆阅读推广

（一）移动新媒体

新媒体主要有三种呈现方式，即有线传输新媒体、移动新媒体以及数字模拟信号新媒体。其中移动新媒体主要是以智能手机、平板电脑等无线通信设备为依托，通过无线网络连接，来实现多媒体信息传播的一种方式。作为移动新媒体终端设备的集大成者，智能手机具有广泛的应用，它凭借着自身质量轻、体积小、可随身携带以及丰富的内部功能等优势，给人们的日常生活带来了极大的改变，成为人们不可或缺的重要工具，甚至被誉为人类的“第六感官”；与之相对的，iPad 作为多媒体移动设备的典型代表，在上市初期就受到了人们的喜爱，其功能相对于智能手机更为多元化；另外，其他可以与网络进行连接，能够提高读者阅读效率，与他人进行互动的终端设备也属于移动新媒体。

（二）移动新媒体时代少儿阅读推广

移动新媒体时代少儿阅读推广并非是在“移动网络”和“新媒体”两大概念的简单组合下形成的少儿阅读推广活动。其本质在于通过两者优势的结合与运用，来促进少儿阅读推广活动的创新性开展。有别于移动网络环境下和新媒体环境下的少儿阅读推广活动，移动新媒体时代少儿阅读推广更为强调少儿读者阅读的互动性，更加注重少年儿童个性化需求的实现。就此来看，移动新媒体时代少儿阅读推广的内涵为：以智能手机、平板电脑等无线通信设备作为少儿读者阅读推广活动开展的主要工具，以移动通信网络为主体环境，来开展具有创新性服务内容的少儿阅读推广活动，从而进一步激发少年儿童对移动阅读的兴趣，并吸引其长期参与少儿图书馆阅读推广活动。

二、移动新媒体时代少儿阅读推广的优势

（一）移动新媒体阅读方式逐步为广大少儿读者接受

在信息技术日新月异，应用范围逐渐扩大的现代化社会，网络信息呈现出了爆发式的增长态势，极大地影响了传统阅读服务的受众范围。在当前的移动新媒体环境下，少年儿童的阅读方式发生了改变，网络阅读占比明显增加。同时，凭借电脑终端设备以及信息传输而构建的基础在线交流平台，如微信、微博等，也引起了少儿读者及家长的重视，并深受少儿读者的喜爱，移动新媒体技术的日益完善，使得少儿读者能够更为便利地进行信息阅读，并倾向于通过移动互联网参与在线分享和讨论。由此可见，移动新媒体已逐步融入少年儿童的日常生活，已经成为难以取代的一种阅读方式。

（二）移动新媒体强化了数字阅读推广

受移动新媒体的影响，少儿读者在阅读时，更加喜爱使用智能手机或者平板电脑。第十五次全民阅读调查结果显示：少儿读者手机阅读量呈明显上升态势，且高于成年读者。与传统阅读方式不同的是，在移动环境下的阅读方式，可以使得少儿读者随时随地进行阅读，有着极大的便利。而随着移动新媒体技术更广泛、深入地应用于数字化阅读，不仅使得阅读方式更加完善，提高了少儿读者对移动新媒体的接受程度，而且还有效提高了少儿读者获得信息的效率。

（三）少儿阅读推广服务范围进一步拓展

除了到馆借阅以及咨询的读者之外，在移动新媒体时代，少儿阅读推广服务对象还涵盖了大量的通过移动互联网进行信息获取的少儿读者。凭借移动互联网技术优势，少儿读者不仅能够更快地获取大量数字化资源，而且还能够享受到来自少儿图书馆的多元化在线服务，如在线答疑、书目储存查询等。这对于优化数字阅读推广服务、提高少儿读者的满意度都是十分有益的。

（四）少儿阅读推广服务内容更加丰富

在移动新媒体时代，少儿阅读推广服务不仅层次更为丰富，形式更为新颖，而且阅读内容的全面性也得到了大幅度的提升。除了原本的纸质资源之外，阅读推广服务的资源还包括了信息数字资源，以及针对少儿读者实际需要而构建的虚拟资源和链接信息。这些种类丰富、形式多样的资源，能够很好地满足少儿读者对多样化信息内容的需求。因此，在当前的移动新媒体环境下，少儿图书馆阅读推广服务应以阅读需要为出发点，在进行深入细致分析的基础上，根据少儿读者群体不同年龄段的特点，来进行信息的传递。

同时，还要注重服务方式的创新，结合少儿读者的需求方向，来制定个性化的数字阅读服务方案。

三、移动新媒体时代少儿阅读推广的主要模式

（一）基于移动阅读设备的少儿数字阅读推广模式

电子阅读器就是一种具备数字阅读信息读取功能的移动设备。除了存储阅读信息之外，电子阅读器还能够设置书签，并根据需要进行标注。与平板电脑等设备相比，电子阅读器不仅功能全面、体积小巧、能够避免读者视力下降，而且还具备较大的存储空间，方便用户保存所需的数字资源。随着移动新媒体技术的不断进步，以当当网和方正集团为代表的数字阅读工具研发公司，为了满足少儿读者数字阅读方面的需要，分别从不同的角度进行了技术创新，推出了各自的电子阅读器。与此同时，国家图书馆为促进少儿数字阅读推广服务的发展，首次在国内开展了电子阅读器外借业务。少儿读者在交付一定的押金之后，就能够从图书馆获得电子阅读器，然后利用该电子阅读器即可连接图书馆网站，从中搜索并留存所需资料。这种数字少儿阅读推广服务既避免了数字资源的浪费，同时又提高了数字阅读服务的针对性。从实践情况来看，这一模式深受少年儿童及家长的欢迎，并逐步在我国少儿图书馆中推广使用。目前，国内较为发达的城市少儿图书馆，如上海少儿图书馆、重庆少儿图书馆、广州少儿图书馆等都相继开展了数字阅读移动设备外借业务。

（二）基于云服务的少儿数字阅读推广模式

该模式所依赖的两个基础在于少儿读者互动交流平台的搭建和少儿读者数字阅读需求的深度分析与结果运用。其基本运行模式如图 1 所示。在云服务技术支撑下，通过功能更加完备的少儿读者互动交流平台的搭建，少儿读者能够利用智能手机等移动终端媒介更为及时地同在线服务馆员进行沟通和交流，从而解决在阅读过程中遇到的问题和交流自己的想法，进而保障了阅读质量的提升。同时，依托云服务环境下的大数据分析技术，少儿图书馆可以根据少儿读者的数字资源下载频率和内容，做好个性化服务，定期向少儿读者进行数字阅读资源的推送，并形成数字阅读质量报告，这对于学校和家长进一步掌握孩子在既定时间内的阅读水平具有十分重要的意义。

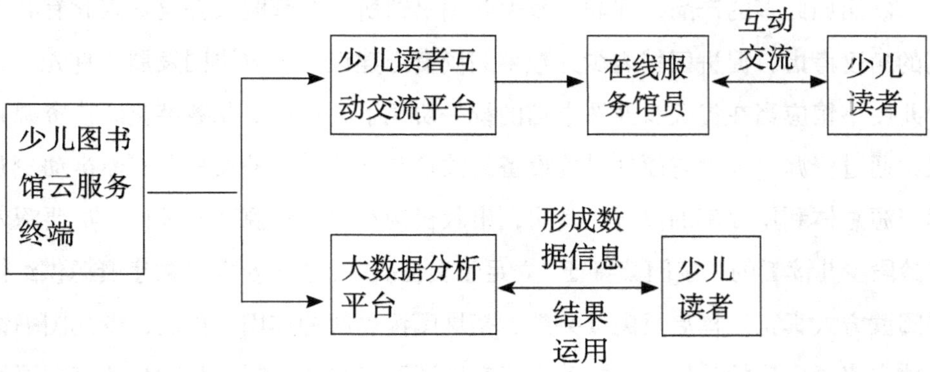

图 1 基于云服务的少儿数字阅读推广模式

（三）基于移动图书馆的少儿数字阅读推广模式

基于移动图书馆的少儿数字阅读推广模式主要依托移动图书馆 APP 软件进行在线服务，在宣传的过程中，可通过微信、微博等新媒体进行下载引导。少儿读者通过智能手机在线下载移动图书馆 APP 软件后，就可以更为方便地享受到数字资源下载、在线图书借阅、阅读推广活动报名等服务。其优势在于，可以有效推动区域内不同层次的图书馆适应少儿数字阅读资源的整合，从而为移动新媒体时代各类少儿数字阅读推广活动的开展奠定基础。少儿图书馆在完善移动图书馆 APP 软件功能的前提下，以体验式服务为方针，引导少儿读者主动参与到少儿图书馆的各类阅读推广活动当中，从而推动少儿图书馆与小读者间的良性互动关系的形成，这也有助于少儿图书馆以需求为导向，进一步丰富数字化阅读产品的研发与推广。

值得注意的是，基于云服务的少儿数字阅读推广模式和基于移动图书馆的少儿数字阅读推广模式均对少儿读者有一定的数字素养要求，并非适用于各个年龄段的小读者。两种模式下服务的少儿读者应当以中学生为宜，原因在于，经过小学阶段数字素养的积累，目前大部分中学生都基本具备了基础性的数字素养能力与应用水平。

四、移动新媒体时代少儿阅读推广的优化策略

（一）以协同发展为理念，丰富数字阅读资源供给

在移动新媒体时代，面向少儿读者的数字化阅读资源呈现出飞速发展的趋势，多媒体化的动漫资源、具有朗读功能的电子书等新一代产品层出不穷，并且为少儿读者所喜爱。据调查，国内专业从事少儿数字资源生产的厂商就达到了 100 多家，其每年的产品数以

十万计。然而如此多的产品，并非一家少儿图书馆所能全部购买齐全。因此有必要从统一规划的角度考虑，促进区域内少儿数字阅读资源建设的多方协同发展。首先，省内的各级少儿图书馆应当在省级少儿图书馆的统一协调下，达成少儿数字化阅读资源共享共用协议，通过资源、技术与硬件设施设备的共享与交换，互补长短，从而推动少儿数字化阅读资源总体利用效率的提升。其次，出版机构和数字资源开发设计人员要深入了解不同年龄段少儿读者的数字阅读特征，立足于实证研究，进一步完善数字资源供给体系，使数字阅读方式真正发挥启发阅读兴趣、拓展阅读理解的作用。再次，少儿图书馆在提高读物数字资源质量的基础上，应致力于突破资源获取的限制，帮助少儿读者更好地获取多元化资源和服务。具体来说，就是要着眼于世界，充分利用国外高水平儿童文学作品，来充实数据库，从而满足少儿读者探寻其他国家或者地区独特文化的需求，进一步开阔其眼界见识。

（二）以少儿读者需求为导向，推动个性化服务的实现

少儿读者不同于成人读者，促进其阅读兴趣、阅读质量与阅读能力全面提升的关键在于能否及时掌握阅读的基础情况，充分挖掘其真实需求，并形成个性化服务方案。一方面，相比于纸质化阅读的简单要求，数字阅读更需要读者具备一定的信息化素养才能顺利进行。因此，移动新媒体时代，少儿图书馆在组织阅读推广活动的过程中，要充分分析所服务的少儿读者年龄特点、阅读心理特点以及阅读偏好，并以此为基础，通过归类总结，进一步在数字化阅读产品设计、阅读指导方案、阅读服务思维等方面体现出差异化特征，从而推动个性化服务的实现；另一方面，要重视少儿读者享受服务的真实体验。少儿读者是少儿数字图书馆的服务对象，只有令他们满意才能促进阅读推广活动的长足发展。在数字化体验阅读方面，美国国际儿童数字图书馆所提倡的“少儿参与设计体验”理念很值得我国少儿图书馆学习，其特点在于通过邀请少儿读者协助测试移动图书馆设计的方式，有效地激发了读者进行数字化阅读的兴趣，并有的放矢地进行了移动图书馆设计内容的优化。

（三）以模式创新为目标，实现线上线下服务互动

移动新媒体时代，少儿阅读推广活动并非单纯做好纯数字化阅读服务，必须打破常规思维，创新少儿阅读推广服务模式，实现线上线下服务互动。丰富多彩的线上线下结合式阅读推广活动，是激发少儿读者好奇心与新鲜感的强力磁场，可以极大地促进少儿读者阅读兴趣的提升，从而助力阅读推广效果的产生。一方面，低年龄段的少儿读者由于接触移动新媒体设备机会较少，通过移动新媒体技术设备的使用必会刺激其阅读的好奇心，使其主动探索如何在移动新媒体环境下进行阅读。另一方面，线上线下结合的阅读推广活动可以通过潜移默化的方式，促进少儿读者在进行数字化资源阅读的过程中，将自身的生活经验与阅读内容相结合，主动进行阅读思考，进而使其获得耳目一新的阅读体验。

（四）以多方联动为手段，促进读者数字阅读素养提升

移动新媒体时代，少儿图书馆开展阅读推广活动的一个重要目的就是有序提升读者的数字阅读素养。然而，从现实情况来看，少儿图书馆的阅读推广活动并非是少儿读者的数字阅读素养教育的唯一阵地，少儿读者进行数字阅读大部分时间是在家庭和学校中完成的。因此，少儿图书馆、家庭、学校三方，应当依托移动新媒体技术环境，通过联合开展活动的形式，进一步促进少儿读者数字阅读素养的提升。一方面，少儿图书馆数字阅读推广活动应当与区域内义务教育学校的数字素养教育教学体系相结合，可以考虑将数字阅读推广活动延伸至校园，作为学校数字素养教学课外活动的补充，也可以与学校共建数字素养教学示范点，合理地将少儿图书馆的人力资源与移动新媒体技术设备嵌入学校数字素养教学课程环节当中；另一方面，少儿图书馆应当充分注重家长数字阅读辅导能力的培训，这样一来，少儿读者在家庭环境下进行数字阅读时，就可以很容易获得来自家长的辅导和帮助，同时也有利于家长及时掌握孩子的数字阅读基本情况。

随着未来5G移动网络的应用与相关技术的优化升级，为少儿图书馆数字阅读推广活动提供了得天独厚的移动新媒体环境。少儿图书馆应时刻关注移动新媒体技术的进步，审时度势地推动少儿图书馆数字阅读推广工作的创新与发展，为少儿读者开展更加丰富多彩的活动，提供更为优质的服务。

第九节　少儿图书馆的兴趣点建设

日本著名的教育专家木村久一在其著作《早期教育和天才》中提出：“在孩子的乐趣中，最重要的是读书。”少儿图书馆在少年儿童的生长发育过程中起到了重要作用。在少年儿童时代养成良好的阅读习惯，对其一生受益匪浅，不仅能奠定知识基础，对个人的各方面培养也具有促进作用。少儿图书馆是少年儿童接触图书的最佳场所，也是父母为孩子选择优秀少儿图书最便捷的途径。

近年来，我国少儿图书馆的发展取得了一定的成绩，少儿图书馆的建设也在逐步加大投入。少儿图书馆作为社会文化建设的重要组成部分，对少年儿童的成长和教育起着重要的作用，如何使得少年儿童对少儿图书馆产生浓厚的兴趣，是少儿图书馆建设中所面临的问题。

一、少儿图书馆馆藏兴趣点挖掘

少儿图书是否丰富是图书馆吸引少年儿童的重要因素。目前，我国少儿图书存在图书质量不高、原创性图书匮乏、品牌较少、市场格局混乱等问题，要解决这些问题，需要从以下几点来开展工作。

（一）优秀少儿文学作家的挖掘和培养

台湾儿童文学家桂文亚长年致力于儿童文学推广，她表示，作家担负着传承文化的使命，儿童文学作家的责任尤为重大。没有优秀的少儿文学作家，就不可能产生优秀的少儿文学作品。随着我国少儿文学作品的需求量增加，面对少儿文学作品质量参差不齐，在众多少儿文学作品中挖掘优秀作品，为少年儿童提供一个优秀文学作品的平台，吸引少年儿童前来阅读，并引导社会上少儿文学作品的健康发展是少儿图书馆的责任和义务。相关机构和部门应对优秀的少儿文学作家进行重点培养，给予更多的荣誉和发展空间，让其创作出更多、更适合我国少年儿童阅读的文学作品。

（二）少儿图书的社会和市场规范

近年来，我国少儿图书市场表现活跃，有关儿童教育方面的书籍也随之增加，因此，必须规范少儿图书市场，让优秀的图书得到保护，才能促进更加优秀的少儿作品的涌现，从而丰富少年儿童精神文化生活，促进其健康成长。但是，当前，我国少儿类图书很多是内容相似，而且盗版现象时有发生，如果对此类现象不加以规范，会导致市场因逐利而影响图书创新。因此，我国应建立更加严格的市场图书监管机制，提倡图书创新，规范少儿图书的出版，给少儿图书的发展创造更好的社会和市场环境，促进少儿图书的健康发展。

另外，有的少儿出版物过度豪华包装、价格虚高，有的采取高定价、低折扣等不正当手段进行恶性竞争，损害少年儿童阅读权益。有关部门要督促出版单位严格遵守《价格法》《反不正当竞争法》及相关法律法规，提倡节俭，反对浪费。

（三）优秀少儿图书的推广

少儿图书馆要根据不同年龄段的喜好进行图书采购，多选购一些少儿喜爱阅读的书籍，如绘本、寓言故事、百科全书、少儿故事书等。少儿图书馆应起到推广优秀少儿图书的职能，在图书馆的醒目位置将优秀少儿图书进行声像宣传，同时也可以配备一些图书推广工作人员，让少年儿童能够更加直接地了解图书内容，选择自己感兴趣的优秀书籍进行阅读。

二、少儿图书馆建设中的兴趣点

（一）少儿图书馆的合理规划

少儿图书馆的规划、实施要请有少儿教育及图书馆管理经验丰富的专家、学者进行论证。规划要根据不同年龄段的儿童认知水平、对图书的喜好进行区域性划分，还要进一步考虑少年儿童的其他因素，诸如身高、饮食、游戏等，在少儿图书馆中建一些娱乐设施、游戏场地等，让少年儿童在阅读之余可以选择自己喜爱的游戏进行娱乐，从而增加图书馆对他们的吸引，让他们投入更多的时间进行阅读。

（二）少儿图书馆的环境布置

国外著名学者皮亚杰认为：“儿童阅读兴趣的发展过程是主客体交互作用的过程，儿童与客体环境的交互作用越积极、越主动，发展就越快。因此，环境与儿童始终共在。儿童既可以依赖于环境，也可以作用于环境，儿童与环境的相处方式直接影响其成长的质量。创建良好的阅读环境，对激发儿童阅读兴趣具有举足轻重的作用。”而国内一些少儿图书馆或少儿阅览室似缩微成人图书馆，无法引起少年儿童的读书欲望。

少儿图书馆的环境不仅要布置得温馨，色彩符合少年儿童的视觉兴趣，还要适当地根据比较流行的图书内容布置一些情景，方便少年儿童在阅读后根据自己的喜好进行角色表演，激发他们的阅读兴趣。

利用现代技术组建符合时宜的虚拟环境，如利用3D成像技术将少年儿童喜爱的动物、故事人物、心目英雄等立体地呈现在少年儿童面前，让他们对这些有感官认识，提高他们对这些事物进一步了解的意愿，激发其进一步阅读相关书籍的兴趣。

选择可组装的玩具性建材，让材料可以反复使用，比如使用一些积木、气垫等，使得少年儿童可以根据自己的想象也能使用这些玩具性的建材创造出自己喜欢的阅读环境，让他们在娱乐中享受阅读的乐趣。

江苏省南京市玄武区少年儿童图书馆开展“创意手工”“创意素描”等系列活动，让小朋友参与到图书馆的环境布置中，提高了儿童对图书馆的兴趣，也培养了儿童的创作能力，丰富了他们的知识。

（三）少儿图书馆的文化建设

少儿图书馆的文化建设包含开展阅读、主题宣传，创建数字化图书馆等工作。少儿图书馆可以根据需要，组织一些阅读比赛、亲子活动等，并根据不同年龄段的少年儿童设计活动的内容，阅读活动的开展可以激发少年儿童的阅读兴趣，同时也提高了图书馆的社会服务意识和影响力。另外，根据社会热点、国内外大事进行专题活动策划，可让少年儿童有途径进行事实教育，激发少年儿童的社会责任感。

少儿图书馆要与中小学加强联系，定期举行图书推荐会及少儿图书推广活动，增加少年儿童与图书馆接触机会，并可以根据需要，和中小学图书馆进行合作，推广图书交流活动，让学生有更多机会接触优秀少儿图书。如美国早在19世纪末20世纪初，未成年人服务就已经成为公共图书馆的重要任务。如今，公共图书馆和中小学图书馆作为美国未成年人服务的两大支柱，各自发挥着重要的作用，两者也有着良好的合作关系，共同为未成年人的成长创造环境、提供服务。

少儿图书馆应注重数字化建设，运用现代技术将少儿图书以多维的重现方式展现给少年儿童，让他们从不同的角度接受优秀的儿童文学作品，提高他们对阅读的兴趣。

三、少儿图书馆服务的兴趣点挖掘

（一）提高少儿图书馆馆员素质

少儿图书馆服务对象主要是求知欲强，想象力丰富的少年儿童群体。信息需求范围广，需要咨询的内容可能涵盖各个学科，具有一定的深度和想象力，这对部分图书馆员来说是一个挑战。对于少年儿童，少儿图书馆的馆员服务质量直接影响他们对图书馆和阅读的兴趣和积极性。因此，提高馆员素质可以提升图书馆的业务能力、创新能力，同时也是挖掘增加少儿对图书馆潜在兴趣点的方式。

（二）少儿图书馆服务对象挖掘

面对日益开放的环境，图书馆要考虑如何针对外籍小读者的服务。例如，南京市玄武区少年儿童图书馆在暑假期间开展了丰富多彩的少儿读书辅导活动，吸引了许多孩子包括外籍儿童来馆借阅书刊和参与活动。外籍小朋友在家长的陪护下来到图书馆，面对陌生的环境和这么多的中文书籍，小朋友有些茫然。工作人员热情接待，耐心辅导，针对孩子的年龄特征和阅读兴趣，挑选一些图文并茂的双语书刊，通过讲故事、说百科、提问题等形式，孩子们很快消除了陌生害怕心理，自由自在地找书看书，快快乐乐地和老师互动，并表示要利用暑期时间多来参与中心的活动。同时，少儿图书馆要根据来访读者进行服务对象的数据挖掘，分析图书馆所服务的用户群体，进行针对性的群体对象服务，以提高图书馆的客户满意度，吸引更多的读者。

（三）改变少儿图书馆服务方式

现在我国图书馆的服务方式还是类似于图书超市，要增加少儿图书馆的兴趣性，就要在这方面有所创新，不仅要将读者引入到图书馆，还要进行定期推送服务，想方设法让图书传递到读者手中。如南京市玄武区少年儿童图书馆举行“爱读书、爱南京、爱社会、爱亲人——把关爱带回家系列”读书活动，为社区困难子女送书以及文具等，为这些孩子开展读书活动，丰富其寒假生活，让他们感受到社会的关爱。

少儿图书馆的规章制度要建立在服务少年儿童的基础上，让少年儿童感觉到图书馆的亲和力，拉近图书馆与读者的距离。有条件的少儿图书馆要将图书馆服务面向社区、学校等少年儿童密集的区域拓展，如建设馆外图书流动点，和学校共建图书馆，让优秀图书的流动更加快捷高效。

为适应我国现代化发展需求，让儿童能有更多机会接触到国外优秀作品，南京市玄武区少年儿童图书馆邀请外籍儿童教育专家为中国的小朋友开展双语快乐阅读活动，教孩子们如何愉快地读懂双语绘本读物；组织外籍专家家庭与中国小朋友共度六一国际儿童节，与中国的家长和小朋友交流如何学好英语并和大家一起做游戏。这一系列活动取得了很好的效果，得到了小朋友和家长的认可和支持。随着掌上媒体的发展，少儿图书馆可通过微信、微博、自建 APP 等方式进行创新服务，扩大图书馆的影响，吸引更多儿童前往阅读。

（四）针对少儿心理特殊性增设针对性服务

少儿图书馆要针对少年儿童的心理特点进行针对性服务。少年儿童进入图书馆，尤其是初入图书馆，有一定的盲目性，图书馆要将引导性图书放到醒目的位置，可针对少年儿童特点开展与娱乐同步的图书活动。另外，少年儿童自制力较差，图书馆要根据情况安排专业人员进行辅导、引导，让少儿养成一种良好的阅读习惯。如南京市玄武区少年儿童图书馆针对少年儿童心理特点，专设亲子阅读区，让父母陪同少儿一同选书、读书，让少儿有安全感，能够更舒心地投入到阅读的乐趣中。此外，针对少儿生理、心理方面的情况，可以在少儿图书馆网站建设方面兼顾娱乐、课堂教学、自身兴趣等方面，让不同年龄段和不同层次的少儿能够在其中寻找到自己的天地。

（五）扩充服务对象

在我国，少年儿童进入图书馆阅读，九成以上都是有家人陪同，因此少儿图书馆不能只服务少年儿童，还要为陪伴少年儿童的亲人做好服务，提高其对图书馆的向往，使少年儿童有更多的机会进入图书馆阅读。少儿图书馆应对少年儿童的监护人包含准父母、父母、爷爷奶奶、外公外婆等年龄布局、兴趣爱好等进行分析，在图书馆中设置他们感兴趣的图书、娱乐等。根据陪护人的特点可以建设亲子阅览室，国内也有一些少儿图书馆如扬州少儿图书馆、合肥少儿图书馆等进行了尝试，取得很好的效果，很大程度上调动了少年儿童的监护人和少儿阅读兴趣，进而能得到广大群众的欢迎和关注。另外，图书馆可以根据实际情况对少年儿童开展陪护服务，让家长放心地将少年儿童放在图书馆中阅读。

少年儿童是祖国的花朵和希望，是实现中国梦的后备力量，让少年儿童健康成长，是全社会共同的期盼，培养少年儿童的良好阅读习惯，是给国家培养更多的栋梁，为社会的和谐发展提供动力，是少儿图书馆义不容辞的责任。少儿图书馆要以培养少年儿童的阅读兴趣和良好的阅读习惯为己任，发挥自身的教育功能，培养更多的优秀少年儿童，为祖国的建设发展，社会的和谐稳定做出应有的贡献。

第十节　基于情感体验的少儿图书馆阅读推广模式

随着少儿图书馆阅读推广活动力度的逐步增强，如何通过更为人性化、情感化、人文化的环节设计，来促进阅读推广活动发展，进而全方位提升少儿阅读能力，已成为目前阅读推广活动实践的热点。近年来，受义务教育语文课程中情景阅读教学实践的启发，不少公共图书馆创新性地开展了基于情感体验的少儿阅读推广活动，并积累了有益的经验，但存在着环节设计不够紧密、主流社会情感价值观不够突出、对少儿吸引力不足等问题。因此，有必要对情感体验的内涵、作用以及当前少儿情感体验阅读推广活动主要模式进行总结梳理，探索促进少儿情感体验阅读推广模式。

一、情感体验的内涵

（一）情感体验的基本概念

情感体验可以看作是个体在自发融入某种环境或亲身经历特定事件的过程中，有序地将外界信息纳入自身的知识框架，并通过不断反复的思考而产生情感方面的共鸣，从而获得有别于平常心态的体验。情感体验是逐步将外界感官事物转化成为个体主观感知与心理波动的过程。在这一过程当中，个体不仅能实现自身知识框架的发展与重塑，而且情感认知与表达的范围也得到了极大的拓展。情感体验来源于生活，又高于生活。不同于日常生活当中感性认知的反复叠加，情感认知更强调于个人身心的发展，它是人类复杂感情的综合化体现。结合阅读推广的过程来看，基于情感体验的少儿阅读推广活动就是通过鼓励少年儿童亲自参与阅读推广活动中的某一情境、环境以及实践过程，由此来获得情感的变化，并促使其情感向积极方向升华的一种阅读推广模式。有效促进少儿情感的变化是此类阅读推广模式实施的前提和基础。在情感变化的基础上，该种模式还要通过自主体验、语言引导、环境渗透、行为互动、情景模拟等多种方式，来帮助实现对情感的正确认知，并通过不断的反思和实践，逐步形成从情感领悟到阅读行为表达的良性阅读行为方式，由此来促进阅读推广目标的实现。

（二）情感体验的层次与设计

美国心理学会依据人体大脑的响应机制，提出了人体情感体验的三大层次，即本能层次、行为层次以及反思层次。其中，本能层次的情感体验主要来自人体器官对外界信息的感知，并在此基础之上，由大脑产生最为直观的感受；行为层次的情感体验主要是指人体在产生直观感受后的行为反应，如表情、心理波动以及肢体动作等，行为层次的情感体验与本能层次的情感体验密切相连，不同人之间两者的差距并不明显；反思层次的情感体验主要由个体的知识框架结构和认知水平所决定，具备不同知识框架结构或不同层次认知水平的个体，在产生行为层次的情感体验后，往往会出现明显差异化的反思层次的情感体验。

情感体验设计的目的在于通过环境的改变或实践行为的引导，使个体在不同层次获得良好的情感体验，并使其行为方式逐步达到预设的目标。针对不同层次，情感体验设计的方向和内容也有很大的区别：本能层次情感体验设计的关键在于能否通过环境当中色彩、造型、结构以及材质等内容来有效触发个人的感觉器官；行为层次情感体验设计的关键在于能否将设计的内容与个体情感表达的需求相匹配，并充分挖掘个体的潜在情感需求；行为层次情感体验设计的关键在于设计的内容能否使个体的理性认识和情感感知范围得到拓展，并使个体获得有别于日常生活的情感升华。

二、情感体验对少儿阅读推广工作的影响

（一）情感体验有利于少儿身心健康的发展

少年儿童正处于身心发展的可塑期，难免受不良环境的影响，部分少儿往往需要及

时进行引导和帮助，才能消除困扰其身心健康发展的不良因素，促使其形成正确的世界观、人生观以及价值观。少儿图书馆在阅读推广过程中，如果能够巧妙地融入情感体验的设计内容，不仅可以使少儿读者体会到快乐、喜悦、温馨的心理感受，而且有助于引导少儿读者进一步形成阅读的兴趣爱好，消除不良心理因素的干扰，从而打开一道促进其身心健康发展的大门。

（二）情感体验有助于引导少儿形成正确的阅读行为方式

通常情况下，差异化的情感体验会诱发个体对自身所处环境产生改变的动力。尤其是美好的情感体验会更加推动个体对身边的事物形成积极向上的理解和认识，并将这种理解和认识逐步转化成为正确的行为方式。目前少儿图书馆所开展的基于情感体验的阅读推广活动，大部分源自富含正能量的阅读文本内容，而这些正能量的阅读内容可以有效唤起少儿读者对于美好生活的向往和追求，从而间接加深他们对于深阅读行为方式的认知和认可。如果长期坚持参加情感体验模式下的少儿阅读推广活动，则有助于将少儿读者积极的情感感知逐步转化成为正确阅读行为方式养成的动力，使其更加倾向于通过阅读获得良好的情感体验与收获，远离低级趣味和浮躁的阅读行为方式。

（三）情感体验有助于拓展阅读的推广效应

群体心理学研究发现，人的情感往往具有一定范围内的渲染力，即个人情感的表达能够有效地将情感所富含的信息内容传递给他人，引起与他人情感的共鸣，并促使他人的行为发生改变。这就意味着，在基于情感体验的少儿阅读推广活动中，当某一少儿或少儿团体通过阅读获得良好的情感体验并以有效的方式进行表达之后，这些通过阅读而体现的积极情感体验信息就会在群体中扩散，从而引发周围少儿对于其所阅读信息的向往和兴趣，并有可能采取相同的阅读方式尝试体验这些积极的情感内容，阅读推广的正向传播效应也由此而进一步拓展。

三、阅读推广活动中少儿情景体验的基本模式

当前，在各少儿图书馆阅读推广活动中，少儿情景体验的模式大致可以分为三种类型，即多媒体引导模式、互动交流模式以及自主场景设计模式。这三种模式并非相互平行的模式，少儿阅读推广馆员在活动组织过程中，可以依据阅读推广活动的实际情况，以年龄适应性为基本原则，参考和借鉴这三种模式中的部分环节，实现不同模式之间的相互交叉，从而推动阅读推广活动的创新。

（一）多媒体引导模式

多媒体引导模式主要适用于年龄较小的幼儿或者低年级儿童，对应的学龄阶段为学前教育儿童以及小学一至二年级学生。多媒体引导模式的特点在于通过生动形象的图片、音乐以及视频等多媒体内容，使少儿更加直观地产生情感的认知，并充分激发和培养少儿的想象力。该种模式采用的阅读文本类型通常为绘本，原因在于绘本图文并茂，更有助于少儿通过图片来产生正确的情感认知。馆员在组织阅读推广活动过程中，可以先按照“以图为主、随机认读”的阅读方法，引导少儿进行阅读，随后通过播放与绘本内容相关的音乐、视频等多媒体内容，帮助少儿产生更为直观的视觉体验以及情感认知，并提高少儿对阅读的兴趣。

（二）互动交流模式

从实践来看，互动交流模式通常适用于具有一定阅读能力且年龄偏小的少年儿童，以小学三、四年级学生为宜。互动交流模式可以分为三个阶段：第一阶段，主要由阅读推广馆员来对阅读文本进行详细解析，从而使少儿对阅读产生直观的认知，这是帮助其挖掘和体验阅读文本中所蕴含的情感思想的基础；第二阶段，由少儿依据自身的理解来进行阅读情感体验的表达，表达的过程可以有多种形式，如馆员与少儿的相互提问、少儿声情并茂的朗诵以及现场写作等，重点在于让少儿积极主动地进行情感的表达；第三阶段，由阅读推广馆员对少儿的情感表达进行点评，对于情感认知正确且表达方式出色的少儿进行鼓励，对于情感认知有所偏差的少儿及时进行纠正，对于情感认知正确但表达方式欠缺的少儿进行个性化辅导或情感表达设计。

（三）自主场景设计模式

自主场景设计模式适用于具有较强阅读理解能力且具备一定创新实践能力的少儿群体，对应的学龄阶段为小学五、六年级学生。自主场景模式能充分地给予少儿多元化情感表达的机会。少儿在对阅读文本形成正确理解的基础上，可以通过话剧、小品、朗诵以及视频制作等多种形式来进行自身情感的表达。在情感顺利表达的同时，还可以通过自身的演绎来获取更为丰富的情感体验。自主场景设计模式往往需要一定的时间阶段才能展示其阅读推广的独特效果。从组织流程来看，主要分为五个阶段：第一阶段，在少儿完成文本阅读的基础上，由馆员进行分组；第二阶段，每个小组提出自己的自主场景设计方案，并与馆员沟通对接如何实施；第三阶段，由少儿图书馆确定演绎时间、地点，并提供相应的演绎道具设备；第四阶段，小组根据设计方案进行情感演绎展示；第五阶段，由少儿图书馆组织专门评委进行现场评价和场后指导。

四、促进少儿情感体验的阅读推广发展策略

（一）注重情境渲染的设计，拓展少儿情感体验渠道

图书馆任何一项阅读推广活动都必须以严谨科学的环节设计作为基础。只有精心地对活动的不同环节进行打造，才能保障阅读推广活动目标的实现，尤其是馆员关于具体的活动环节的安排设计将会极大地影响少年儿童情感体验的效果。然而从现实情况来看，大部分少儿情感体验阅读推广过分重视情感信息的传递与服务对象情感的表达，而忽略了对实践过程中情感渲染环节的设计与实施。渲染环节的设计与实践展示就像是阅读的催化剂，精彩的渲染环节设计能够抓住少年儿童的阅读心理，使其阅读的热情高涨。同时，渲染环节的设计还能够有效引导少儿阅读的整体情感基调，保障情感信息的传递到位。

（二）强化阅读文本的筛选，体现阅读内容的适应性

从当前少儿阅读推广活动的实践来看，阅读文本内容的筛选必须坚持以下两方面原则：一是正确价值观原则。开展少儿情感体验阅读推广活动的本质目标在于，通过培养少儿积极向上的情感来促使其形成正确的阅读行为和阅读习惯。因此，必须保障少儿在活动中阅读的文本内容符合当下社会的主流价值观，能激发其积极向上的情感。然而现实中，一些少儿图书馆所组织的阅读推广活动为了体现其创新性，盲目地选用欧、美、日等国家的读物，这些读物虽然在上述国家中很流行，但却与我国社会的主流价值观相冲突，很容易诱发少儿产生不良的情感体验，从而偏离少儿情感体验阅读推广活动的本质目标。二是年龄适应性原则。不同年龄阶段的少儿阅读理解能力、情感体验能力以及情感表达能力差别很大。例如，绘本读物适合于幼儿阅读，但如果将绘本阅读作为情感体验阅读推广活动中高年级小学生的读物，则会使大部分高年级小学生觉得活动幼稚无趣。因此，只有选对了读物，才能保证阅读推广活动的效果。

（三）建立和谐阅读服务环境，促进情感互动交流

少儿情感体验阅读推广活动的目标在于实现少儿在心灵上的升华与情感表达能力的提升。因此，活动在促进情感交流与互动的同时，还要注重活动整体服务环境的营造，为少儿提供一个更加和谐、舒畅的阅读区域，从而降低不良因素可能产生的负面影响，促使少儿与少儿之间、少儿与馆员之间的沟通更为深入。在沟通与感情交流环节，应当提前说明交流沟通的基本原则和流程，从而保障情感表达的有效性与有序性。尤其是在馆员与少儿沟通的过程中，馆员要以积极、耐心、平和、平等的心态，充分尊重少儿的真实情感表露，对于其中的良好思想给予鼓励，对于不良的思想倾向要以温和的态度及

时给予纠正。同时，还应当积极鼓励少儿敢于在活动中自发自觉地表露自己的真实感受，并引导少儿在与他人进行感情互动的过程中养成文明礼貌、热情互助的沟通习惯。

（四）建立健全评价体系，保障活动切实可行

目前，国内大部分少儿图书馆还未充分构建专属于少儿情感体验阅读推广活动的评价体系。少儿情感体验阅读推广活动作为一项具有群体影响力的阅读推广模式，必须对活动方案科学设计，保障该模式实施和操作的可靠性。结合当前实践情况，有必要建立健全少儿情感体验阅读推广活动评价体系，着重解决以下三个主要问题：一是注重评价指标的全面性，评价指标既要囊括阅读推广活动的基本框架，又可以覆盖活动不同环节的关键考核点；二是要注重评价指标的科学性，评价指标的设定并非为机械的评价而设定，应当根据活动的主旨方向和基本特征，分门别类地设定评价指标，并建立评价指标“动态调整”机制；三是要注重评价委员会结构的合理性，少儿情感体验阅读推广活动通常涉及教育学、心理学、语言学等多个学科领域，因此必须要保障相关学科专家的共同参与，从而保障评价结果的客观性和真实性。

当前，国内少儿图书馆情感体验阅读推广活动仍处于探索阶段，现有的活动模式还存在很多问题，需要逐步进行深化和完善。展望未来，如何融入更多的创新性元素以促进少儿情感体验阅读推广活动的发展，从而为少儿营造更为良好的阅读环境，有待少儿图书馆与全社会的通力合作。

第十一节　少儿图书馆人阅读素养的培养和提升

无论是个人的发展还是民族的进步，都与阅读素养息息相关、紧密联系。阅读素养是一个国家发展和进步必不可少的精神力量，阅读素养在提升国家文化软实力，增强国家社会竞争力，提升国民综合素质，实现中华民族伟大复兴的中国梦都发挥着重要作用。

一、阅读素养内涵解读

（一）阅读素养概念

“素养”是一种能力，是一种由训练和实践获得的道德修养。在与素养相关的理论架构体系中，阅读是不可或缺的核心部分。对于为未成年提供服务的图书馆人来说，阅读素养的培养与提升显得尤为重要。阅读素养不仅仅局限于学科范围的素养，更注重的是阅读的目的和情趣提高，是将阅读融入人们日常生活的各个层面，并享受阅读带来的快乐感、幸福感。

（二）少儿图书馆人阅读素养认知

在全世界都在关注未成年人阅读的今天，图书馆的专业馆员也要不断的反思和重新审视自身的责任和使命。阅读推广人要不断提升自身的阅读素养，积极探索、寻求、研究未成年读者的阅读行为和阅读动机，依据他们成长规律的诉求，让广大的未成年读者充分享有和获取感兴趣读物的权利，通过为他们提供丰富的阅读资源，从而建立起未成年人健康的、可持续的阅读热情。

二、少儿图书馆人阅读素养的培养

（一）政治素养

对于图书馆工作人员来说，读者是图书馆从业人员直接面对和接触的对象，为读者服务是图书馆人的终极使命。图书馆工作者要做到一切工作与国家的大政方针保持一致，要有高度的政治敏锐性，坚定理想信念，坚守精神追求，要时刻明确工作目标，树立正确的工作意识，有效地提高工作状态和服务质量。

（二）道德素养

图书馆人良好的道德素养是衡量图书馆服务质量和服务水平的重要标准之一。少儿图书馆作为未成年人知识传播的关键纽带，工作者道德素养的提高直接关乎未成年人的心理健康。

道德素养是敬业精神和合作精神的总和。“爱岗敬业”是每位图书馆工作者都应该持有的工作态度。现如今，有些人认为图书馆工作乏味枯燥，缺少挑战性，一成不变的生活没有意义。然而图书馆工作者是为人民群众服务的，帮助读者在读书中享受乐趣又何尝不是更有意义的事情。每个人无论从事任何职业，都该热爱自己的本职工作，只有真心真意的投入，才会在工作中体会快乐，才能让焦躁的情绪烟消云散。专家说：“当人的身心在百分百的放松状态下，智力会百分百的上升。”因此，静下心来投入到图书馆细致的工作中，为未成年人提供更为优质的服务，享受过程，让工作步入更高的台阶。

“乐于合作”也是道德素养的一个关键点。少儿图书馆工作者是个特殊的职业，每天需要面对成百上千甚至上万的青少年读者，未成年人有其自身的特点，怎样在交流、交谈中做到相互合作，相互配合是非常重要的。这就需要少儿图书馆工作者的言谈举止需得当，当有未成年人咨询时需要站到对方的角度考虑问题，以适合对方能够理解的语言回答，了解未成年人的心理及想法，及时帮助未成年人解决，使未成年人身心健康发展，充分发挥少儿图书馆馆员的教育职能。

（三）信息素养

信息素养是多角度、多层次的。实际上信息素养是一种理解能力。可以将它定义为根据个人岗位不同需要，获取工作所需的知识和技能，从而更好地为读者服务。

在现实工作中，不同岗位的图书馆人，信息素养的表现能力的方式也是不同的。比如在窗口服务部门岗位，工作者需为读者提供快速、便捷的查找咨询服务，力求为每一位未成年读者找到自己喜欢的图书。要善于、勤于与未成年人沟通，及时将未成年人对书的要求做汇总，反馈到采选部门，采选部门按照小读者的诉求采选。

图书馆人要具有信息素养，需不断地学习和接受专业知识教育，第一时间补充新知识、获取新信息、掌握新技能，不断完善自己，这样才能适应当下更新变化的新趋势，才能更好、更快的为未成年读者提供准确的知识与信息。

（四）业务素养

1. 精湛的专业知识

图书馆是文献的信息机构，图书馆工作者则是收集、整理、加工和传递文献信息的导航员，需在庞大的信息中筛选出对读者有用的资源，杜绝不健康的报刊、书籍等。这些就要求图书馆工作者需具备强大精湛的专业知识，不同部门分工不同，业务不同。如信息网络部门的工作人员需拥有计算机、数据库、网络方面的知识和技能，懂得修改图书馆联机目录，如何利用远程检索图书目录等等。古人云："工欲善其事，必先利其器"。图书馆工作者即是知识的传导者，又是知识的受众者。要想充当好"信息导航员"角色，必须具备精湛的专业知识和技能，才能提高自己的业务素养。

2. 高涨的服务热情

图书馆的流通部门是直接面对读者的，特别是少儿图书馆，它是直接面对幼儿、少儿、少年的。服务质量的好坏直接体现图书馆的理念。服务热情是否高涨直接影响读者的阅读热情。是否能及时满足未成年人对知识的渴望及需求，也代表着图书馆工作人员的精神面貌、文化修养及藏书质量等。尊重自己工作岗位，认真对待读者的咨询并第一时间给予答复，对读者的合理需求及时做出合理解释，让读者在图书馆感受到"家"的温馨，信任与被信任者零距离亲密接触将产生更加高涨的服务热情。

3. 创新的学习精神

"学习"是图书馆人一生的事业追求。要想提高自己的综合素质及业务能力，学习需贯穿始终。当今社会是快餐时代，知识更新速度快、信息传播范围广，需要学习掌握的业务技能层出不穷，那么创新的学习精神则会激发图书馆人向上前进的动力。所谓“创新”是利用现有的思维方法获取出别于常规或者别于常人的看法和观点，在特定的环境中，革新或创建出新的事物，新的方法、新的模式。将创新用于学习，颠覆循规蹈矩的老学习方法，新内容新对待，实践先于理论，将创新的学习精神延续下去是图书馆工作者业务素养之一。

4. 娴熟的服务技能

图书馆的宗旨就是“读者第一，服务至上”，要做好读者服务工作，在掌握相关的图书馆专业知识的同时，还需掌握服务读者的技能。服务技能大体包括：语言服务和知识服务。

语言服务是指工作者应用通俗易懂的语言与读者沟通，特别是工作在少儿图书馆的工作人员，因为服务对象都是未成年人，所以语言组织上要不断变化，对3—6岁的小读者，语言需细腻生动、语速要缓慢、表情丰富、句式简单明了，需考虑到小读者的理解程度和理解能力；对于7—15岁的小读者，即已经上学的读者，要尽量减少工作中使用专业术语，切记说话啰唆、东拉西扯，交谈中抓住小读者的需求，服务态度要端正礼貌，减少小读者在陌生环境下的不适应，帮助小读者快速了解图书馆的情况。

知识服务即图书馆工作人员应不断的努力学习提高自己，需要掌握广博的知识和专业技能，用知识服务于读者。对于少儿图书馆的工作者，读者是未成年人，小读者的年龄不同，认知不同，需求也就不同。还没接触过拼音的小读者，在选书时工作者就应侧重选绘本类的图书；对于刚接触拼音，识字量较少的小读者，工作人员需选一些简单易懂，以图为主，以字为辅的读物；对于识字量没有障碍的读者，工作人员就可以选些名著、传记之类的读物。图书馆的工作者需了解本馆的馆藏状态及新书动态，耐心细致地向小读者们宣传及讲解。同时馆员对于来馆的小读者应登记并建立读者资料库，可以全面掌握小读者的年龄、爱好等，通过汇总分析后反馈到相应部门，方便采购图书时使用。

三、少儿图书馆人阅读素养的提升

（一）提高业务指导和表达能力，学会转变工作视角

1. 提升教学指导经验

“教学指导”字面含义是在教育者细致指导下，按规定程序进行学习。图书馆表面上是藏书基地，实际上担负着社会教育的职能。间接地说图书馆人也应承担相应的社会

教育责任。博览群书是获得知识的重要途径，辅导少儿读者爱上阅读，将阅读融入生活，是图书馆人工作的长期目标。掌握一定的教学指导经验是必不可少的。可根据小读者的阅读爱好，推荐相应的书籍，还可根据少年儿童的心理特征，开展相应的读者活动，可以将寓言故事搬上舞台，由小读者们自己选取角色，参与表演。还可定期举办大型读书活动、读书交流会，找专家开设家长心理辅导讨论，让家长走进图书馆等等。

2.增强口头表达能力

口头表达能力是日常工作中，人们最常用的人与人交流的一种能力。少儿图书馆馆员直接面对未成年人，少儿读者年龄不同，理解力不同，较强的口头达能力会让小读者快速领会意思，也是妥善处理好读者与工作人员之间的关系的重要技能。

3.用“孩子的眼光”看世界

作为一名图书馆工作者，需学会用“孩子的眼光”看待问题、解决问题、思考问题。与小读者亲密接触时需蹲下成人高大的身体，与小读者平视、目光聚焦，只有这样才能更好地了解小读者的心理发展过程，才会更加读懂小读者的想法，然后以心平气和的语气，通俗易懂的语言解决小读者的烦恼。从图书馆的外部环境上也需具备儿童气息，开放式的阅览区与外借区都应随处可见蝴蝶、音符、绿树等充满希望的图案，再将绿化盆栽点缀其中，将色彩鲜艳的各类绘本童书摆放在一排排的书架上，使小读者每次都可以在身心愉悦的环境中畅游在图书的海洋里。

（二）建立完善培训教育和考核机制

1.强化培训教育

阅读素养的提升与完善的培训教育密不可分。合理、适当的培训教育将有效提升图书馆人的阅读素养。培训可分为馆内培训及馆外培训。馆内培训包括礼仪培训、道德培训、儿童心理学培训、阅读推广培训等。培训方式可通过聘请社会或学校专业人士，理论与实践相结合的传授方式定期培训。定期培训的优势在于帮助图书馆人以最快的速度将学到的内容应用于工作中，从而有效的辅导未成年人阅读，提升服务质量。馆外培训即参加国内、省内本系统定期举办的培训班，培训的内容涉及比较广泛，学到的知识点和知识面非常多，能够了解当前图书馆的发展情况及实际工作中应需注意的问题。

2.健全考核机制

合理、科学的考核机制是培训教育成功与否的重要标志。应针对每次培训教育制定合理的考核制度，可以通过笔试、口试、计算机操作、馆员间互动等考评手段，以此鼓励馆员积极上进的学习热情。对于未通过考核的馆员可以多给一些勉励机会。同时对于馆员所在岗位也需考核，考核内容应与其岗位职责相符合，这是检验馆员是否符合本岗位工作的重要标准。通过科学的考核机制可以激发馆员努力钻研业务，热爱本职工作，了解岗位工作要求和职责。

第四章

少儿图书馆实践研究

DISIZHANG SHAOER TUSHUGUAN SHIJIAN YANJIU

第一节　少儿图书馆服务模式和空间优化研究

少年儿童的成长教育是全社会的共同责任，少年儿童教育的好坏，关系着中国未来的发展。少年儿童教育涵盖家庭教育、学校教育和社会教育，少儿图书馆作为少年儿童社会教育的重要组成部分，在少年儿童成长、成才过程中发挥中必不可少的重要作用。少儿图书馆应基于用户需求，主动谋求创新，以彰显图书馆的服务价值，发挥其社会教育职能。

一、少儿图书馆服务模式优化

众所周知，如今少年儿童的课余时间非常宝贵，各种兴趣班、辅导班已经占据了他们大部分的课余时间，如何创新少儿图书馆的服务模式，吸引广大少年儿童利用宝贵的课余时间进入图书馆、利用图书馆，是少儿图书馆必须思考的问题。少儿图书馆要根据幼儿、儿童、少年这三个年龄阶段用户的年龄特征和用户需求，整合本馆各种资源，开展读书活动、阅读指导、才艺展示、社交礼仪等多种多样的、满足用户需求的图书馆活动，增强活动的趣味性，提高活动的吸引力。

（一）开展丰富的读书活动

书籍是图书馆最丰富的资源，开展丰富多彩的读书活动是图书馆最基础也是最传统的活动。然而传统的读书活动比较单调乏味，已经难以吸引广大少年儿童积极参与，因此不断创新读书活动的方式方法成为办好少儿图书馆读书活动的关键所在。首先要加大宣传力度，在互联网 2.0 时代，图书馆可以利用微信、微博、QQ 群等多种形式积极宣传图书馆的读书活动，吸引更多的用户积极参与。其次，合理选择活动时间，图书馆可以利用清明节、端午节、中秋节、元宵节等传统节假日开展经典美文诵读等读书活动，将读书与传统节日有机结合，提高读书活动的积极意义。最后，丰富读书活动的形式，少儿图书馆可以创新读书活动的形式，开展亲子绘本制作、绘本故事讲述等形式多样的读书活动，增强活动的趣味性。

（二）提供少儿影院服务

随着我国电影事业的发展，专门面向少年儿童的电影数量和质量也逐年增多。喜羊羊与灰太狼、熊出没等大电影已经成为广大少年儿童无法拒绝的电影大餐。电影不仅具有娱乐性，还具有一定的教育意义。开辟专门的电影放映室，在节假日或者周末时间提供适合少年儿童观看的、具有教育意义的电影给广大少年儿童用户观看，也是图书馆顺应时代发展、满足用户需求的创新之举。目前我国已有少数少儿图书馆开展了此项服务，受到了广大少年儿童用户的一致好评。

（三）采用一定的激励机制

少儿图书馆要根据少年儿童的年龄特点，采用激励机制等手段，提高他们参与图书馆活动的热情和积极性，激发他们的阅读兴趣。例如，美国一些少儿图书馆就推出了这样的阅读奖励计划，将图书馆的书按照难易程度划分等级，赋予不同等级的书本一定的积分，针对每本书，都设有一张电脑答题卡，读者完成阅读后通过电脑答题便可获取一定的积分，积分累计到一定程度便可获取相应等级的奖品。我国少儿图书馆也可以学习美国少儿图书馆的先进经验，通过多种方式激励广大少年儿童用户，提高他们的参与积极性。

二、少儿图书馆空间设计优化

图书馆作为重要的第三空间，其功能和作用已经不仅仅局限于提供书籍供用户阅读这么简单，图书馆还承担了休闲、娱乐等更多功能。少儿图书馆要根据自身的独特定位和用户的多样需求，设置多个功能空间，建立富有特色的空间布局，不断创新服务空间，为广大少年儿童用户提供更加丰富多彩的空间享受。具体来说可以从打造少儿阅读的多彩空间、创造灵活多变的空间布局和建立富有特色的服务空间三个方面入手，不断优化少儿图书馆的空间设计。

（一）打造少儿阅读的多彩空间

少年儿童认知的第一步就是对色彩的感知，对色彩的喜爱往往会影响少年儿童对事物本身的喜爱，因此如果少儿图书馆色彩运用得当，将极大地吸引广大少年儿童的兴趣，提高他们对于少儿图书馆的喜爱程度。打造少儿阅读的多彩空间，就要求少儿图书馆要在整体设计和局部细节等多个方面都要注重色彩设计，不管是墙体颜色，还是家具选择，都要采用丰富的颜色体系，形成强烈的视觉冲击，增加少儿图书馆的活力和趣味，提高广大少年儿童用户的积极性和参与性。除了明亮的色彩设计，营造绚丽多彩的阅读空间之外，图书馆还应该融入更多生动有趣的元素，例如卡通动漫人物、大自然的花花草草、海底世界等丰富多彩的元素，让进入少儿图书馆的用户对图书馆空间有种天然的喜爱，而不是排斥。在设计过程中，要注意研究少年儿童的心理，尊重用户的需求，从少年儿童的视角进行设计，才能真正吸引他们，提高他们的到馆兴趣和积极性。

（二）创造灵活多变的空间布局

根据少儿图书馆的功能分区，可以将少儿图书馆的空间划分为几个不同的区域，这些区域的划分可以通过设计技巧、家具以及软饰等方式进行。同时，这些区域也不应该是一成不变的，而是可以根据用户使用需求及图书馆规划的调整而调整。①可以利用空间软饰、颜色区分、透明化隔断等划分不同的功能区域。②可以在阅读空间区域设置一定的软活动区域，如可以随便涂鸦的白板、玩偶、小型迷宫等等，寓教于乐，在游戏中阅读，在阅读中游戏，使孩子不知不觉爱上阅读。③灵活使用图书馆家具。图书馆家具的摆放不是一成不变的，而是灵活多变的。少年儿童用户可以根据自己的喜好，选择躺在沙发上看书、坐在凳子上看书，还是倚在柜子旁看书。同时，这些家具的位置应该也是可以在一定范围内灵活变动的，可以根据图书馆不同活动的需要进行调整，以实现最大化利用。

（三）建立富有特色的服务空间

少儿图书馆要根据少年儿童用户的需要建立富有特色的服务空间，例如可以建立亲子活动室、少儿心理服务室、少儿游戏室、少儿影院等。以亲子阅读室为例，少儿图书馆可以为亲子阅读提供一定空间，挑选适合亲子阅读的绘本等图书，鼓励家长与孩子共同阅读，让家长与孩子在阅读中增加沟通交流，在阅读中拉近彼此的距离，为家长和孩子提供一种不同于家庭生活的相处方式。少儿游戏室就是将游戏与学习相结合，让少年儿童用户在游戏中阅读、在游戏中学习、在游戏中成长提高。这种富于特色的服务空间需要耗费图书馆更多的人力、财力和物力，会在无形中增加图书馆员的工作量，但是这种形式符合广大少年儿童的年龄特点和用户需求，需要图书馆有效平衡这两者之间的关系，不断提高图书馆的服务质量和服务水平。

少年儿童的成长需要依靠全社会的共同努力，通过家庭教育、学校教育和社会教育力量的集结，发展少年儿童教育，引导少年儿童的健康成长是当前我国奉行的少年儿童教育方针之一。少儿图书馆是社会文化教育的有机组成部分，是少年儿童社会教育的重要阵地，国外发达国家公共图书馆非常重视少年儿童教育和服务，无论是馆舍建设还是服务水平均处领先地位，他们的服务理念、意识和服务手段为我国少儿图书馆开展少年儿童服务和教育带来有益参考。国内图书馆人必须在学习和借鉴的基础上，与时俱进开展服务创新，才能不断提高少儿图书馆的服务水平，发挥图书馆的社会价值。

第二节　少儿图书馆总分馆建设研究

一、总分馆建设现状

中国公共图书馆现行的是分级财政基础上的多层管理体制和多元建设主体，长期以来形成了“一级政府建设并管理一个图书馆”的基本格局，直至2000年，才开始探索总分馆制建设。上海、深圳等一线城市的图书馆开始提出“上海市中心图书馆”工程建设、“图书馆之城”建设等。在国内地区总分馆建设模式研究方面，金武刚从设施建设、资源保障、服务提供和运营管理方面对县域公共图书馆总分馆制的构建与实现进行了论述。还有学者对广州、哈尔滨、苏州、嘉兴、厦门等公共图书馆的总分馆制实施路径进行研究。在公共图书馆总分馆体系的资源整合研究方面，倪晓建对国内外公共图书馆总分馆资源整合模式进行比较，分析了不同总分馆资源整合模式的优劣，提出在中国制度环境和政策环境下改进总分馆资源整合模式的建议。以如皋为例，基层图书馆的总分馆建设始于2010年，经过三年的努力，全市、镇、村（社区）建成互借互通的图书馆总分馆体系。在少儿图书馆总分馆建设方面，大连少儿图书馆采用了“协议合作型分馆模式”，按照“规范标示、集中管理、统一平台、资源共享”的总体要求，总馆为分馆免费提供服务，保障总分馆读者的阅读服务。总分馆建设为基层基本公共文化服务标准化、均等化提供了保障。

二、如皋市少儿馆概述

为推动如皋文化建设再上新台阶，进一步提升书香城市建设，如皋市委市政府在高标准规划建设文化广场、初步建成公共文化服务体系基础上，2013年5月，如皋市少年儿童图书馆试运行，2014年2月，正式对外免费开放。少儿图书馆位于市中心繁华地段，总面积6500平方米，投资400余万元。现有图书11万余册，少儿图书馆一楼设有总服务台，二楼设有低幼儿阅览室、亲子活动室，三楼设有少儿图书借阅室、儿童影院，四楼设有电子阅览室、少儿自习室、视频播放室，五楼设有少儿辅导培训中心、少儿图书采编室、乒乓球室等。如皋市少儿图书馆内配有完备的服务设施，如图书自助借还系统、少儿电子点读机等，图书借还采用一卡通系统记录读者信息，实现了藏、借、阅、咨询、管理一体化服务。

三、如皋市少儿馆总分馆建设模式

2013 年，如皋市全面启动县、镇、村三级图书馆总分馆建设体系。如皋市少儿图书馆在提升自身阵地建设的同时，积极规划筹备少儿图书馆分馆建设。在实地走访、研究分析后，市少儿图书馆在全市幼儿园、中小学尤其是资源薄弱的偏远镇村建立少儿图书馆分馆或图书流动点。截至目前，全市共有少儿图书馆分馆 8 家。其中，如皋市高等师范附属小学分馆大胆创新探索的实践，开创了如皋市少儿图书馆分馆建设的先例，在整个江苏省内也属于首家开放式的少儿图书馆分馆。如皋市少儿图书馆在分馆建设中大胆创新、利用志愿者力量克服了总分馆建设中的一个个难题。

（一）思想“破冰”，不断提升总分馆建设的“水位”

全民阅读、书香城市建设，难点在全民参与，重点在未成年人的阅读。如皋市少儿图书馆以推动全市书香城市建设、书香校园建设为宗旨，全面开启少儿图书馆分馆建设。在幼儿园、中小学建立少儿图书馆分馆，场地选择是难点。2014 年，该馆在师范附属小学选址时就遇到了难题，学校教室紧张，没有较大的空间提供藏书、借阅、开展活动等。在实地考察几次后，以从小培养孩子的诚信、自律为切入点，结合诚信教育基地建设，从在图书馆借书、还书这一小事做起，为孩子培养诚信、自律的习惯种下种子，该馆大胆提出在学校的风雨广场建立开放式的附小分馆。进过精心筹划和准备，2015 年 4 月 23 日，在“全民阅读日”活动中，如皋师范学校附属小学分馆正式开馆，并举办了规模较大的全校师生的阅读活动。

（二）举措扎实，不断夯实总分馆建设的基石

图书馆分馆建设重在阵地建设，如皋师范学校附属小学分馆，建筑面积达 1000 平方米以上。开馆之初，配送图书 9000 多册，其中优秀绘本 800 多册，安装了 2 台自助借阅机，和总馆实现通借通还，并为全校 5000 多师生免费办理了图书借阅证。到目前为止，附属小学分馆共有图书 1.3 万多册。在建设分馆过程中，我们秉承因地制宜、因人制宜的方式，先后在市、镇、村三级幼儿园建立了多家分馆或流动借阅点。如安定幼儿园分馆、下原中心幼儿园分馆、健康幼儿园分馆等。馆藏资源种类、数量、质量、结构、更新频率等能否满足儿童的阅读需求，是少儿图书馆阅读推广目标能否实现的前提条件。给幼儿园

分馆配送的图书，以绘本书为主，包括适合 4~7 岁孩子看的各类绘本；在幼儿园建立图书流动点，以辅助老师教学为主，分主题为其配送图书，如以四季为主题的绘本、以节日为主题的绘本、以学校现阶段的学习内容相结合的绘本等。在中小学建立的分馆，主要以适合各年级学生阅读的书籍为主，并精心挑选国际安徒生奖作品《草房子》《我没生病》《长袜子皮皮》等，文津图书奖《给孩子讲量子力学》《写给儿童的中国历史》等，包括全国优秀儿童文学作品，如：如皋作家郭姜燕老师的《布罗镇的邮递员》《南寨有溪流》《老师也曾是孩子》等，如皋籍作家黄蓓佳的《童眸》等。给孩子选好书，让孩子读好书，培养孩子好读书的习惯是我们少儿图书馆矢志不渝的追求。

（三）活动精良，不断打造总分馆阅读模式的品牌

开展丰富精良的阅读活动是图书馆宣传阅读推广活动、扩大社会影响力的有效途径。在少儿图书馆总分馆阵地建设网络逐步铺成的阶段，充分发挥图书的作用，开展丰富精良的阅读活动是我们建设总分馆制的出发点和落脚点。近几年，市少儿图书馆总馆与分馆联合同步开展各类阅读活动，实施 1+X 阅读推广模式，比较有影响力的活动有：亲子朗读声音档案大征集、“中国梦雉水情”书画比赛、亲子课堂之小小科学家、亲子故事会、“红领巾”征文、“我爱读书我会读书”亲子大课堂、绘本故事表演等。不少幼儿园分馆每周开展活动，即每周轮流有班级在分馆举办阅读活动，或是分馆的图书在班级中轮流阅读。这些阅读活动，营造了孩子的阅读氛围，培养了孩子的阅读习惯，开启了幼儿终生阅读的大门。大力开展总分馆阅读活动，或分馆举办各类阅读活动，有利于推动书香校园建设，有利于推动书香城市建设向全社会覆盖。

（四）管理创新，不断提升总分馆建设的效能

在中小学、幼儿园建设图书馆分馆，不像在镇综合文化站建设图书馆分馆，有专门或兼职图书馆管理员。我们在建设少儿图书馆分馆之初就遇到了一个瓶颈，就是分馆建好了谁来维护日常管理的问题，少儿图书馆人员相对偏少，不可能派专职人员在各个分馆，学校为维护分馆的日常管理专门招聘人员也不现实，基于这个难题，我们集思广益，最后决定成立志愿者组织，由志愿者负责学校分馆的日常管理。志愿者由学生家长、老师和学生组成，他们统一由总馆的业务人员进行培训、指导。平时遇到问题，随时可以电话或微信联系总馆的业务人员，给予指导。在图书采编和流转上，全部由市少儿图书馆总馆负责，总馆配送的图书都是已采编的图书。为提高图书的利用率和流通率，总馆定期更换、配送各分馆的图书。目前，这一管理模式成了各分馆相序采用的管理模式。2015 年，市附小分馆开馆之际，如皋市少儿图书馆总分馆模式被省图书馆专家称为创新

"馆校对接"模式。

2017年，文化部、国家新闻出版广电总局、国家体育总局、国家发展和改革委员会、财政部五部门印发了《关于推进县级文化馆图书馆总分馆制建设的指导意见》，着力推进县域公共文化资源共建共享和服务效能提升。基层少儿图书馆总分馆建设有利于促进基本公共文化服务的均等化，有利于促进书香城市、书香校园的建设。创新服务形式、管理模式，因地制宜地建立起服务优质、有效覆盖的少儿图书馆分馆网络，让各个分馆充分发挥作用，促进基层文化高质量发展。

四、中小型少儿图书馆总分馆制现有不足

（一）财政经费支持不足，分馆无法统一管理

现有的财政经费对总分馆制度的发展支持力度不足，总馆的各个分馆处于各自管理、无法统一的状态。

（二）布局短缺，合理性待继续挖掘

现有分馆每年增加一至两所，保持平稳增长，但总体数量与所辖区域相比仍然偏少。分馆的布局存在缺陷，或是距离总馆不远，或是与总馆合作频繁的单位，还有很多区域是本馆尚未来得及开发的，需要投入更多的时间和人力去挖掘。

（三）现有侧重点单一，需丰富发展方向

总馆利用自身的资源优势，与各个学校、幼儿园分馆的合作较为密切，对他们的需求更为了解，这是未来我们需要保持的一项优势。但总馆与社区分馆合作偏少，社区并不是单独面向未成年人，未成年人阅读推广不是社区的工作重点，因此与社区的合作限制较多，时间、人员的协调比学校更为困难，未来可以探讨在周末、寒暑假给社区少年儿童举办阅读推广活动的可能性，是分馆制的发展方向更为多样和丰富。

（四）扩充人才队伍，加强人才培育

一是分馆的图书管理员编制相对紧张，大部分分馆只有一名兼职的工作人员，并无专职图书管理员，这就使分馆的开放时间和管理水平略有不足，无法与总馆相比；二是大部分管理员缺乏全面系统的图书馆学专业知识，未来随着总分馆服务体系的不断发展，如何建立一支数量合理、结构优化、相对稳定的人才队伍也是需要解决的问题。

五、中小型少儿图书馆总分馆制改革策略

在现有总分馆模式下，挖掘各种新型社会资源共同开办基层分馆，将中小型少儿图

书馆的服务延伸到民办教育机构、务工子弟居住区或少儿福利院，是满足各类未成年人阅读需要的必要形式之一。

财政部门要结合本地区少儿图书馆资源和分馆建设实际情况，切实加大投入力度，使经费应用到建设分馆平台、购置流动阅览车、确保少儿图书购置、数字化图书馆建设和专业人员培养等方面。强化总馆对各个分馆的培训和辅导。

总而言之，建设总分馆体系，实现了资源共享和普遍均等，充分发挥了文献信息资源的效用，节约了成本投入，扩大了服务范围，对提高图书馆整体效益有着重要意义，是新世纪公共图书馆发展的必然趋势。但中小型少儿图书馆总分馆制度仍处于初步阶段，需要不断摸索经验，继续完善建设，加强宣传力度。

第三节 少儿图书馆读者个性化服务研究

一、少年儿童图书馆读者服务的发展现状

中国少儿图书馆读者服务相比西方发达国家起步较晚，在19世纪90年代，北京建立的“京师通俗图书馆少儿阅览室”被看作是第一家少儿阅览室，随后相继在天津、上海、延安等地区创建了少年儿童图书馆。到20世纪50年代，在沈阳、兰州、重庆、武汉、山东、云南等地区建立了独立的少年儿童图书馆。到目前为止，我国已有3000多所少年儿童图书馆，但根据国际图联在70年代颁布实施的公共图书馆工作标准，我国少年儿童图书馆的实际情况还远未达标，一般只在经济较发达地区公共图书馆之中创建了儿童阅览室，使得读者服务成为实践工作的弱点。随着我国少年儿童图书馆读者服务的发展，现实中读者对少儿图书馆服务提出了更高的要求，为了满足其个性化需求，笔者立足少年儿童图书馆读者服务内容视角，采取对比分析法，以深圳少年儿童图书馆为研究对象，选取具有代表性的上海少儿图书馆为类比对象，展开少年儿童图书馆读者个性化服务研究。

二、少年儿童图书馆读者个性化服务比较分析

我国少年儿童图书馆读者个性化服务内容主要围绕“借阅个性化服务、交流合作个性化服务及特殊群体个性化服务”三个方面而展开。笔者分别对深圳少儿图书馆与上海少儿图书馆两家少儿图书馆进行类比分析，从中挖掘少年儿童图书馆读者个性化服务特

色及不足。

（一）少儿图书馆读者借阅个性化服务的比较分析

深圳少儿图书馆与上海少儿图书馆的借阅个性化服务在开馆时间与服务窗口方面具有不同之处，两家少儿图书馆读者借阅个性化服务各自具备自身的优势与不足，呈现一定的差异，如表 1 所示。

少儿图书馆	开馆时间	读者借阅个性化服务窗口
深圳少儿图书馆	周二至周日 9 ： 00~21 ： 00	少儿借阅、经典读物、报刊、国学、图画、阅读实践视障等借阅室
上海少儿图书馆	周一至周五 13 ： 00~17 ： 00 周末与节假日 9 ： 00~17 ： 00	社科室、综合借阅室、多语种室 心理教育室、期刊室、导读室

表 1　读者借阅个性化服务比较

由表 1 可以看出，深圳少儿图书馆与上海少儿图书馆在开馆时间与读者借阅个性化服务窗口方面呈现出一定的差异性。深圳少儿图书馆除了周一与节假日不开馆外，每周二至周日 9 ： 00—21 ： OO 开放，为读者提供个性化借阅服务；而上海少儿图书馆开馆时间则分阶段进行，第一阶段为周一至周五 13 ： 00 ～ 17 ： 00，第二阶段是周末与节假日 9 ： 00—17 ： 00 开放。由此看来，深圳少儿图书馆在开放时间上与上海少儿图书馆开放时间相比，更趋向人性化，除了周一之外，几乎全天开放，尤其是晚上也对外开放，可以使家长们下班后带少儿进馆，享受亲子阅读服务。当然，上海少儿图书馆开放时间也具备一定的优势，无论是工作日、周末还是节假日，全年开放，为广大读者提供了可随时进馆阅读的空间。在个性化服务窗口方面，深圳少儿图书馆设立了少儿借阅、经典读物、报刊、国学、图画、阅读实践等借阅室，提供的借阅服务品种较多；而上海少儿图书馆在服务窗口方面除了设立借阅室之外，还设立了社科室、综合借阅室、多语种室、心理教育室、期刊室及导读室等供读者使用。由此看来，两馆借阅个性化服务在开馆时间与服务窗口方面都具备了自身的优势，但不可忽略的是，少儿图书馆在开展借阅服务的同时还应借鉴西方发达国家的少儿图书馆员与读者之间的互动活动，积极推广少儿图书馆读者个性化阅读活动。

（二）少儿图书馆合作交流个性化服务的比较分析

少儿图书馆馆际合作交流个性化服务存在一定程度的差异性，其内容也呈现多样化，需要进一步深入挖掘。在选取的深圳少儿图书馆与上海少儿图书馆样本对象中，其合作方与具体内容有所差异，如表 2 所示。

少儿图书馆	合作方	具体内容
深圳少儿图书馆	深圳中小学校	打造图书文献共享平台， 组织馆校阅读推广活动
上海少儿图书馆	市少儿图书机构	组织少儿阅读活动

表 2　馆读者馆际合作交流个性化服务比较

由表 2 可以看出，深圳少儿图书馆读者馆际合作方为深圳中小学校，展开“校 + 图”的合作交流模式，而上海少儿图书馆读者馆际合作方为上海市少儿图书机构，展开“图 + 图”合作交流模式，无论是哪种合作交流模式都是新时代馆际合作交流的创新发展，并得以在全国各地广泛应用。总体而言，我国少儿图书馆为少儿读者提供了多样化、个性化服务，丰富了孩子们的阅读生活。但与西方发达国家相比，我国少儿图书馆合作群体较少。日本少儿图书馆在馆际合作交流服务系统化方面做得较好，无论是学校图书馆、幼儿园还是其他少儿机构，甚至涉及保健中心，都与他们达成了相应的合作关系。因此，我们应当重视多元化馆际之间的交流合作，除了“校 + 图”与“图 + 图”合作交流模式之外，还应当拓展多样化合作方，深入其他少儿机构及其医疗机构，以促进少儿图书信息资源与知识共享，以满足读者个性化需求，提高读者服务效率。

（三）少儿图书馆特殊群体个性化服务的比较分析

自改革开放以来，我国倡导向所有人提供平等服务，针对特殊群体提倡特殊待遇服务。当然，也涉及少儿图书馆读者个性化服务内容。深圳少儿图书馆与上海少儿图书馆分别设立了视障阅览室与多语种及心理教育科室，虽然两者都有涉及特殊群体少儿读者个性化服务，但是涉及的项目较少，如深圳少儿图书馆只设立了视障阅览室，而对于其他特殊群体缺少个性化服务。而西方发达国家的少年儿童图书馆非常注重特殊群体服务，除了视障与心理辅导之外，还制作了图书音译的录音与盲文资料、邮寄图书服务、盲人阅读器及盲文资料及专用轮椅设施等。由此看来，我国少儿图书馆服务应与西方发达国家少儿图书馆读者个性化服务实践相结合，以完善我国少儿图书馆读者个性化服务。

三、完善我国少儿图书馆读者个性化服务体系的建议

我国少儿图书馆读者服务已具备自身的优势，但还要结合实际情况，借鉴西方发达国家的少儿图书馆读者个性化服务之精髓，以完善我国少儿图书馆读者个性化服务体系。

（一）积极推广少儿阅读活动

积极推广少儿阅读活动涉及两个方面内容。一方面，按照少儿不同年龄段及心智发育分级划分，制定可行性阅读计划，为其提供科学的阅读服务。根据少年儿童的身心发育特点，深圳少儿图书馆在2013年举办的“青春百分百——中学生阅读推广计划”是为青少年读者推荐课外阅读文献和开展读书活动的阅读推广计划，其中包括文献推荐、在线读书沙龙、现场读书沙龙、延伸活动等一系列定期或不定期活动。另一方面，少儿处于未成年阶段，可开展亲子阅读，让家长与孩子共同阅读，拉近父母与孩子间的关系，开展家庭阅读教育工作，将其纳入少儿阅读推广计划之中，提高少儿阅读能力。家庭是少儿成长的港湾，父母对孩子的性格特征及阅读习惯更为了解，这可为孩子购买或借阅一定数量及图文并茂、通俗易懂的文献，展开亲子阅读也是建立亲情心智的过程，在父母的陪伴下，孩子体会到深切的亲情，更愿意投入阅读活动与分享。

（二）拓展多样化合作

针对少年儿童图书馆的合作伙伴较少问题，可以采取拓展多样化合作予以改善。第一，加强馆校合作，依托少儿图书馆的管理和资源平台，联合中小学图书馆，坚持公益性原则，实现少儿图书馆与中小学图书馆文献资源互联共享、图书资料通借通还。第二，少儿图书馆之间发展合作，避免了图书文献的重复购买，降低图书馆经费，满足现代少儿读者阅读的多样化需求。第三，与医疗机构合作，向孕妇输送孕期保健与婴幼儿护理知识，设立少儿图书咨询室，解决有关少儿成长中阅读方面的问题，与少儿群体建立良好的沟通与交流关系，了解其对图书馆服务的真实需求。第四，与慈善机构合作，涉及到福利院、残疾人联合会、聋哑学校等，以了解残疾少儿阅读的需要，为此群体提供集体借阅服务项目，推动我国少儿弱势群体服务工作可持续发展。

（三）增加少儿图书馆特殊群体服务项目

我国少儿图书馆缺少针对残智障者、行动障碍者、病人、性格缺陷等特殊群体进行的个性化读者服务，因此应当加强少儿图书馆特殊群体服务。其一，重视低幼儿童服务，通过图书馆的空间设计、丰富的文献资料和多样的阅读活动吸引少儿或其家长来图书馆

学习，从小培养其阅读兴趣，使其成为少儿学习的乐园。其二，加强对弱势残障少儿提供特殊的阅读资料、设备与培训服务，帮助他们能够享受到各项服务工作及摆脱阅读困境，有效平等的使用图书馆馆藏资源，让他们体会到少儿图书馆的关爱，增强特殊群体对图书阅读的自信心，提高自身的阅读与学习能力。其三，针对性格缺陷的孩子，提供心理辅导个性化服务，可找需要合作的项目与小朋友共同完成，正确引导他们与别的小朋友分享快乐，有能力的少儿图书馆可考虑聘专业人士，并进行馆员的专业培训。此外，政府也应当对少儿图书馆特殊群体服务基于政策保障，在政府的引导与鼎力支持下，可使少儿图书馆读者个性化服务更突出特色，更规范化。

第四节　情景化阅读在少儿图书馆阅读推广服务中的应用研究

就目前而言，人性化、情感化的服务不论是在哪个行业，都受到了更为显著的青睐。因此，在过去传统的服务模式中，引入一定的感情因素，让用户享受普通服务的同时，身临其境地体验到内在的场景，不仅仅能够吸引更多读者的兴趣，同时也能让读者更深刻地了解内容，更加青睐这样一种服务模式。

就最近这些年的实例来说，很多行业纷纷发展了情景化为基本概念的服务模式，如情景化游戏和情景化旅游等。这一理念在当下，不仅受到很多用户的青睐，更是有很多组织主体也在纷纷致力于这一方面的研究。少儿图书馆作为一项为当代少年儿童提供精神载体的存在，自然应该致力于对时代步伐的追随，大力发展新型服务方式。把情景化阅读推广到少儿图书馆阅读服务中，转型少儿图书馆传统服务模式，将是一项具有重大研究价值的活动。

一、情景阅读及其在国内少儿图书馆的发展现状

（一）情景阅读的概念

情景就是情感和景象的集合体，因此情景化实质上就是情境化，即根据人们的各种需求，从感情化以及景象化的角度，来感知某种事物。情景阅读就是少儿图书馆结合自身的职能特点，将读者的感知感受视作阅读活动开展的切入点，通过设计各种类型的虚

拟以及现实场景，有计划地引导读者进入情景，并帮助读者获得情景交融式的阅读体验。情景阅读可以有效调动读者的阅读热情，增强读者的综合能力，同时推动读者思维向更加灵活的方向发展。

（二）情景阅读在国内少儿图书馆的发展现状

目前，国内少儿图书馆情景互动式的阅读推广活动逐渐增多，阅读推广理念不断创新，形成了一批卓有成效的典型案例。例如，广州市少儿图书馆成功地将适用于成人的“真人图书”阅读推广模式引入到了少儿阅读推广活动当中，促进了互动式情景少儿阅读推广模式的形成；东莞市少儿图书馆以动漫阅读推广为主题，通过 Cosplay 的方式，有效地吸引了广大少年儿童积极参与；济宁市少儿图书馆采用国学经典阅读与情境阅读相结合的方式，通过布置具有古典文化气息的阅览室，进一步促进了国学经典阅读对在校中小学生的影响力。通过上述典型案例我们发现，在经典阅读推广模式中适当添加情景布置和感知体验设计内容，可以更为有效地激发少儿对于阅读推广内容的兴趣，提高其参与活动的积极性，并使其获得阅读内容以外的多层次收获。但从总体情况来看，国内的少儿情景阅读推广活动尚处于实践探索阶段，并没有深入广大基层图书馆进行普遍式推广。

二、少儿情景化阅读特征及其对少儿图书馆阅读推广的意义

情景化阅读必须按照适龄化、个性化进行推广宣传，才能得到满意的结果。根据不同年龄读者的成长特点及接受能力把少儿定义为 3~6 岁的幼儿和 6~12 岁小学生。“少儿情景化阅读”主要是指少儿图书馆根据少儿的年龄分段，设计精美而独特的装潢和布局，在视觉上给少儿一种惊喜，并让其产生一种十分美妙的感觉，通过这种情景互融的模式，为少儿读者提供更加深入、细致的阅读体验。所谓“有情添乐趣，入景促成长”，作为一种在新的时代背景下形成的阅读方式，少儿情景化阅读能够让少儿读者在阅读的过程中，开阔自己的视野，同时在阅读情感上也有更深的体会。

（一）以情景为依托

对比以往的阅读服务模式，情景化阅读服务并非局限在书籍内容本身，而是打造了相对传统阅读方式而言更为身临其境的模式。它以知识信息为基础，构建了一系列如场景模拟、角色扮演等形式，以情景的方式展现书里的内容，让读者能够更加深刻地了解书里的内容，拓宽阅读视野，提升自身素养。

（二）以提高阅读兴趣、能力、情商为目的

正如爱因斯坦所言：“兴趣是最好的老师。”不论是从事什么工作，或是想要做怎

样的事情，都必须有兴趣做支撑。只有充满浓厚的兴趣，才能在追求成功的路上越走越远。专家研究指出，人的情商高低和兴趣的高低也是有一定关系的，一般来说，兴趣越浓，情商也越高。心理学家通过研究，得出这样的结论：情商是基于智商而高于智商的一种社会能力，而一个人是否能取得成功很大程度上取决于情商的高低。而青少年期正是形成这种情商的重要时期。在过去的图书馆阅读中，人们更多的是关心书籍本身，对其内容和深度广度做出一定要求。而情景阅读服务在这一基础之上，还关注如何能够让读者在读书的过程中，将阅读视为自身的兴趣且促进其情商的发展。如今我国便有很多这样的图书馆，如武汉的“小脚印故事吧”、深圳的“图书馆之夜”等，这些针对少儿的兴趣打造，开展各类致力于少儿情商培养的活动，对少儿的成长，发挥了很大的作用，更是在未来的发展中，各类图书馆致力于打造的一种模式。

（三）以互动性和体验性为特色

这种阅读服务常常将阅读服务打造得更为形象、趣味，在交互中向读者传递信息。而这种关系可以分为三种。

第一，读者和环境。少儿的阅读环境需要用很多的物质作为载体，通过环境的渲染，让少儿和阅读环境之间有更好的交互。例如，可以打造一些绘画人物长廊，也可以建造一个故事人物的小屋，或是将少儿读者所热衷的童话故事里的角色搬到现实生活中来演绎，从而吸引其阅读兴趣。如此一来，当这些少儿读者走进书本时，受到周边环境的影响，就好像是真的走进了书中的世界一样，那种身临其境的气息也便更加浓郁了。

第二，读者与活动。在情景阅读活动中，应让读者积极参与其中。作为故事角色的扮演者，小读者能够更加真切地感受到阅读的美好，其戏剧扮演的印象也能在小读者心中深化，在以后的阅读过程中，更加热爱它、青睐它。

第三，读者与馆员。读者能否在阅读中获得更好的体验，和馆员也有一定的关系。馆员提供良好的服务，势必能够促进少儿的健康成长，也就是说，少儿读者能在阅读中获得更为良好的体验，某种程度上来说也是馆员所起的作用。

（四）情境的营造是活动开展的基础

与传统的少儿阅读推广活动不同，情景式少儿阅读推广活动是以背景的方式来体现所要传达和传递的阅读知识信息。情景营造主要是从“情”“景”以及“境”的角度出发，来构建相关场景，凭借情景交融的阅读形式，来展示各种知识信息，促使知识信息更加生动、形象，从而使得少儿读者更加贴近知识的本质，了解知识的内涵以及思想感情。这里所说的构建相关场景，不仅可以是较为静态的图片展示、氛围渲染，更可以是各种动态的角色扮演或者场景模拟。

（五）少儿主动进行阅读的潜意识得到激发

情景式少儿阅读推广活动最为显著的特征在于，将传统少儿阅读推广模式下的被动阅读形式转变为主动阅读形式。少儿的阅读心理不同于成人，促进其阅读行为形成的最基本动力在于阅读活动是否可以充分调动其阅读的好奇心，这也决定了少儿是否能够主动融入阅读推广活动的各个环节。在情景式少儿阅读推广活动中，情境是否能够有效地形成，不仅需要图书馆员精心设计，更为重要的是少儿是否用心参与到情境的营造过程之中，因为情境体会的主体毕竟是少儿，只有他们细心去体会和感知所布置的场景，才能真正领悟出情境所涉及的阅读推广内容。如果少儿能够长期参与到情景式少儿阅读推广活动当中，将会于无形之中促进他们积极主动探索与情境设置相关或延伸的阅读背景内容，进而也就激发了他们主动进行阅读的意识，这也是情境设计与阅读推广内容有效的契合点之一。

（六）少儿的阅读能力和想象力进一步增强

情景式少儿阅读推广活动往往是以一定的文字、图片、音像制品为依托蓝本开展的。这就意味着少儿只有依靠自身或在馆员的指导下，较为全面地了解和掌握这些蓝本所要表达的真实含义，才能在交流或者角色扮演环节表达出自己的真实想法或者行为，这在潜移默化当中增加了少儿的阅读量，并有助于通过馆员的指导来提高少儿的阅读能力。同时，少儿在理解蓝本内容之后，必须充分发挥自身的想象力，才能真正融入情境之中。例如，绘本读物通常情况下都是以图文结合的方式来展示所希望理解的内容，而在这其中没有通过图画展示的文字内容将会为少儿提供无限遐想的空间。这就意味着少儿能够更为充分地发挥自身的想象力，在脑海中自我勾勒出文字内容可能形成的画面情境，进而获得丰富的想象式阅读体验。

（七）少儿的人际交往能力得到了锻炼

在情景式少儿阅读推广活动中，少儿的人际交往能力主要从以下两个方面得到了锻炼：一是与成人的人际交往能力得到了锻炼。在角色体验环节，情境的设计主要由馆员负责，少儿主要进行情境的演绎，这就意味着情景的设计和体会必然需要通过有效的沟通作为衔接，一方面，少儿基于自身兴趣爱好的考虑，只有充分地与馆员进行沟通才能争取到自己希望演绎的角色；另一方面，少儿在演绎的过程中，为了演好自己的角色，就必须及时主动与馆员进行沟通，这有助于激发他们主动交流的潜意识。二是与同龄人的人际交往能力得到了锻炼。在情景式少儿阅读推广活动中，少儿的情景体会并非机械式地进行，他们往往需要与同龄的合作伙伴进行有效的沟通交流，才能使得自身的想法获得认同或鼓励，而对话的过程，也是鼓励引导其与同龄人进行交流的过程。从实践情况来看，很多性格内向的少儿通过参与情景式少儿阅读推广活动，不仅学会了与同龄人交际的技巧，而且认识了自己的好朋友、好伙伴。

三、少儿情景阅读推广活动的基本形式

情景模式下开展少儿阅读推广活动的形式可以分为以下三种类型：倾听交流形式、图文想象形式以及欣赏模拟形式。其中，图文想象形式以及欣赏模拟形式由于自身就具有鲜明的情境设计内容，更容易激发少儿的阅读兴趣。然而出于拓展少儿阅读综合化能力的考虑，更为重要的是要通过倾听交流形式来激发少儿主动构建和模拟情境的能力。馆员在设计情境的过程中，应当以少儿的年龄特征为基本出发点，按照理解与表达相结合的原则，尽可能地引导少儿充分融入情景设计当中，从而提高阅读推广活动的实际效果。

（一）倾听交流形式

此类形式的载体通常只有单纯的文字，或是现有的文字型图书，或是馆员自己创编的文字内容。通常情况下，少儿需要事先对文字内容进行阅读，然后再由馆员进行情境的设计。在情境设计环节，可以分为单向讲述和讨论交流两大步骤。馆员在进行单项讲述前，应当事先安排好少儿的座次，最好能够使少儿呈半圆形围绕在馆员对面，从而形成与馆员正面交流的情景，如此少儿更容易形成主动倾听和想象的习惯。在讨论交流的过程中，要尽可能地使每位少儿都获得发言的机会，促使少儿之间相互交流，以此来提高少儿的自我表达能力，并及时纠正少儿不良阅读倾向，促进少儿主动融于情景当中。

（二）图文想象形式

这类形式通常以图文交叉的形式展示于少儿面前，目的在于让少儿通过图片理解故事，并铺垫好想象的场景。从当前的实践情况来看，少儿图书馆采用最为普遍的形式是绘本情境阅读推广形式。绘本的特点在于，同时体现出了文字和图画两种视觉认知载体，并实现了两种载体的合理交织，从而更为灵活地组织阅读内容的表达和阐述。馆员在构建绘本阅读情景时，首先需要让少儿掌握绘本阅读的正确方法，即“以图为主、随机认读”的阅读方法，随后通过对绘本的评述，使少儿的美术感知能力、文学理解能力、自主想象能力获得全面的提升。

（三）欣赏模拟形式

这类形式通常需要以音像制品作为载体，在少儿实现充分欣赏理解的基础上，鼓励

少儿以模拟的形式实现情境再现。在欣赏理解环节，馆员可以根据活动的实际需要，采用连续播放后评述，或者边播放边评述的方式，做好阅读欣赏的引导工作，从而使少儿形成正确的欣赏理解方式，并能够有效地融入故事情节当中。在模拟情景环节，馆员可筛选音像制品中精彩内容组织少儿进行模拟，可以指定少儿扮演其中的角色，或者让少儿自主挑选角色，模拟情景环节不必在欣赏之后立即组织，可以给予参与的少儿一定时间进行演练，但在环节完成之后，一定要及时进行评价和指导。

四、情景化阅读运用于少儿图书馆阅读推广服务的策略

情景化阅读使得读者在接受视觉信息的同时，也能感知信息的传递，如此一来，打造一个温馨舒适的阅览环境显得尤为重要。

（一）注重图书馆的室内设计，创设感官享受

情景阅读推广活动不仅要从人为的角度进行营造，更应从总体环境入手，做好室内情境的设计。良好的室内环境设计可以有效吸引少儿的注意力，使其获得耳目一新的感觉。因此，少儿图书馆在进行室内情境设计的过程中，应当结合少儿的喜好和阅读推广活动的主题，从色彩、家具样式、盆景布局等诸多方面入手，进一步优化室内情境。比如，面向中小学生的国学阅读推广活动，在选择书桌、书椅、书架时，应当选用以漆家具为代表的中国古典家具，并在书架上配以线装古典书籍作为点缀，通过类似的情景营造举措，来进一步烘托国学阅读环境的形成，深入活动参与者的内心。此外，还要从完善管理理念的角度入手，制定灵活机动的情境设计管理制度，从而使得在举办不同的阅读推广活动时，可以及时对情景形式进行差异化处理，做到在最大限度上支持情景阅读推广活动的开展。

一个图书馆能否吸引读者的阅读兴趣，除了书籍本身，其阅读环境的舒适、整洁与否，也很重要。一个温馨舒适的阅读环境，能够让读者产生一种宁静祥和的感觉，更愿意置身于这样的环境。所以在对馆内进行装潢设计时，着重于风格和布局上的安排，而不同的设计风格给人的视觉感受也是不同的。另外，在对馆内设计进行色彩搭配和材料选择时，也要顾及图书馆本身应有的一种形象。细节也很重要，它影响到整体的美观，万万不能忽视。例如，可以在馆内摆放鲜花、装饰画、绿色植物等，提升室内文化气息。窗户和灯光也是装饰图书馆的有效物质载体之一。可以将一些体积较大的植物放在墙角，营造绿色空间，并在一些书桌上放置相对体积小一点的绿色植物，美化环境的同时也能让人的心情更加愉悦。另外，在图书的陈列上也有一定的讲究可言，可以将书籍摆出各类形状，

从而吸引读者的阅读兴趣。

（二）打造主题区，促使读者深层阅读

什么是阅读主题区呢？它主要是指通过对图书馆的布局进行规划与设计，并根据特定的主题，对书籍的方向做出调整，在后期的宣传和推荐中，吸引读者的关注，并在实际的阅读中，给其更为深刻的阅读体验。在确定了阅读主题之后，图书馆应积极利用互联网的优势，在网上建立一个主题阅览区，并邀请一些专家和学者对书籍进行推荐，从而吸引更多的读者参与其中。

要想开展一次主题阅读活动，先要做好主题阅览区规划，最重要的是策划出一个阅读主题。就主题内容而言，可以从多方面进行考虑。可以是节日，可以是纪念日，也可以围绕国家新出台的政策来考虑。另外，也可根据不同群体需要，打造如“亲子书屋”“儿童乐园”“探奥区”等主题，提升服务水准，为读者提供更为愉悦的阅读环境。

此外，时代在不断变化发展，市场也在不断变化，图书馆应把握其中的规律，赶上时代的步伐，致力于阅读主题的打造与变更，及时调整一些不适宜的书籍和主题策划。在这其中，要研究和调查市场，并将当地的情况纳入考虑的范围之中，从而吸引更多的读者。

（三）做好情景阅读推广活动中的书目推荐工作

在众多的图书馆阅读推广方式中，书目推荐是常见的一种方式。然而，传统的书目推荐往往是通过表格罗列的方法，将书籍的基本内容（如书名、作者以及内容等）进行展示和推广。从实践情况来看，少儿图书馆采用传统书目推荐很难取得良好效果，这主要是由于大部分少儿读者并不关注传统书目推荐，通过此种方式无法调动其借阅热情。相比之下，情景化设计书目推荐则能取得很好的推荐效果。比如，以描述的方式，针对书中的高潮以及趣味性较高的片段，设计挑战问题，答对有奖，促使少儿读者积极地寻找正确答案，畅游知识的海洋。值得注意的是，在情景化设计书目推荐的时候，优秀的名称设计也会使得推荐效果更好，比如“知识地图”或者“书海扬帆”等。具体来说，这种书目推荐方式主要是根据少儿读者的心理特点，通过激发兴趣，调动探究热情，来提高少儿读者的主观能动性，引导其积极主动地进行借阅。上述案例仅仅是“情境荐书法”的一种形式，但却开创了以情境游戏的方式进行书目推荐工作的先河，值得广大图书馆学习和借鉴。

（四）努力为少儿提供主观能动性的表现环境

情景阅读推广活动的一项重要任务之一就是努力为少儿提供主观能动性的表现环境。

由此使得少儿的语言表达能力、主动思考能力以及自主想象能力获得有序的提升。一是要让少儿说多于看。在阅读的过程中，应帮助少儿树立开口的信心，引导其积极地表达自身对于作品的想法。在表述过程中，无论是简单、不成熟的想法，还是系统、完整的观点，均可以帮助少儿形成一个“看—思考—表述”的良性循环。而通过自言自语或者与他人交流，少儿在愉悦轻松的环境中，不仅会更加融入作品情境，而且会拥有更高的表述积极性，从而进一步提高其语言综合能力。二是要让少儿问多于看。由于思维方式、知识储备等因素的影响，少儿会对阅读内容产生疑问，假如疑问堆积，就会使少儿失去阅读的热情。同时，少儿在问的过程中，可以对思维进行有效的锻炼，其从同伴以及馆员处获得相关信息之后，还可以完善自身的认知结构，促使知识体系更加科学、合理。三是要让少儿想多于看。具有丰富的想象力是少儿能够创新式发展的关键。在情景阅读推广活动中，馆员要有意识地引导少儿展开想象，只要想象的理由基本合理，就应当加以鼓励，由此来提升少儿的想象力和自信心。

（五）构建情景阅读推广活动专项评价方案

目前，国内少儿图书馆仅仅是从实践的角度进行了情景阅读推广活动的探索，关于其专项评价方案的研究或报道鲜有所闻。情景阅读推广活动作为少儿阅读推广的一项创新型发展模式，理应建立起与之相匹配的评价方案，以促进该种模式的进一步完善。从操作路径来看，情景阅读推广活动专项评价方案的构建，应当重视以下四方面的问题：一是科学设置评价指标。评价指标的设定可以围绕阅读情景的理解与表达、阅读的方式、阅读的能力、活动的总体效果来进行；二是合理筛选评价主体。情景阅读推广活动往往涉及面较广，因此需要广泛地将各类相关专家、学者、工作人员纳入其中，如少儿图书馆员、读物的作者、心理辅导专家等，他们都可以立足于自身的角度对情景阅读推广活动进行客观的评价；三是评价的过程。即如何把评价过程贯穿于推广活动的始终，可以采用“三位一体”方法把握评价的过程，即事前做好评价组织、事中认真收集各方面的意见和建议，事后进行全面总结；四是评价结果的用途。开展阅读评价的本质目的就在于能够促进活动的进一步完善，因此有必要通过评价汇总报告梳理出问题所在，并对相应的环节进行纠正。

三、情景化阅读案例分析

（一）情景阅读服务与传统阅读服务的比较分析

现代的图书馆已然发生了很大的变化，不管是服务理念上，还是方式上，都和过去不同。传统图书馆服务中，是基于一种最普通的服务，而现代的情景阅读服务，更多是一种主动的、多样化的服务。不单单是提供书籍本身，还为读者提供一种阅读素养提升的平台，通过各类阅读活动的开展，使服务的模式得到有效的转型。

（二）调查统计分析

调查组于2015年8月至2016年1月，对200名读者开展情景阅读活动的问卷调查，且对其中50名家长进行访谈。进行整理和研究之后，得出了以下的结论。

首先，这种阅读服务能够结合读者个性化阅读需求的现状，提供不同的阅读体验。不同年龄的读者，其认知能力和阅读水准大不相同。而情景阅读便是根据这种差异化特征，设计出与各类人群相符的阅读形式，以不同的阅读环境、阅读载体来完成，从而让读者在阅读的过程中，体验到更加生动活泼的阅读服务，也能从其中获得更为深刻的阅读认识。

其次，读者参与到书中的角色，提升其阅读的兴趣。阅读不仅仅只是阅读本身，更需要在一种较为愉悦的氛围中进行，从而达到更好的效果。如此一来，读者能从旁观者变成参与者，从看书中人物的人生来往，变成自己亲身经历一般。因而，读者的阅读兴趣能得到一定提升，也就更加热衷于这种形式的阅读活动。

再者，是感情上的提升，促进少儿健康人格的培养。在当今社会背景下，很多家庭的结构组成主要是父母和独生子女，孩子们不仅仅缺乏玩伴，身心健康发展也需要读物来弥补。换句话说，这些孩子因为内心孤独，变得不善于表达，也少有和他人来往，这样极不利于孩子们的成长。情景阅读便是致力于打破这种局面，为孩子们搭建更好的交互平台。通过实践活动，得出这样的结论：当此类情景阅读服务活动的开展次数逐渐增加时，孩子们的自我表现能力得到了提升，此外，在和他人的交流上也变得更加畅通。在这样的实践过程中呈现的结果，家长们也很满意。

最后，是其能够促进少儿们情商的发展。在情景阅读活动中，由图书馆布置相关的馆内环境，营造特定的氛围，使读者能够获得一种身临其境的体验。通过在书里畅游，探索未知的思维领域，读者很容易将经历的社会生活带进书中，从而使其情商得到一定程度上的提升。举例来说，从“元宵节故事游园”这一主题中发现，小读者们越来越适应小集体的生活，而在实际的活动策划中，也能更愿意听从馆员的意见。

四、情景阅读服务存在的问题

情景化阅读在少儿图书馆阅读推广服务中的问题主要表现在以下几个方面。

首先，馆员的能力有所欠缺。要想将情景阅读服务做好，必然对馆员的能力有一定的要求，例如策划能力和适应能力等。而实际上，不少馆员面对新的图书馆管理模式，不能很快地适应和高效率地完成自己的工作，缺乏实际运作能力。

另外，在当前的情景阅读活动中，更多是一种虚拟的情景，而实际的情景则是少之又少。因此，读者很难在阅读中，体验到更多的户外气息，而是和传统的阅读一样，在馆内进行。此外，少儿的参与积极性普遍不高。这种现象的产生是基于多种原因的，其中一点是少儿并不满足于简单的情景活动，而是期待更富有创意的活动策划；另外，当代少儿背负了很大的压力，比起课外素质的拓展，家长更关心孩子当下的成绩状况，因此，很少有更多的精力放在情景阅读的参与上。

情景阅读能让人们将书中的知识和情景领悟得更深，甚至能在现实生活中运用到已掌握的知识。作为少儿图书馆这一方，也要紧紧把握住当前其所具有的各类优势，基于各种优势致力打造一个更加完美的情景阅读平台，提供更加全面的阅读服务。这样的阅读在少儿成长过程中是不可或缺的过程。

少儿图书馆情景阅读推广基础理论的研究尚未在学术界形成系统化的研究成果。已有的实践活动仅能从某一角度来为我们提供开展少儿情景阅读推广活动的思路。展望未来，如何通过少儿情景阅读推广理论的形成，来推动国内少儿图书馆阅读推广活动的发展，将具有十分重要的现实意义。

第五节　少儿图书馆微信阅读推广研究

自媒体时代，人们获取信息的渠道大大增加，自媒体的崛起和发展使人们对信息的需求不再停留在纸质媒体时代，博客、微博、微信及新兴的视频网站成为人们信息来源的主要渠道，其传播的多样化、广泛化使自媒体的空间更广阔、更有价值。在自媒体时代，结合读者需求，利用微信平台提供优质的阅读指导服务，是构建数字文化共享与传播的新举措。

一、微信阅读现状

2012年，微信推出了微信公众平台及公众账号，使信息的发布者与接受者的沟通更加紧密。微信2017年数据报告显示，9月份日均登录微信9.02亿人，同比增长17%，日均发送微信次数达到380亿次，同比增长25%。在微信开放平台中，微信公众号的月活跃账号为350万个，同比增长14%。月活跃粉丝为7.97亿人，同比增长19%。微信公众号已成为自媒体时代的生力军。微信公众号的出现，为图书馆信息传播提供了便捷的渠道和不可或缺的平台。在数字阅读时代，少儿图书馆首当其冲传播数字阅读，为少年儿童保驾护航。

二、少儿图书馆微信阅读推广现状分析

（一）微信公众号开通情况分析

2018年2月21日笔者通过手机在微信公众号中搜索地市级独立建制少儿图书馆公众号，并对以下19家少儿图书馆加关注，对各地少儿图书馆公众号属性（订阅号或者服务号）、注册时间及服务项目做出详细统计，列出各地少儿图书馆公众号开通情况一览表（见表1）：

图书馆公众号	微信号	公众号属性	注册时间	服务项目
沈阳市少年儿童图书馆	systlib	服务号	2015年4月	基本信息服务、读者自助服务、数字资源服务、互动交流服务、信息推送服务
上海少年儿童图书馆	childlib	服务号	2014年10月	基本信息服务、读者活动信息、信息推送服务
广州少年儿童图书馆	gzst1996	服务号	2013年11月	基本信息服务、读者自助服务、数字资源服务、互动交流服务、读者活动信息、信息推送服务
大连市少年儿童图书馆	dlssetsg	订阅号	2014年7月	基本信息服务、读者自助服务、数字资源服务、互动交流服务、读者活动信息、信息推送服务
杭州少年儿童图书馆	hzstlib	订阅号	2015年3月	基本信息服务、读者自助服务、数字资源服务、互动交流服务、信息推送服务、官方微博
厦门市少年儿童图书馆	xmsetsg	订阅号	2013年5月	基本信息服务、读者自助服务、互动交流服务、读者活动信息、信息推送服务
昆明少年儿童图书馆	kmclib	订阅号	2017年5月	基本信息服务、读者自助服务、数字资源服务、互动交流服务、信息推送服务

图书馆公众号	微信号	公众号属性	注册时间	服务项目
长春市少年儿童图书馆	ccsetsg	订阅号	2014 年 9 月	基本信息服务、读者自助服务、数字资源服务、互动交流服务、信息推送服务、官方网站
南宁市少年儿童图书馆	nnclib	服务号	2014 年 2 月	基本信息服务、读者自助服务、数字资源服务、互动交流服务、信息推送服务、官方网站
深圳少年儿童图书馆	szclibrary	订阅号	2014 年 4 月	读者自助服务、数字资源服务
盘锦少年儿童图书馆	pjelib	订阅号	2014 年 7 月	基本信息服务、读者自助服务、数字资源服务、互动交流服务、读者活动信息、信息推送服务、官方网站
连云港市少年儿童图书馆	LYGSSETSG	订阅号	2015 年 7 月	读者自助服务、数字资源服务
温州市少年儿童图书馆	wzstlib	订阅号	2013 年 11 月	基本信息服务、读者自助服务、数字资源服务、互动交流服务、读者活动信息、信息推送服务
合肥市少年儿童图书馆	hfselib	订阅号	2015 年 7 月	基本信息服务、读者自助服务、数字资源服务、互动交流服务、读者活动信息、信息推送服务、官方网站
重庆市少年儿童图书馆	cqst 19640601	服务号	2016 年 5 月	读者自助服务、数字资源服务、官方网站
兰州市少年儿童图书馆	lzchilib	订阅号	2015 年 2 月	基本信息服务、读者自助服务、数字资源服务、互动交流服务、读者活动信息、信息推送服务
武汉市少年儿童图书馆	whstwx	订阅号	2015 年 6 月	基本信息服务、读者自助服务、数字资源服务、互动交流服务、读者活动信息、信息推送服务、官方网站
扬州市少儿图书馆	yzsetsg	订阅号	2014 年 7 月	读者活动信息、信息推送服务
张家港市少年儿童图书馆	zjgsertsg	订阅号	2014 年 3 月	读者自助服务、读者活动信息、信息推送服务

表 1　19 家地市级独立建制少儿图书馆微信公众号开通情况一览表

从以上公众号可以看出，19 家少儿图书馆有 5 家注册微信服务号，其他注册订阅号。调查中，发现有对微信服务号与订阅号混淆状况，微信服务号与订阅号在推送信息数量上有所不同，服务号每月可推送 4 次信息，订阅号无此限制，可每日推送一次信息，对于常年开展读书活动的少儿图书馆来说，注册订阅号更为适合。从注册时间来看，最早注册公众号的是厦门、温州、广州三家少儿图书馆，相继在 2013 年完成公众号的注册，有 1 家少儿图书馆在 2017 年注册并应用公众号。从公众号的服务内容来看，19 家少儿图书馆服务内容基本相同，都有基本信息服务、读者自助服务、信息推送服务、互助交流服务等。有 16 家少儿图书馆都在公众号中开展了数字资源服务，推送数字阅读。3 家少儿图书馆在公众号中嵌入官方微博，便于更好地开展微博服务，宣传少儿图书馆，扩大社会影响力和知名度。表 2 是对各服务项目具体内容的详细说明：

服务项目	具体服务内容
基本信息服务	图书馆概况、开闭馆时间、常见问题、客流统计
读者自助服务	绑定 / 解绑读者证、借阅 / 续借、图书推荐、图书荐 购、活动报名、扫码借还
数字资源服务	中外文期刊文献数据库、电子图书、馆藏查询、视频公开课等
信息推送服务	最新公告、资源动态、活动资讯、图书推荐、讲座报告消息
互动交流服务	在线咨询、交通线路、读者调查 / 满意度调查、志愿者服务、联系我们等
官方微网 / 微博服务	官方微网、官方微博

表 2　各服务项目具体服务内容

（二）微信阅读推广内容分析

以各地少儿图书馆微信公众号注册时间为起点，至 2018 年 2 月 21 日，笔者在关注各家少儿图书馆公众号前提下，对以下 1 9 家少儿图书馆微信阅读推广内容情况及发布信息总量在手机上进行逐条统计（表 3）：

图书馆公众号	微信阅读推广情况	发布信息总量（篇）
沈阳市少年儿童图书馆	相关信息、活动报名、活动新闻、活动报道、数学阅读	343
上海少年儿童图书馆	活动预告、阅读直通车、少图小书虫、活动报道、相关信息	428
广州少年儿童图书馆	百科知识、活动预告、活动报道、阅读大视野、趣味悦读营、星级分享、好书分享、相关信息	808
大连市少年儿童图书馆	经典阅读、活动报名、线上展览、活动报道、活动预告、新书通报、相关信息	930
杭州少年儿童图书馆	聆听童声、活动预告、活动报道、图书推荐、相关信息	1420
连云港市少年儿童图书馆	经典绘本阅读、少图动态、活动预告、活动报道、魅力诗词、名家散文、精彩书评、阅读推荐、相关信息	3398
温州市少年儿童图书馆	新宇讲坛、毛毛虫上书房、阅读宣讲团、大毛虫讲绘本、活动预告、活动报道、花婆婆绘本阅读、相关信息	2054
合肥市少年儿童图书馆	活动预告、活动报道、好书推荐、相关信息	309
重庆市少年儿童图书馆	相关信息、活动报名、活动新闻、活动报道	73
兰州市少年儿童图书馆	活动预告、活动报道、好书推荐 、相关信息	160
武汉市少年儿童图书馆	活动预告、活动报道、小脚故事吧、公益讲座、绘本分享、相关信息	120
厦门市少年儿童图书馆	活动预告、活动报道、相关信息	1554
昆明少年儿童图书馆	活动预告、活动报道、小桔灯书虫听吧、相关信息	136
长春市少年儿童图书馆	活动预告、活动报道、书单、好书推荐、相关信息	2149
南宁市少年儿童图书馆	活动预告、活动报道、相关信息	724
深圳少年儿童图书馆	活动预告、活动报道、相关信息	556
盘锦少年儿童图书馆	活动预告、活动报道、在线展览、绘本分享、相关信息	185
扬州市少儿图书馆	活动预告、活动报道、新书推荐、相关信息	1306
张家港市少年儿童图书馆	活动预告、活动报道、新书推荐、少图导读、相关信息	504

表 3　微信阅读推广内容与发布数量统计

得出结论：对于微信阅读推广，19家少儿图书馆都各具特色，如上海少儿图书馆的“阅读直通车”为少年儿童定期分享好书，至今分享了156期；“少图小书虫”是对图书进行推广阅读，并进行延伸提问及分享读书心得。杭州少儿图书馆的“聆听童声”邀请少年儿童朗读图书，基本上每天都有分享，让少年儿童在朗读中提高阅读和表达能力，从而推广阅读。连云港少儿图书馆的经典绘本阅读、魅力诗词、名家散文、精彩书评尤为特色。温州少儿图书馆的大毛虫讲绘本、花婆婆绘本阅读独具特色。我工作的盘锦少儿图书馆的在线展览以图文形式推广阅读。从发布信息量分析，连云港少儿图书馆2015年注册公众号，至今已发布3398条，在19家少儿图书馆中居首位，其次是长春少儿图书馆、温州少儿图书馆。

（三）微信阅读数据分析

清博大数据是中国新媒体大数据权威平台，其微信传播指数WCI是清博数据团队在考虑各维度数据后，通过一系列复杂严谨的公式推导出的具体指数WCI较其他指标而言更能权威地反映出微信公众号的整体传播力和影响力。

WCI微信传播指数，是由微信原始数据通过一系列复杂严谨的计算公式推导出来的标量数值。它是考虑各维度数据后得出的综合指标。WCI指数可以全面反映出微信公众号推送文章的传播度、覆盖度及公众号的成熟度和影响力，从而反映出微信整体热度和公众号的发展走势。WCI用最高阅读数（Rmax）、日均阅读数（R/d）、篇均阅读数（R/n）、日均点赞数（Z/d）、篇均点赞数（Z/n）和最高点赞数（Zmax）六个指标对账号进行评估。

从WCI指数排名可以看出，2018年1月1日—1月31日期间，微信阅读排名前三位的分别是广州、合肥、大连少儿图书馆，但并不说明发的文章越多，WCI指数就越高，文章的阅读量特别是篇均阅读数对WCI指数排名具有决定性影响。文章发布的质量高而精，才能增加用户的阅读量，提高公众号的传播力。同时，文章的质量优劣、内容的丰富程度、题材的新颖、视角的独特才是吸引读者阅读的关键。文章的优劣程度决定了公众是否愿意为其点赞，是否自愿转发、分享文章，让更多的读者关注该公众号，从而增加点赞数和平均阅读量，扩大该公众号的传播和推广。

三、少儿图书馆微信阅读推广策略

（一）强化政府保障，建立长效机制

2017年11月4日，全国人民代表大会常务委员会第三十次会议通过了《中华人民共和国公共图书馆法》，并于2018年1月1日正式实施。《公共图书馆法》明确了公共图书馆的重要任务：公共图书馆是社会主义公共文化服务体系的重要组成部分，应当将推动、引导、服务全民阅读作为重要任务。《公共图书馆法》的颁布实施为推动、引导全民阅读提供了重要保障，对进一步促进公共图书馆事业的发展将起到里程碑式的作用。李国新指出：关于公共图书馆开展未成年人服务的规定，落实了公共文化服务保障法关于充分发挥公共文化服务社会教育功能、提高青少年思想道德科学文化素质的要求。巫志南强调：要强化政府保障与扩大社会投入结合，多种方式构建全面、有效覆盖的公共图书馆服务网络。图书馆要利用当前的发展契机，在政策的大力支持下，加大长效机制建设，建立阅读推广机构，创新阅读推广的内容和形式，开展面向少年儿童的阅读指导和社会教育活动，将图书馆阅读推广活动工作提升到新台阶。

（二）利用微信公众平台开展阅读推送服务

少儿图书馆应加强数字资源建设，建立线上线下相结合的文献信息共享平台，为少年儿童提供优质服务。利用ＱＱ群、微信群、公众号、微博等媒介，利用网络阅读、手机阅读等数字化阅读，实现数字资源服务。在调查的19家少儿图书馆中，有16家利用微信公众号开展数字阅读服务，占比84%，14家少儿图书馆都利用微信公众号开展了新书推荐、绘本阅读、好书分享、书单等阅读推送活动，读者可以根据推荐图书有针对性地到图书馆来借阅，提高图书馆利用率。温州少儿图书馆利用公众号推送“花婆婆绘·阅廊”服务，邀请少年儿童参与花婆婆诗歌、图书的朗读录制，不仅调动了少年儿童阅读的积极性，让更多的少年儿童参与到绘本阅读中来，还有效地推广了绘本阅读。上海少儿图书馆每周一期的“阅读直通车”“少图小书虫”堪称微信公众号推广阅读的典范。我工作的盘锦少儿图书馆利用微信群开展绘本阅读活动，由馆员每周一次在微信群里分享绘本阅读，同时利用第三方手机ａｐｐ喜马拉雅ＦＭ听书软件将所讲绘本上传，让更多的读者收听受益。同时利用微信群开展不同形式的阅读推广活动，邀请少年儿童及教师志愿者分享古诗词鉴赏、名人故事、国学经典、阅读指导、美文欣赏、心理健康讲座等内容，每天分享一个主题，便于少年儿童和家长有选择地阅读交流，受到了社会各界的支持和认可。

（三）利用数字资源推广线上线下阅读

将数字资源对接到微信公众号有两种方式，一种是将数字资源整合到ＳＳＯ平台，再对接到微信平台上的微信服务大厅，这种方式需要绑定读者账号再进行数字阅读，此项服务只限于馆内读者，有局限性；另一种方式是直接将数字资源URL链接到微信平台，读者只需关注该馆公众号即可阅读数字资源，重庆、长春、杭州、合肥、连云港、兰州、南宁、盘锦、深圳、沈阳、厦门 11 家少儿图书馆应用此项功能，这种方式应用起来比较直观，简单，便于阅读，适用于所有用户。

近年来，各地公共图书馆在国家数字图书馆推广工程的政策支持与引导下，利用数字资源开展不同形式的线上线下阅读推广活动。2017 年各地开展了“十九大数字阅读”活动、“网络书香过大年”活动，主题鲜明、覆盖面广、参与人数多。数字图书馆推广工程开展的“2018 年网络书香过大年”数字阅读活动以各地图书馆微信公众号为入口，将推广工程线上活动嵌入到微信平台，参与人数多，群众活动热情高涨。

利用微信平台开展线上活动，如数字图书馆推广工程趣味闯关答题、笔者所在的盘锦少儿图书馆的“金榜题名状元郎——国学科举大赛”，以线上答题的形式很好地传承国学、解读经典，读者可随时随地参与活动。线下活动以数字资源阅读、移动阅读推广、ＶＲ虚拟现实体验为典型。ＶＲ阅读体验活动是近年来新兴的数字阅读方式，它是运用互联网前沿ＶＲ技术将中国传统文化、经典名著、科普知识等以虚拟现实３Ｄ呈现，让读者感受到别样的阅读体验。

（四）创新形式，打造精品阅读

在自媒体时代，网络技术、通信技术、3D 技术等信息技术不断进步与发展，线上展览作为公共图书馆推动文化教育与展览活动融合发展的模式之一，逐渐为越来越多的图书馆了解和使用。2013 年，首都图书馆通过微信公众平台向读者分期推送大型主题展览“一个世纪的开放历程——首都图书馆建馆一百周年”微信展，我工作的盘锦少儿图书馆每月一期推送“小仙鹤线上展览”，已展览的有十九大报告、公共图书馆法、春节民俗、中华经典传统文学等不同主题的微信图文展。通过微信公众平台开展线上展览一方面打破了传统展览在活动时间和空间上的限制，展览活动无须借用任何场所就能直接开展，这在一定程度上减少了公共图书馆开展展览的经济成本；另一方面，线上展览侧重于将社会上的时事热点、纪念日、民风民俗等及时展览宣传，与时俱进，有利于调动群众学习的热情。

自媒体时代，少儿图书馆应充分利用微信公众平台传播渠道的优势，紧跟时代发展，与时俱进，为广大少儿读者提供优质数字阅读服务，促进少儿阅读。

第六节 阅读助力成长—少儿图书馆阅读推广活动实践研究

“学习是文明传承之途、人生成长之梯、政党巩固之基、国家兴盛之要”，习近平总书记曾从四个方面阐述读书学习的重要性，强调了阅读对于一个人、一个国家的重要影响，但是良好的阅读习惯不是一蹴而就的，需要国家政策的支持、社会氛围的引导及家庭的浸润。在西方国家，从领导人到作家，从出版社到书店、从行业协会到非政府组织，都可以成为阅读推广参与者。中华民族历史悠久，有着厚重的文化积淀，中国人更注重耕读传家，耕田事稼穑、丰五谷，读书知诗书、达礼仪，通过培养良好的阅读家风及后人。

一、少儿图书馆阅读推广实践活动

（一）开展主题鲜明的阅读推广活动

以漯河市图书馆为例，该馆为了培养少儿的动手动脑能力，以及提高他们的环保意识及创新能力，开展了“元旦少儿看图手工才艺展”活动，展出了瓜子壳雄鹰图、旧衣服挂物袋和碎毛线拼画等用废旧物品和材料创作的手工艺品。很多少儿读者和家长慕名前来观赏作品，并记录作品的制作方法，回家模仿制作，展览期间该馆关于废物利用及手工制作的书籍被一借而空。由此可见，漯河市图书馆举办的活动不仅丰富了读者的体验，同时还促进了其馆藏资源的流通。此外，还有一些少儿图书馆开展了具有我国传统节日元素的主题活动，使读者参与其中就能够深切感受传统文化。以河南省少年儿童图书馆为例，该馆在 2015 年端午节期间开展了“我的端午记忆”特别活动，收集、整理了与端午节有关的各种知识、文化习俗等，从馆内海报设计、场馆环境打造到活动宣传页的设计，都围绕端午节主题进行，以体验和互动为活动的主要形式。如：请民俗专家为小读者讲解民俗知识，小读者向香囊艺术传承者学做香囊、画肚兜、编五彩绳等，以及参与端午服装秀、端午儿歌快闪、包粽子比赛、端午读书会等活动，为小读者和家长留下了弥足珍贵的端午记忆。

（二）打造独具特色的少儿阅读活动品牌

每年 4 月的“世界读书日”、5 月的“图书馆服务宣传周”，以及 1 2 月的“全民读书月”是我国民众广为认可的国家阅读品牌，成为少儿阅读推广工作中不可或缺的重要组成部分。少儿图书馆应以馆藏资源为依托，以少儿阅读活动为抓手，结合少儿读者的特点打造阅读活动品牌。打造优质少儿阅读活动品牌具有重要的意义，不仅能够营造全民阅读氛围，提升活动吸引力，吸引更多人参与，同时还能锻炼图书馆员队伍，提升少儿图书馆的整体服务水平。

以河南省少年儿童图书馆为例，自 2014 年以来，该馆面向少儿读者、家长、特殊儿童群体、阅读推广人、业界同仁等，打造了全省少儿阅读活动品牌“河南省少年儿童阅读年”，馆内亲子活动品牌“阅读七彩虹周末亲子乐”、讲座品牌“大家讲堂”、展览品牌“阅读与成长”、读书会品牌“一书一世界”、公益课堂品牌“趣阅读”、数字阅读推广品牌“网络书香润童心”、关爱特殊儿童群体系列活动品牌“手拉手阅读齐步走”、展演活动品牌“童梦剧场”等一系列优质阅读活动品牌，在促进读者交流的同时，使少年儿童亲近图书馆、爱上阅读。

（三）面向特殊少儿群体的阅读推广实践

我国有着数量庞大的特殊儿童群体，少儿图书馆应研究其心理特点，从完善基础设施及制度、保障文献资源及活动机会等多方面对其给予关爱，为他们提供充满人文关怀、平等尊重的阅读保障，保障他们享受图书馆资源的权利。如：南通市少年儿童图书馆通过开展关爱特殊儿童群体活动，从被动服务向主动服务延伸，邀请农民工子弟学校的学生参观图书馆，在城市收容所建立“爱心图书室”，并定期举办阅读活动，使他们在阅读中沐浴书香、汲取知识、收获乐趣。又如：河南省少年儿童图书馆联合河南电视台读书频道举办“暖冬手拉手”关爱贫困儿童活动，在全国助残日联合特殊学校、救助站等社会机构举办主题关爱活动，充分体现了平等、融合、接纳的图书馆理念。

（四）分级阅读理念在活动中的运用

南京大学教授、中国阅读学研究会会长徐雁认为：运用分龄阅读原理，可以帮助孩子提升不同年龄段的认知能力。同时，儿童读物分级可极大地提高孩子阅读对于知识营养和精神能量的对应性和适宜性。运用分级阅读理念开展少儿阅读推广活动是科学且必要的。如：昆明少年儿童图书馆举办的“让宝贝爱上阅读”低幼儿童阅读实践推广活动，向低幼儿童讲解多种图书的阅读和使用，包括手拨时钟书、立体双语书等适合低幼儿童阅读的书籍，这类书籍以其独特的装帧、新颖的形式，以及精美的印刷能够迅速激发幼儿的阅读兴趣，并进行与书籍内容有关的互动游戏，鼓励幼儿踊跃发言，寓教于乐，在欢快的氛围中拉近幼儿和图书的距离，使他们爱上阅读。

二、少儿图书馆阅读推广活动的因素

（一）团队建设

阅读推广活动能否设计出新意、开展出特色，团队建设是关键因素。因此，图书馆员应从少儿心理、性格特点、阅读兴趣等方面持续关注他们阅读需求的变化，用批判的眼光发现工作中的不足，挖掘读者关注点，进而策划能够满足不同读者需求的阅读活动。此外，少儿图书馆还应在实践中提升研究能力，实现活动的兴趣化、参与度、娱乐性、教育性等多维目标，通过开展理论知识、阅读指导与推广等主题的培训，保证活动的创新性和人文性。

（二）合作共建

少儿图书馆是我国公共文化服务体系的重要组成部分，应积极发挥其自身资源优势，联合博物馆、文化馆、书店、公益阅读推广机构等社会资源，以共建模式开展各类读书活动，拓展阅读推广的深度和广度。如：少儿图书馆可以联合小学、幼儿园举办集体阅读活动，让图书馆变成孩子们的“第二课堂”；联合博物馆共建“历史教室”和图书角，优化资源配置，互通共享资源；与“花婆婆”方素珍、阿甲、梅子涵、赵聚等知名阅读推广人或推广机构寻求合作机会，在图书馆内组建读书俱乐部、家庭阅读帮等小型阅读团体，以点带面，逐步形成区域性少儿阅读氛围，促进阅读推广。

（三）立体化宣传平台

宣传推广平台的多元化使各行业都以更加开放的姿态面向公众，少儿图书馆在利用馆内海报、电台、电视、报纸等传统媒介进行宣传推广的同时，也应借力互联网，如今日头条、蜻蜓FM网络电台、微信、微博、知乎、得到、豆瓣等渠道进行宣传推广，以便有不同阅读习惯的群体能够通过各种渠道和方式受到少儿阅读推广活动的通知或邀请。少儿图书馆通过不断加强网络平台与传统平台的互补，能够最大限度地发挥自身优势、扩大活动知名度、提升活动参与度及深化影响力。

（四）对外交流

少儿图书馆可以采用“请进来”“走出去”的策略，邀请国内外少儿图书馆的馆长、儿童阅读推广专家、少儿活动策划人等开展交流活动，以开放、包容、共赢的心态学习国内外少儿阅读推广的先进经验。少儿图书馆还应密切关注国际图联的动态，及时了解少儿阅读服务工作的发展趋势，树立与时俱进的阅读推广活动理念，使少儿图书馆成为小读者了解世界文化的窗口。同时，少儿图书馆还应积极参与政府组织的各类国际文化交流活动，将我国少儿阅读推广的成果展示给世界。

（五）“互联网 +”

互联网的快速发展打破了信息壁垒，重塑了资源的分布格局，信息的快速交换使优质的少儿阅读活动资源共享成为可能。少儿图书馆应依托馆藏资源建立阅读推广活动数据库，借助数据挖掘和商务智能技术分析少儿的性格特点、认知水平及兴趣爱好等，发现其内在关联性，建立类似慕课平台的网络少儿阅读活动推广平台，向小读者推送适合他们的阅读活动信息，提高阅读推广的效率。少儿图书馆应将“互联网 +”思维方式融入少儿阅读推广活动的各环节，使互联网技术成为阅读推广的强有力支撑，加大数字化、营养性、丰富性、趣味性等建设力度，以更加开放的心态和更加创新的精神拓展少儿阅读推广的新空间和新手段，从而实现少儿阅读活动的智慧互联。

综上所述，少儿图书馆担负着对少年儿童进行推广阅读的社会责任。因此，少儿图书馆应高效利用馆藏资源，科学开展少儿阅读活动，以活动引领阅读。同时，少儿图书馆还应培养一支专业素养高、了解少儿阅读心理、熟悉图书馆知识，以及实践经验丰富的馆员队伍作为人才支撑，同时广泛开展业界交流活动，创新理念，分享经验，进一步扩大少儿阅读活动的影响力，使少儿图书馆在阅读推广的道路上阔步前行。

第七节　合肥市少儿图书馆开展儿童参与式管理与服务

一、基本情况

合肥市少年儿童图书馆开放于 2001 年，政府投资仅 40 万元，后经引资开发增值至 370 万元购得现有馆舍，面积仅 1224 ㎡，是合肥市唯一专门性的少儿图书馆。为了弥补硬件条件的先天不足，图书馆突破传统理念，转变办馆思路，通过“请进来，走出去”，积极践行儿童服务优先原则，让小读者成为图书馆的主人。

2003 年，为了让更多的孩子了解图书馆，图书馆主动跟学校联系，让孩子们来图书馆参加义务小馆员志愿服务活动，通过参与社会实践的方式走进图书馆。

2005 年，因枞阳路社区一位小学生来信，希望图书馆能上门服务。图书馆经过多方争取，购置了一辆中巴车，改造成为全省第一辆汽车图书馆，主动走出去为偏远地区和农村留守儿童开展送书服务，人民日报连续两年进行了报道。

2006 年，正值农民工进城高峰，为了改善民工子弟的阅读环境，图书馆在农民工相对集中的三里街风一村社居委成立了第一家专为农民工子弟服务的图书馆，这也是当时全国首家民工子弟图书馆，在全国引起强烈反响，人民日报、中国文化报、中国教育报等主流媒体做了报道，文化部将此做法作为工作亮点向国务院汇报，并在全国予以推广。

2007 年，为了让更多普通读者都能看上电影，图书馆多方努力，积极争取财政支持，购置了高清投影机、七声道环绕立体声音响，设立了少图小影院，让小读者享受到影院级的观影效果。同时，在市委宣传部的支持下，添置了移动数字电影放映设备，利用汽车图书馆开赴交通不便、地处偏远的地区开展流动放映服务。

采纳了小读者的想法和建议，满足了他们的需求，让孩子们乐于走进图书馆。自 2001 年部分开馆时年接待读者不足 1 万人次到 2010 年读者接待量达到 40 万人次，接待人次直线增长，寒暑假及双休日每天最高接待读者甚至达到 2000 人，这也是图书馆接待人次的极限。图书馆通过热情周到的服务和丰富多彩的活动，以一个独立建制最小规模的图书馆达到了中等规模图书馆的接待能力。在 2005 年第三次全国图书馆评估定级中，图书馆以硬件不足软件补，第一次参加评估定级，即被评为一级图书馆。2013 年被评为全国全民阅读示范基地，当时全省仅有 3 家图书馆获此称号。2011 年、2014 年、2017 年连续荣获安徽省第九、第十、第十一届文明单位称号，是全省唯一一家获此殊荣的图书馆。逐步成为深受孩子们欢迎的图书馆，在全国少儿图书馆界都有较大影响力。

正因为社会的一致好评和媒体的高度关注，图书馆馆舍条件先天不足的问题得到了政府的高度重视，2013 年底，市委市政府批示将位于市中心的原合肥四中校舍作为图书馆的过渡馆舍，按现有房屋进行改造，尽快向市民开放。

二、具体做法

（一）建立小志愿者服务队

2001 年，图书馆部分开馆，当时仅一间阅览室，馆舍条件艰苦、设施设备简陋，很少有人知道合肥还有一所少儿图书馆。为了吸引广大读者，图书馆积极通过“请进来”的方式，邀请读者走进图书馆，了解图书馆，培养他们的阅读兴趣。

从 2003 年开始，图书馆与学校合作，推出义务小馆员社会实践活动，在了解图书馆的基础上，开始让读者参与图书馆服务实践。让小学三年级以上持证读者在经过报名、接受统一的岗前培训等一系列流程后，分批、分组走进外借处、采编部、中小学生阅览室等一线服务部门。

为了发挥好小馆员们的作用，图书馆组建了小志愿者服务队，给每位小志愿者建立了档案，将兴趣爱好、特长等基本信息记录在档，为今后有针对性的安排小志愿者参加实践活动提供了依据。另外，图书馆有一整套评价体系，每个小志愿者每次服务的表现都会在当天给出评分，年终依据全年服务的次数、出勤率、服务质量、读者评价等要素评选出优秀小志愿者并给予表彰。

实践一：参与图书馆一线部门服务工作

每逢周末和寒暑假，图书馆都会迎来接待高峰，突发的接待量让工作人员应接不暇，这时，训练有素的小志愿者就可以派上用场了，他们帮工作人员整理书架、修补破损的图书、帮读者拿取图书、辅导读者使用自助借还书机和图书查询机、维持借阅秩序等工作。因为小志愿者既是读者又充当了工作人员的双重身份，在服务过程中，更能获得其他读者的认同。

实践二："学习＋实践"特色夏令营

除了"请进来"为读者服务，图书馆还通过夏令营组织小志愿者"走出去"，安排他们当小记者，深入瓜市，现场采访瓜农一天的生活。小志愿者们还通过中央电视台《新闻社区》栏目，把精彩的夏令营生活告诉了全国的小朋友。

实践三：举办小志愿者经验交流会

在服务过程中，每个小志愿者都会遇到不同的问题，发现好的点子，为了让大家互相学习，共同成长，图书馆不定期组织小志愿者开展服务经验交流会，让小志愿者们将平时工作中一些好的做事方法，拿出来和大家一起分享，提升小志愿者们的服务能力。

（二）探索小读者参与日常工作管理

随着时间的推移，小志愿者参与社会实践的人数越来越多，实践涉及的内容也越来越广，他们也经常将一些好的想法和建议告诉工作人员。能不能让小读者们来参与图书馆的日常管理呢？我们不断尝试、探索，从"小读者家庭采购团"开始，逐渐过渡到图书推荐、阅读推广、读者活动管理等。

实践一："小读者家庭采购团"

读者想看什么书，他们自己最清楚，图书馆尝试将图书采购权下放一部分给孩子和家长，组织小读者采购团到图书城现场采购书籍，第一次开展活动就有上百人报名参加，第二次即突破500人，读者反响强烈，纷纷要求图书馆经常性开展此活动。为了最大限度地满足读者需求，每逢寒暑假和特殊节假日，图书馆都开展“小读者家庭采购团”活动。受此启发，馆内也开始让一线员工参与图书采购工作，因为他们更了解读者需求，改变了以往采编部门专门负责采购的传统模式，从读者自身需求的角度选购的书籍更受欢迎，图书馆图书借阅量不断攀升，年均图书流通量突破50万册次。

实践二：图书推荐、阅读推广

在服务过程中，经常会有读者问：最近有什么书特别受欢迎？我家孩子四年级了，应该看什么书？为了更好地解答读者及家长的此类咨询，图书馆组织一部分小读者进行有针对性的培训，让他们走上图书推荐的岗位，他们更清楚同龄人的阅读喜好和需求，很多图书他们就阅读过，推荐起来更有说服力。同时，图书馆还组织读书会、读书沙龙等阅读辅导活动，通过小读者现身说法，谈阅读感受，与其他读者分享心得体会，有效的推广了阅读。

实践三：参与读者活动管理

让小读者参与到活动策划中来，由活动参与者变为活动设计者，一起设计活动方案、活动流程、选购活动礼品，更能调动他们的积极性。在活动实施过程中，邀请小读者走进活动现场，成为活动管理者，进行活动签到、维持秩序、分发礼物、分发活动反馈表等工作，协助工作人员做好后勤保障。活动结束后，大家一起分享心得、总结经验，为下一次更好地开展活动出谋划策。

（三）让小读者成为图书馆的小主人

为了更好地发挥小读者的主人翁作用，图书馆转变办馆理念，定期组织小读者召开座谈会，听取他们的意见和建议，让小读者从被动参与图书馆管理转变为主动参与图书馆决策，成为图书馆的小主人。

实践一：提高馆藏利用率

图书馆英文图书馆成立初期，小读者纷纷建议，英文书籍虽好却难读，希望图书馆能开展英文阅读活动，在听取读者的建议后，英语小广场从2007年开办至今，举办各种类型活动千余场，服务读者及家长近3万人，在小读者和家长中产生了广泛影响，也得到了省市媒体的关注。同时，图书馆根据英文书籍的难易程度，将其分为4级，方便不同英语水平的读者借阅。

实践二：调整及延长开放时间

图书馆开放时间与行政办公时间一致，在座谈会上，小读者反映周一至周五想来图书馆借阅不方便，针对这个问题，图书馆克服人手不足的困难，对开放时间进行了调整，错开了与小读者及家长的上学、工作时间，同时延长了开放时间，周末更是从早上八点开馆至晚上八点，增加了借阅时间，满足了更多读者的需求。

实践三：参与图书馆制度修订

读者作为图书馆的主体，参与制度设计对于图书馆的发展具有重要意义，他们作为被服务者，更容易发现并乐于指出制度中的缺陷。在座谈会上，小读者认为图书馆阅读积分制度过于笼统，遇到具体细节时不好界定，针对这一问题，广泛听取了各方意见，对积分制度进行了细化、完善。正因为有小读者参与图书馆日常制度修订，才能推出一个又一个切实可行的制度。

一直以来，图书馆始终坚持以办一所受孩子们欢迎的图书馆为奋斗目标，始终站在读者的角度思考图书馆的发展规划，将读者的建议和设想付诸实施，通过小读者参与图书馆管理的实践足以证明，只有让读者成为真正意义上图书馆的主人，才能更好地推动图书馆发展，最终达到读者与图书馆双赢的效果。少儿图书馆作为公益性文化教育机构和社会公共文化服务阵地，是少年儿童课外阅读和学习的主要场所，对学校教育起着补充、延伸和深化的作用。图书馆应积极响应少年儿童优先服务倡议，积极践行少年儿童优先原则，保障少年儿童利益最大化。从少年儿童身心发展特点和利益出发，策划、组织和开展阅读推广活动，鼓励并支持少年儿童参与图书馆志愿服务等活动，探索小读者参与图书馆决策管理的形式与途径，发挥小读者的主人翁作用。

第八节　图书馆开展少儿分级借阅实践与研究——以扬州市少儿图书馆为例

分级阅读起源于西方国家，而在我国，直到 2008 年 7 月南方分级阅读中心成立，才推出了我国第一套分级阅读标准。随着对少儿阅读需求的不断重视，2011 年 8 月，国务院制定的《中国儿童发展纲要（2011-2020）》对外发布，首次明确提出“推广面向儿童的图书分级制，为不同年龄少儿提供适合其年龄特点的图书，为少儿家长选择图书提供建议和指导”。

扬州市少儿图书馆在成立之初，就为广大少年儿童提供适合不同年龄少儿的阅读环境。自 2015 年 10 月三期扩建工程启用以来，以分级借阅理念为指导，功能更加全面，服务更加细化，为不同年龄少儿提供适合其年龄特点的图书借阅窗口，开展适合不同年龄段少儿的丰富多彩的阅读推广活动，为家长选择图书提供建议和指导。

一、图书馆开展少儿分级借阅的主要作用

（一）有利于少儿选择适合的图书

少儿时期是培养阅读习惯、提高阅读能力的黄金时期。目前少儿图书馆藏书按照《中图法（少儿版）》进行分类编目，这种文献组织方式虽然能够全面的揭示文献的外部特征和内容，便于管理和利用图书。但对于少儿读者，要在繁多的藏书中找到自己感兴趣的图书是非常困难的。根据少年儿童智力发展和心理发展情况，一般处于阅读习惯和阅读能力的培养阶段，在阅读中自控能力差，带有盲目性，极易受到不良因素的影响。尤其是低幼儿童，缺乏一定的检索和筛选能力，图书的选择具有偶然性，缺少科学性，阅读具有随意性。在少年儿童中开展分级阅读，从年龄上进行初步划分，针对孩子的年龄特点有计划地提供书籍，有助于把合适的书籍，在合适的时间，以合适的方式传递到孩子手中。

（二）有利于开展各项阅读推广活动

合适的书籍强调适用性，关注少儿阅读品质，包括图书的思想内涵、印刷质量等，引导少儿阅读图书，提高阅读品位和扩大知识面，感受阅读之美；“在合适的时间，以合适的方式”强调阅读指导方法的科学，即根据少儿发展的阶段性特征提供与之阅读能力相适宜的书籍和服务，循序渐进地提高少儿阅读能力，引导少儿从依赖性阅读发展为自主性阅读。扬州市少儿图书馆按照少年儿童不同年龄段的智力和心理发育程度，进行科学划分，设计少年儿童的阅读计划，如“零岁阅读计划”、“亲子棒棒堂”“亲子会员之家”等阅读推广活动，为不同年龄的孩子们制定相应的阅读书目，为同一年龄不同心智发展程度设置不同的阅读计划，细化了孩子的阅读接受能力。以活动提高孩子的阅读兴趣和阅读能力，以阅读促进各项阅读推广活动的开展。

（三）有利于家长选择适合阅读图书

少儿阅读具有特殊性：一方面，少儿虽然是阅读的主体，但却缺乏自主判断和选择的能力，阅读选择的主体往往是家长；另一方面，少儿在不同的发展阶段，智力发展，认知能力，阅读心理等方面的差异变化非常明显，如果家长缺少相关知识就会造成为少儿阅读选择书籍的困难，因此分级阅读作为能够为少儿提供与之阅读能力相适宜的阅读

参照的科学方法。面对琳琅满目的图书家长往往感觉到无所适从，眼花缭乱，苦于找不到适合孩子的读物。推行分级阅读是解决图书馆藏书与阅读间矛盾的一大举措，少儿图书馆通过采取分级阅读的形式，先于家长将图书进行分类标识，将适合不同年龄的图书进行区分。家长有目的性的去寻找适合自己孩子年龄段的图书。

（四）有利于有个性开展文献采购

在全国的出版社中，涉足少儿图书的出版社达到175家，每年新增的少儿类图书数不胜数。如果说少儿图书馆是要帮助少儿读者从各种青少年读物中选择适合不同年龄段阅读的图书，那么图书采购就是从茫茫书海中挑选适合少儿阅读的书目。通过开展分级阅读之后，不同年龄段的读者会有各自固定的阅读群体，读者可以作为图书采购的一员，主动提供推荐书目；另一方面，根据分级阅读的各个馆藏地点的藏书量，有针对性查漏补缺，有个性的开展文献采购。

二、图书馆开展少儿分级借阅的主要做法

（一）合理规划综合功能布局（时空布局）

扬州市少儿图书馆根据少儿发展的年龄特点、心理特点和智力特点，在原有分类法的基础上，以分级借阅为理念指导，对文献组织方式进行了改进，有针对性地开设不同服务窗口。一方面根据少儿在不同年龄段的认知程度，设置玩具馆、亲子馆、低幼借阅室、小学生借阅室、中学生借阅室；另一方面根据少儿兴趣选择、品质要求以及文献特色，开设外文馆、国学馆、绘本馆、数字资源体验馆等等一系列特殊科室；同时重视特殊需求的弱势儿童群体，设置视障阅览室，关注留守儿童，定期组织进行参观，丰富他们的文化生活。

（二）按少儿分级阅读需求分配馆藏（藏书分配）

自2015年新馆成立采取分级阅读以来扬州市少儿图书馆对于阅读群体也进行了更为细致的划分，通过图书流通册次和读者流通人次，了解各服务窗口图书需求从而合理分配馆藏。从借阅部整体范围来说，少儿阅读群体在全馆读者中占绝大多数；而在整个少儿阅读群体中，低幼、小学生和中学生借阅室的读者和图书流通占较高比例。如2016图书流通册次110万册次左右，读者流通人次约为30万人次，其中小学生占比40%，低幼35%，中学生25%，小学生占比最高。而在各个服务窗口内又有不同的侧重点，低幼侧重于阅读启蒙，小学生侧重于阅读的广度，而中学生则侧重于阅读的深度。所以在文献采购和分配馆藏时，以服务对象阅读需求进行分配，合理馆藏资源配置。

（三）开展多形式图书推荐工作（各种方法）

扬州市少儿图书馆虽然进行了比较细致的图书阅读分级，但每个年龄段小孩的心理发展和智力发展，家长的层次水平也不尽相同，这就需要工作人员根据自己的岗位特点，阅读对象的不同，来开展各种形式的图书推荐工作。如采编部是新书进馆的第一站，每周精选优秀新书，通过动画、图片和内容相结合，吸引小朋友的阅读兴趣；小学生、低幼和中学生等科室，根据服务对象的特点，精心挑选不同主题的专题图书，开展特色书展；绘本、数字资源等特色主题科室根据小朋友的阅读兴趣和特点，设置专题书架。通过各种形式的图书推荐，更好的引导少儿阅读。

（四）组织丰富多彩的阅读推广活动

少儿阅读推广作为基础教育的重要补充，如何通过少儿阅读推广活动向少儿推介利于成长的阅读资源并有效的培养其阅读习惯，成为图书馆必须考虑的问题。扬州市少儿图书馆将阅读与活动结合起来，以“既要适合各年龄阶段的小读者，又要将读书的重要性渗透到活动中去”为宗旨，让小读者在阅读活动中体验成长与快乐，促进少年儿童多读书、读好书，通过活动培养他们良好的读书习惯。为此，扬州市少儿图书馆举办了丰富多彩的阅读实践活动，如“暑期科技文化节”、“悦读有声”、“奇思妙想实验屋”等活动，激发了孩子的读书热情，带领孩子走进书的海洋，把“多读书、读好书、乐读书”作为活动的主旋律，用书香伴着少年儿童快乐成长。

（五）组织适合不同年龄读者的专题讲座

为了满足少年儿童日益增长的文化需求，扬州市少儿图书馆在做好图书借还、阅览的同时，还开展了大量益智益脑、拓展思维、锻炼动手能力的系列活动，让少年儿童在轻松愉快的氛围中爱上阅读，爱上图书馆，健康快乐的成长。少图讲堂系列活动，就是扬州市少儿图书馆品牌活动之一，自 2004 年创立以来，定期邀请名师专家到馆，为少儿读者及家长开展不同主题的公益讲座，除了传统的名师讲堂、亲子互动系列讲座外，2016 年下半年开始又新增了儿童健康成长新版块，每月与扬州市卫计委联合开展一场专题讲座，旨在给大家带来更多专业的阅读写作、家庭教育、休闲养生、智力开发等知识和经验，同时也为读者提供交流互动的平台。

三、加强少儿分级借阅的几点措施

（一）做好宣传和辅导工作

分级阅读作为近些年才在国内兴起的阅读方式，虽然发展迅速，但无论是理论基础还是实践工作都与国外还存在一定差距，分级阅读普及率较低。在今后的工作中，引导馆员积极宣传分级阅读，鼓励进行多形式的报道，加强宣传，提高读者对于分级借阅意识。不仅在本馆内部通讯刊物、馆内网站、微信平台等多种形式报道，同时鼓励向外界进行合作，提高分级借阅的影响力。

（二）加强文献信息资源建设

图书是图书馆的立足之本，也是各项活动开展的基础。尤其开展分级借阅之后，对于图书要求不仅仅是量那么简单，需要工作人员根据各部门特点，以平时接触到的第一手读者阅读需求资料为基础，从图书的内容质量，馆藏文献资源比例着手，合理规划馆藏资源布局，突出文献资源建设的重点难点

（三）提高从业人员的业务素质

少儿图书馆在分级阅读研究与推广应用方面，有很多优势，特别是针对不同年龄段少儿阅读研究方面。我们要把掌握到的少儿阅读情况方面的资料，上升为理论，从而指导实践，这就对馆员提出了更高的要求。工作人员在做好平时的工作之外，加强专业知识学习，积极参加国内外研讨会，学习先进分级阅读的理念；同时加强同行业之间的交流学习；积极组织馆内学习，开设新进工作人员业务指导与培训，打好理论基础；鼓励馆员之间互相学习，不断提高工作人员的业务素质，以便更好的为读者服务。

少儿图书馆作为少儿素质教育的重要基地，对少年儿童身心健康成长起着重要的作用，怎样把最合适的书籍在最合适的时间以最合适的方式送到孩子的手中，使更多的孩子沐浴在书海中；如何把国际上流行的分级阅读先进理念应用到少年儿童图书馆，是我们从事少年儿童图书馆工作者们研究与深思的课题，也是今后工作的重点与难点。

第九节　少儿图书馆队伍建设的探索与实践——以河南省少年儿童图书馆为例

阅读是提高全民素质的重要途径，倡导和推动全民阅读，是促进社会主义文化大发展大繁荣的重要战略。党的十八大以来，以习近平同志为核心的党中央高度重视阅读，全民阅读已连续 5 年被写入《政府工作报告》。党的十九大报告指出，满足人民过上美好生活的新期待，必须提供丰富的精神食粮。阅读是提供精神食粮的重要方式，大力推

动全民阅读，如今已成为一件推动文化事业发展的大事。河南省少年儿童图书馆作为全民阅读的重要阵地，在建馆之初就提出了“以点带线，连线成面”的战略构想，即以促进少儿阅读带动家庭阅读，以家庭阅读促进全民阅读。在这一战略思想的指引下，在全体馆员的共同努力下，河南省少年儿童图书馆已取得了一些成绩，连续三年荣获全国“全民阅读先进单位”的称号，被中国图书馆学会授予“全民阅读示范基地”的称号。

一、河南省少年儿童图书馆的队伍组成情况

河南省少年儿童图书馆于2012年12月建成，并于2014年6月正式对外开放，虽然建馆时间不长，但呈现出起步晚、发展快、效益好和影响大等特点，这与该馆不断加强队伍建设密切相关。该馆秉承“享受阅读 启迪心智 放飞梦想 快乐成长”的服务理念，注重加强团队建设。

（一）领导班子构成合理

领导集体素质首先取决于领导集体中个体的素质，其次取决于群体结构。合理的领导班子应该表现为合理的知识结构、能力结构和专业结构，只有这样才能发挥强大的引领作用。河南省少年儿童图书馆的主要领导从事了近30年的幼儿教育工作，对少儿的思想、行为、习惯和认知等有深刻的了解，这对少年儿童图书馆的发展起到了重要的引领和支撑作用。同时，班子成员包括图书馆业界的专家、活动策划专家、审美艺术专家及资深行政管理人员等，他们各司其职，在不同的分管领域发挥自身的优势。作为一个领导集体，它具有较强的管理能力，促使河南省少年儿童图书馆的事业有了良好的开端，且能带领该馆按照既定的战略思路不断前行，已为河南省的少儿阅读事业打下了坚实的基础。

（二）青年馆员勇于创新

青年馆员是最忠诚牢固的群众基础，是推进现代公共文化服务体系建设的中坚力量。河南省少年儿童图书馆35岁以下青年馆员的人数占馆员总人数的76%，这对于刚起步的少年儿童图书馆来说是明显的优势：一是青年馆员的学历高，学习能力强，对于新生事物接受快，为大力开展数字图书馆建设奠定了坚实的基础。二是青年馆员敢想敢干，创新意识强。河南省少年儿童图书馆高度重视青年馆员的培养教育工作，从思想政治、工作技能等方面对他们进行教育培训，定期组织考核评比，在全馆形成比业绩、比作风和比贡献的良好氛围。同时，该馆还大力倡导青年馆员共同进行“头脑风暴”，鼓励创新，并从人力、物力等方面给予大力支持，开发了许多创新型阅读推广项目，使该馆在活动

组织、阅读推广等方面走在了全国的前列。

（三）注重发挥个人及社会优势

河南省少年儿童图书馆注重发挥每位馆员的优势，善于倾听不同意见，综合考虑各方建议，以期获得最好的社会效益。在馆舍建设方面，领导班子提出了“以少儿喜好为基础，打造最适合少儿的阅读环境”的目标。为了实现这一目标，提升装修效果，该馆先后征求少儿读者、少儿教育工作者和馆员的意见建议47次，召开专家论证会19次，拟定设计方案28稿，认真倾听各方人士的建议，综合考量各方面情况，确定了最终的装修方案，进而获得了各方人士的充分肯定及到馆读者和家长的好评。同时，河南省少年儿童图书馆还与文化部门、新闻媒体进行合作，获得了河南博物院、河南省非遗中心、河南报业集团及郑州市科技协会等单位的大力支持，举办了多场鼓励少儿阅读、有利于少儿成长的活动。随着该馆社会影响力的不断扩大及美誉度的不断提高，该馆吸引了许多志愿者投身少儿阅读事业，进而走上了良性循环的可持续发展道路。

二、新时期少年儿童图书馆馆员应具备的基本业务素质

（一）具备图书馆学专业知识

图书馆是整理、收集、保存和传播知识的场所，职责范围涵盖了文献资源的采访、购买、分类、编目、保存、借阅、咨询等内容。由于图书馆工作是一项具有较强学术性、技术性和创造性的工作，馆员必须具备较高的图书馆学专业素质和业务技能。随着时代的发展，少年儿童图书馆只有不断创新服务方式和服务内容，才能激发少儿的阅读兴趣，因此，图书馆员还应掌握通信技术、声音影像技术和数字化技术等，适应数字图书馆建设的要求，以期推动少年儿童图书馆事业快速稳定地发展。

（二）了解少儿心理特点

馆员要充分了解不同年龄阶段少儿的心理特点，根据不同年龄阶段少儿的喜好和阅读需求，为他们提供合适的读物。馆员还可通过营造阅读氛围、开展阅读推广活动等方式，激发少儿的阅读兴趣，帮助他们掌握阅读方法和技巧，让到馆读者能够在快乐中学习知识，在阅读中收获快乐，从而养成爱阅读的好习惯。

（三）熟悉少儿读物

馆员应把好文献资源采购质量关，采集知识性、趣味性、教育性强的图书、报刊、音像制品和电子出版物等，尤其要重视少儿喜闻乐见的动漫作品、多媒体等新型载体资源的采集，建立健全的少儿阅读体系，努力满足少儿的阅读需求。馆员在了解少儿心理

特点的基础上，还应及时了解新时期少儿读物的内容和适合人群，结合少儿的阅读喜好、知识水平和年龄层次等，将优质的少儿读物推荐给他们。

（四）善于策划少儿阅读推广活动

少儿具有天性活泼、善于模仿等特点，这就要求馆员既要具备图书馆专业技能，又要具备少儿教育知识。少儿阅读推广活动是引导少儿阅读的重要方式之一，馆员通过组织开展故事会、手工制作、科学实验等丰富多彩的活动，激发少儿对新鲜事物的兴趣，引导其通过查阅图书了解相关知识，从而达到引导少儿阅读的目的。

（五）宣传和推广数字资源

在信息时代，少儿可以接触到海量信息，他们喜欢阅读集文字、图像、声音、动画等于一体的数字资源。因此，在数字图书馆建设的新时期，馆员应积极宣传、推广数字资源，借助网络平台为少儿提供适合的网络应用知识和技能，开展多元化的阅读推广活动，激发少儿的阅读兴趣，充分发挥少年儿童图书馆的教育职能。

三、队伍建设中存在的问题

近年来，图书馆的社会职能日益增加，服务模式不断创新，辐射范围不断扩大，服务效能不断提高。作为承担着促进全民阅读、开展少儿教育、提高少儿综合素养、传递先进科学情报等重任的河南省少年儿童图书馆，虽然取得了一些成绩，但在队伍建设方面还存在一些问题。具体体现在：①高新技术人才匮乏。由于河南省少年儿童图书馆组建时间短，人员编制少，具有初级专术技术职务人员比例占专业技术人员总数的73%，这使该馆的科研能力难以得到有效提升，制约了该馆的事业发展和业务拓展。②自我认同感不强。部分馆员尤其是青年馆员对行业价值缺乏正确认识，认为图书馆工作强度较大、节假日休息时间短、福利待遇不高。这影响了他们的工作积极性，也造成了人才流失等情况的发生。③服务意识不强。部分馆员仅满足于图书借还的传统服务模式，缺乏服务的主动性和创造性。馆员要通过不断创新工作方式，激发少儿的阅读兴趣，从而使他们养成良好的阅读习惯。④知识结构单一。少年儿童图书馆既有其专业的统一性，又有其服务对象的独特性，因此，河南省少年儿童图书馆应该加强馆员培训，但是目前的培训机制存在培训方式单一、内容不系统等问题，不能有效满足馆员需求。

四、河南省少年儿童图书馆的发展策略

（一）明确社会定位，培行业自信

少年儿童图书馆承担着少儿社会教育的重要职能，在促进全民阅读中所发挥的作用不言而喻。河南省少年儿童图书馆在引领全省少儿阅读事业发展中发挥着龙头作用，是以少儿为服务对象的重要的社会教育机构，是少儿的第二课堂。因此，唤起各行各业对少年儿童图书馆的重视，肯定少年儿童图书馆在履行社会教育职能的重要作用，激发馆员的行业自豪感和自信心，是促使少年儿童图书馆保持快速发展的重要手段。

（二）加强宣传引导，凝聚社会力量

2010 年，《文化部关于进一步加强少年儿童图书馆建设工作的意见》要求，各级文化行政部门及少年儿童图书馆、公共图书馆要加强同各类新闻媒体的联系，争取新闻媒体的支持，加强舆论导向，提高社会各界对少年儿童图书馆事业的认知，共同推动少年儿童图书馆事业的发展；要配合“图书馆服务宣传周”“世界读书日”等活动全方位展示少年儿童图书馆的形象，进一步宣传少年儿童图书馆的职能和作用；要重视对各项服务工作的宣传，使宣传工作日常化，不断吸引读者，扩大读者队伍，充分发挥少年儿童图书馆的社会作用。在科技发展日新月异的今天，少年儿童图书馆应更加注重运用互联网，借助网站、微信等自媒体平台，大力开展数字阅读服务，着力提高少年儿童的信息素养，引导广大少年儿童正确使用互联网，在提高服务效能的同时引起全社会对少儿阅读的关注，促进全民阅读事业的发展。因此，河南省少年儿童图书馆应该加强宣传，引起社会关注，广泛争取社会各界的支持，以期更好地完成自己的使命。

（三）加强人才培养，提升服务效能

为了满足少儿日益增长的阅读需求，提升馆员的综合素质，河南省少年儿童图书馆应积极创造条件，在人才培养方面给予大力支持，通过多种形式的继续教育，打造一支素质高、专业强的馆员队伍，积极、有效地引导少儿阅读。具体措施有：一是加强理论研究和学术研讨，促进馆员的知识更新，全面提高少儿图书馆人才队伍的专业素养和知识水平。二是加强职业道德教育，进一步增强馆员的服务意识，使他们成为合格的教育工作者。三是适应信息化、网络化的需要，着力培养一批熟练掌握计算机技术、网络技术的专门人才。该馆应在充实图书馆学专业人才队伍的同时，积极吸纳教育学、儿童心理学、儿童文学等专业的优秀人才，形成学科比例协调的人才管理队伍。四是充分利用志愿者等社会资源，为少年儿童图书馆建设提供服务。

（四）建立科研激励机制，塑造良好的学术氛围

河南省少年儿童图书馆采取的具体措施有：一是鼓励青年馆员积极创新、及时总结，把工作中好的经验加以研究提炼；同时建立专业交流研讨机制，定期举行馆内学术成果分享及经验交流会，探讨改进服务的方法，形成较为稳定的服务模式。二是鼓励青年馆员走出去，与专家学者、科研机构建立联系，积极参与科研活动和项目，不断提升自身的科研能力和业务能力。三是建立健全学术研究机制，完善学术成果奖励机制，在政策允许的范围内对在科研领域取得较大成绩的馆员给予奖励。通过这些方式，河南省少年儿童图书馆在馆内形成提升能力和素质的良好氛围，激励全体馆员共同努力为少儿提供优质的阅读服务。

（五）开展馆内轮岗，提供锻炼机会

河南省少年儿童图书馆采取的具体措施有：一是引导、鼓励馆员进行全方位、多角度的岗位历练，提升他们的工作能力。二是为每位馆员提供同等的展示机会，让馆员发现自己的优势，以便他们发挥自身最大的价值。三是让每位馆员站在同一起跑线上，接受馆内的考验和聘任。同时，该馆通过开展竞聘上岗，形成“能上能下”的用人机制，激发馆员工作的内在动力，从而增强了单位活力，提升了图书馆的服务效能和管理水平。

第十节　全媒体时代少儿图书馆多元阅读研究
——以江苏少儿数字图书馆项目实施为例

一、全媒体时代的信息特征

（一）全媒体概念与特点

全媒体（Omnimedia）概念源于传媒界的应用层面。随着媒体形式的不断演进出新，媒体内容、渠道、功能层面的深度融合，全媒体的概念应运而生，其内涵与外延也逐步明晰。“全媒体”指媒介信息传播采用文字、声音、影像、动画、网页等多种媒体表现手段（多媒体），利用广播、电视、音像、电影、出版、报纸、杂志、网站等不同媒介形态（业务融合），通过融合的广电网络、电信网络及互联网络进行传播（三网融合），最终实现用户以电视、电脑、手机等多种终端均可完成信息的融合接收（三屏合一），实现任何人、任何时间、任何地点、以任何终端获得任何想要的信息（5W）。概言之，全媒体是信息、通信和网络技术条件下各种媒介实现深度融合的结果，是媒介形态变革中展现出的最新传播形态，通过提供多方式多层次的传播以满足受众的细分需求，使之获取更加及时、更多角度、更多视听满足的媒体体验。

全媒体的特点主要体现在四个方面：第一，它是当下各类信息流手段最大化的集成者；第二，在整合各类新型媒体功用之时，兼顾传统媒体的表现形式；第三，体现各媒体之间在覆盖面、技术手段、媒介载体、受众传播面上的全方位融合；第四，根据需求及其经济性以综合运用其媒体表现形式和传播渠道，即超越跨媒体，以更加经济的视角选择媒体间的综合运用，达到投入最小、传播最优、效果最大的目标。

（二）全媒体应用与发展态势

全媒体概念的产生，源自20世纪90年代以互联网为代表的信息网络与通信技术的长足发展，最初对其的认识多囿于技术方面。大陆地区在全媒体应用始于2008年的新闻传播领域，随后延展至出版、广告、电视、网络、移动多媒体、远程教育等各行业。可以说，全媒体时代在潜移默化中已然来临。从发展进程看，全媒体信息呈现出动静结合、深浅互补、全时在线、即时传输、实时终端、交互联动的时代特点，全媒体的架构流程中体现着渠道变革、内容变革、信息整合、运营整合的趋向。从全媒体时代的发展态势看，互联网作用越来越充分地体现出来，物联网与人工智能技术将更多地融入人们的生活，并伴随着数字视频新媒体广阔的发展空间，媒介融合不断深入形成新的业务生长点。随着全媒体进程的加速，在融合的基础上，各种媒介形态、终端及其生产将更加专业和细化。因此，需要我们在聚众化平台上做好分众化的服务，以信息产业链构造传播服务链，为机构提供管理整合服务，为用户提供生活集成服务。

二、多元阅读与图书馆功能的新定位

（一）多元阅读的意涵与发展

多元阅读，即指综合多种阅读形式与方法的系统阅读和整体阅读。随着网络技术与数字技术的飞速发展，信息载体多元化，不仅促进了学习形式的多样化，也必然带来阅读方式的多元化。

多元阅读背景下的阅读呈现出数字化、多样化、个性化等特征。据《全国国民阅读与购买倾向抽样调查》报告显示：在阅读的功能性认知上，国民阅读的主要目的倾向于通过满足兴趣爱好和休闲娱乐以获得情感和精神上的愉悦；在阅读内容上，流行阅读、功利性阅读超过了经典阅读；时尚与轻松阅读，网络、手机、电视等视听阅读比率明显提升。从文本阅读到图像阅读，从纸质阅读到数字阅读，从经典阅读到时尚阅读，从深阅读到浅阅读，从精阅读到微阅读，从普通阅读到分级阅读，多元阅读正在成为当下全媒体时代的社会现实，需要我们直面与正视。

（二）图书馆功能的新定位

图书馆作为社会记忆（通常表现为书面记录信息）的外存与选择传递机制，发挥着保存文化遗产、开发信息资源、开展社会教育、提升文化素质的重要职能。2015 年 12 月 31 日由教育部修订颁行的《普通高等学校图书馆规程》、2018 年 1 月 1 日起正式施行的《中华人民共和国公共图书馆法》、2018 年 5 月 28 日由教育部修订颁行的《中小学图书馆（室）规程》等法律法规，对公共图书馆、高校图书馆、中小学图书馆等功能作用与主要任务做出了最新规定。

公共图书馆是公共文化服务体系的重要组成部分，应当将推动、引导、服务全民阅读作为重要任务。高校图书馆是校园文化和社会文化建设的重要基地，应充分发挥其在学校人才培养、科学研究、社会服务和文化传承创新中的作用。中小学图书馆是学校文化建设和课程资源建设的重要载体、基础教育现代化的重要体现、公共文化服务体系的有机组成部分，应组织学生阅读活动，培养学生阅读兴趣和阅读习惯。而作为公共图书馆除了加强自身在社会的阅读推广外，还应加强与学校图书馆、科研机构图书馆以及其他类型图书馆的交流与合作，开展联合服务，支持其他类型图书馆向社会公众开放，促进资源共享。鉴于此，加强图书馆领域对多元阅读的研究与服务，推进各类图书馆在引领全民阅读中的作用发挥，应是全媒体时代图书馆人的职责担当。

三、江苏少儿数字图书馆建设与服务的相关分析

（一）江苏少儿数字图书馆项目实施概况

江苏少儿数字图书馆是江苏省公共数字文化重点建设项目之一，自 2014 年 8 月立项建设至 2016 年 4 月 23 日建成正式上线以来，取得了良好的社会反响，得到了业界的充分肯定。项目由江苏省文化厅指导、南京图书馆牵头实施，以“省馆牵头、各馆参与、共建共享、服务全省”为指导思想，以少儿数字资源、少儿工作交流、资讯信息发布为主要建设内容，以公共图书馆为主阵地，利用网络、数字资源实体产品、手机移动应用（APP、微信）等新兴社交媒体手段，引入 O2O 方式，建立了服务于全省少儿读者的集数字阅读、互动体验与活动开展于一体的公共文化服务平台，体现了公共文化服务的均等性，增进了全省少儿图书馆员、少儿家长、学校师生之间的交流互动，产生了较强的

示范效应和较大的推广价值。该项目荣获了江苏省公共图书馆最新一届优秀服务成果特等奖、2018 年全国图书馆服务创新奖等荣誉，成为目前国内规模最大的省级少儿数字图书馆建设与服务项目。

（二）少儿多元阅读活动的相关内容分析

江苏少儿数字图书馆项目，坚持“服务平台标准化、资源建设标准化、参建资金标准化、资源访问开放化”原则。全省图书馆可通过平台上所有的数字资源，结合各地实际，文化特色，开展线下活动，围绕少儿读者的特点，设置门户网站、触摸屏、移动 APP 和微信平台。现有的 15 种少儿数字资源分属绘本、视频、期刊、连环画、电子书、动漫等类型，兼顾了各年龄段少儿的心理特点、行为感知、社会交流途径及阅读兴趣方式，体现出资源选取上的多元性、趣味性和有益性。在项目实施活动中涉及网上活动、现场活动及系列主题活动，其中众创共享则以少儿读者原创作品上传平台实现分享互鉴。全省 100 多个各级公共图书馆均进行定位，将线上用户吸引至实体图书馆，把数字图书馆的线上资源延伸为线下服务，同时让线下活动拓展线上服务内容，实现图书馆服务的立体交互。以南京图书馆为例，春节期间的“书海拾贝”系列活动、暑期期间的“E 路畅游、悦读暑假”系列活动、家庭亲子阅读、少儿阶梯阅读推广、少儿报刊阅读季等活动，在结合本馆少年儿童读者（0~15 岁）生理特征和阅读需求的基础上实行全覆盖服务的过程中，切实提升了公共图书馆少儿服务的效能，增加了广大少年儿童的文化获得感。

四、图书馆多元阅读的发展趋势与对策思考

（一）图书馆多元阅读的发展趋势

图书馆作为全媒体技术广泛运用的文化传承阵地与社会教育场所，肩负着阅读推广的时代责任。全媒体技术以其融合的新型传播方式，为图书馆多元阅读的发展营造了充分的施展空间，主要表现在四个方面：第一，全媒体技术的应用拓展了图书馆信息资源积累与开发的渠道，无形之中改变着图书馆读者原有的阅读方式与习惯；第二，在信息化环境下，全媒体资源与全时空服务将成为图书馆引领多元阅读活动开展的基础条件；第三，自媒体、微阅读、交互性将成为图书馆多元阅读的基本特点；第四，针对多元阅读的现实需求，图书馆从业务流程、空间布局到管理机制均需做出适应性的调整与变革。

（二）图书馆多元阅读的对策思考

全媒体技术发展带来的媒体融合、信息集成与服务细分，正在悄然改变着人们的交流方式与生活品质。随着现代公共文化服务体系建设的深入，公民基本文化权益保障将

随之得到提升，图书馆作为公共文化服务体系的重要组成部分，需在《公共文化服务保障法》和《公共图书馆法》等相关法律法规的规范下，围绕新时代全民阅读的新要求，结合现实工作和业务实践，系统思考图书馆多元阅读高质量发展的对策和举措，具体包括以下几点。

一是依据图书馆自身定位，以阅读推广为主线，以全媒体技术应用为前提，优化图书馆服务与管理的业务架构、场所空间、资源布局和人员配置。二是针对阅读主体多样性和阅读载体多元化，图书馆需要强化与大众传媒、教育科技等高相关度行业领域之间的协同合作，以全民阅读活动为抓手，从分组阅读到分众阅读，从文本阅读到数字阅读，从经典阅读到大众阅读，切实提升图书馆多元阅读的社会效益和服务效能。三是阅读作为人们获取知识和认知世界的重要途径，就其本质而言是非常个性化的。图书馆多元阅读应该努力把握好读者自主性与图书馆员引导性的关系调适度，工欲善其事，必先利其器。将书目推荐、文献推送、信息咨询、专题服务等服务内容与读者最需要的信息内容及载体实现高度匹配，客观上要求图书馆员必须提升全媒体时代合格馆员的综合素质与读者辅导能力。

第十一节　打造创客空间，推动儿童阅读
——马鞍山市少儿图书馆积木课堂的建设与启示

源自美国的“创客运动”已在我国如火如荼地展开，由于创客文化与现代图书馆所倡导的多元与共享理念相似，因而逐渐被引入我国公共图书馆和学术图书馆领域。很多图书馆因地制宜新建或在内部开辟创客空间，在服务理念和服务内容上进行积极的探索和实践。虽然图书馆创客空间的建设没有一定之规，但是图书馆创客空间的建设不能盲目跟风追求“高大上”，不经过科学的论证随便组建团队建立一个空间只会造成社会资源的浪费。图书馆创客空间的建设应以社会需求为导向，结合阅读推广，准确定位，有效利用图书馆现有资源，提供更优良的阅读环境和阅读体验。

一、创客空间与儿童阅读推广

“创客空间”的提出及其概念来自著名的《创客杂志》：“它是一个真实存在的物

理场所，一个具有加工车间工作室功能的开发交流的实验室、工作室、机械加工室”。创客空间的快速发展继而兴起创客文化和创客服务。

国务院总理李克强 2014 年 9 月在夏季达沃斯论坛上公开发出“大众创业、万众创新”的号召。2015 年 1 月 28 日，李总理主持召开的国务院常务会议，确定支持发展“众创空间”的政策措施，为创业创新搭建新平台。此后我国各地相继推出“双创”扶持政策措施，如《深圳市促进创客发展三年行动计划（2015—2017 年）》，将创客打造成一张最具创新与活力的深圳城市名片。长沙市发布《长沙市人民政府办公厅关于支持发展创客空间的若干意见》，长沙图书馆积极响应，目前已基本形成“创艺生活”“小小创想家”“自造者工坊”等创客空间品牌，引起了市民的极大兴趣和参加热情。

随着“双创”的不断发展，创客教育也被纳入工作部署，教育部在《关于“十三五”期间全面深入推进教育信息化工作的指导意见（征求意见稿）》中提出：“有效利用信息技术推进‘众创空间’建设，探索ＳＴＥＡＭ教育、创客教育等新教育模式，使学生有较强的信息认识与创新意识，养成数字化学习习惯”。目前，主要面向少年儿童的创客教育在国内主要大城市图书馆逐步引起重视，进行了积极研究和探索。深圳少年儿童图书馆与卡耐基·梅隆大学乐博士（中国）深度合作建立科创阅读基地，创客教育课程以开展智能机器人宣讲与演示活动为主；阅创空间·小小创客系列活动是广州图书馆为了激发儿童的创新能力和发散性思维，每月定期举办的公益小创客课程，内容主要有电脑编程和ＡＲ技术等。

作为新生事物，大多图书馆创客空间的建设还处于起步甚至探索阶段，数量有限，服务内容和服务方式都显单一，主要集中在３Ｄ打印、机器人教育等技术和项目，阅读推广和创客空间做到完全统一和有机结合，“轻阅读，重创新”状况的彻底改变仍需时日。

如何更好地将创客的服务概念引入少儿图书馆的服务模式，改善少年儿童阅读服务，改善少年儿童生活、家庭生活乃至社会生活，马鞍山市少儿图书馆的积木课堂是针对我国少儿图书馆创客空间建设普遍存在的问题，提出的新的服务形式和服务策略，既以少儿阅读为本，也体现创客精神，是创客空间引入少儿阅读的一次全新探索和实践。

二、马鞍山市少儿图书馆积木课堂建设实践

马鞍山市少儿图书馆自 2015 年成立之初为开创新的服务类型，尝试与乐高教育机构合作，共同制定培训计划，面向全市儿童开设了公益性的积木课堂。精选孩子喜欢的主题，结合文学作品和社科书籍，用阅读结合搭建的方式“情景再现”，通过动手动脑的组合

完成“完整阅读”，在阅读中提问，在动手中解决问题，让知识和实践结合起来。积木课堂成为马鞍山市少儿馆服务新的延伸。

（一）积木课堂的创建

1. 阅读创客空间的打造

儿童是一个个体存在很大差异的读者群体，马鞍山市少儿图书馆考虑到不同年龄儿童的阅读兴趣和认知水平，为了让课程内容更加符合儿童的年龄和智能，将积木课程分成学龄前积木课堂和学龄后积木课堂。

学龄前积木课堂针对幼儿选择“六艺室”，该室房间装饰成富有想象力的童话世界，再加上丰富多彩的书籍和色彩鲜艳的积木，使每个进入的儿童自然产生亲切感和兴奋感，打造出快乐阅读的体验新空间。阅读主题和教学内容也完全适应幼儿的特点，如《好饿的毛毛虫》一课中，配合搭建底板把绘本中的内容呈现出来，随机挑选绘本的几页，引导孩子们能否找到相应的内容：（1）月光下叶子上躺着一颗小小的蛋；（2）星期天早上，爬出一条又小又饿的毛毛虫；（3）第一天它吃了一个苹果……孩子们还会发挥想象对书中的故事进行延伸续接。

学龄后积木课堂针对学龄儿童选择“电子书工坊”，这里特别配备了价值50多万的触摸屏一体机，可触摸一体电脑、平板电脑等设备，安装了少儿多媒体数据库创作系统和全景交互展示系统，从硬件资源上满足了创客空间更高的项目需求，使得积木课堂可以演绎深奥难懂的科学人文知识主题。阅读主题和教具也脱离了简单的积木拼接，选择复杂的大型搭建，如名著《三国演义》中赤壁大战，更有涉及科学、技术、数学、设计等跨学科的互动，如在《齿轮的奥秘》一课中，孩子们利用书中齿轮的运用和加速原理做出了陀螺、风扇、吊车等作品。

2. 积木课堂的组织

为方便更多儿童的参与，积木课堂的报名方式分为两种，一是通过微信公众平台预约界面填写相关信息提交后即完成报名；二是在少儿借阅一体室服务台现场直接报名。

由于设备的数量和种类相对有限，积木课堂每节课最多限10人，但是这种小班化的模式却能保证每个孩子的课堂效果达到最佳。自2015年11月起，每月的两次课程均安排在周六周日，暑期应小读者的呼吁增设为每周三次，两个年龄段同时进行，迄今为止一年多时间已经开设了一百多次课程，有一千多位小读者积极参加。

课后还有很多的后续安排工作，比如将孩子的作品进行拍照、展示、分享；鼓励孩子写出参加活动后的心得体会并加以编辑，建立微信交流平台，甚至还会为分享朋友圈的孩子家长准备一份小礼品。

3. 积木课堂的教学

在阅读作品的选择上，要根据孩子的特点和能力选择相应的书籍，如低幼儿选择绘本《我不相信有龙》，诗歌《送孟浩然之广陵》之类文学作品和数字字母卡片等，学龄后儿童选择《三国演义》《稳定的三角形》等人文社科书籍，要不多不少，不偏不倚，适中的难度，合适的挑战，才能让孩子自始至终处于“流畅的状态”。

在积木品牌的选择上，配置的乐高积木由于严格的质量把控和完美的拼砌表现力受到了孩子和家长的赞誉，可以满足人们的无限创意。

在教学中，老师会引导鼓励孩子思考日常生活中的经历，并对书中的内容进行思考，引导孩子进行讨论，表达自己的观点，就一些难题、解决方法和搭建心得进行分享。老师采用情景教学法，故事谜语法，阅读比较法，游戏联系法，多媒体教学法等教学方法，将阅读和积木紧紧结合在一起，引导孩子进行思考运用自己的想象和技术去搭建各种模型，从而达到锻炼动手动脑能力的目的。

（二）积木课堂的成效

积木课堂这种建立在文字阅读能力上的想象力、创新力以及动手能力的培养具有不可替代性，它彻底改变了传统的阅读学习方式，也超越了新媒体线上的阅读和教育方式。当绘本上的图像实物化，鲜活的画面感，很容易让孩子产生角色代入，从各种视角去理解；当书中演绎的抽象难懂的机械原理或人文关联被转化成实物演示时，孩子们轻而易举地从中理解吸收了知识。在这种活泼，开放的阅读空间中孩子们的阅读兴趣被激发，成为积极主动和具有创造性地学习。马鞍山积木课堂的开设，不仅满足了孩子们的学习需要，也为儿童创客空间的探索提供了实践范式。

1. 体验阅读的快乐

积木课堂的“玩中学”始终贯彻着快乐阅读这一宗旨，尤其对幼儿，在由“玩”的世界向“读书”世界的转变中，积木起到了桥梁作用，掌握知识的过程也是一场游戏过程。这种前所未有的体验让孩子得到丰富多彩的情感体验以及创新乐趣。

2. 培养创新思维方式

科学家都说孩子的手就是孩子的大脑。当孩子动手时大脑其实在体会思考，通过“阅读—搭建—讨论—调整”的过程，也是对孩子进行了包括逻辑思维、创造力等思维方式和解决问题能力的培养。同样的图书，同样的积木，但在孩子的理解力和执行力的作用下，每个孩子都会出现一些与众不同的想法和答案，因此同一节课每个孩子搭建的作品都不同样。

3. 提升观察力和创造力

当孩子尝试将书本上的画面进行搭建时可以培养孩子的观察力和创造力。比如孩子在搭建一辆车的时候，原来可能只看到轮子是圆的，但是当自己动手實的时候，他才发现轮子是由轮毂和轮胎组成的。大一点的孩子则需要观察思考城堡的小阁楼由几个什么形状的小块儿组成，这个小方块应该放在这一排小柱子的上面还是下面，怎样拼搭才能既省积木又能让作品更形象牢固。

先阅读后搭建，并比较个人现实生活中的体会，然后探究缘由，孩子的观察力自然提高了，同时也提升了孩子的创造力和解决问题的能力。

4. 培养团队协作精神

搭建大型的场面或复杂的机器人时需要的是团队合作，在阅读和搭建的过程中不断地沟通交流想法和建议，共同制定计划，分工执行和操作。在未来的成长岁月里，孩子们需要学会"团队协作"去实现梦想，但学校单一的学习很难有机会让他们去组建和构成一个优秀的团队，而现在积木课堂让他们懂得"为什么需要合作"，通过多元、共享的课程使他们具有包容力和亲和力，这是孩子成长中超越一切技艺的，最应该被学习的东西。

（三）积木课堂的完善与推广

1. 积木课堂的完善

在一年多的实践中，积木课堂在成长，经验在积累；面对儿童阅读对象的特点，在资源、宣传、服务方面只有不断改进服务理念，提高服务水平，创新服务方式，才能让积木课堂在创客空间的环境里焕发出新的活力。首先不断完善积木课堂的教学内容，加入电脑编程，动能机械等课程，培养孩子们建立"独立且逻辑"的学习能力，继续在实践中探究创新。其次从积木课堂衍生出积木木偶剧，乐高故事汇，机器人比赛等一系列创客空间形式。舞台木偶剧《交通工具的昨天、今天和明天》中，孩子们在老师的指导下，用积木搭建完成了所有的舞台背景、道具和提线人物木偶；乐高故事汇中，孩子们以命题或自选为基础，编故事讲故事再利用积木来搭建，形成立体写作思维；在山南小学回力小车比赛中，只用一根橡皮筋，孩子搭建出的回力小车就能跑出几米远。

在建立儿童创客空间的过程中，为保持公益性原则，它的运营服务完全是免费的。在目前采取合理的收费制度还缺乏政策上的支持情况下，想要更好地运营只有拓展其他渠道。马鞍山市少儿图书馆除了争取财政拨款外，积极尝试取得社会力量合作和支持，如从乐高教育寻求技术资源和人力资源的支持，从学校、社科联、文明办等部门获得多渠道资金支持，从而保证少儿图书馆创客空间的建设能够长效稳定。

2. 积木课堂的推广

积木课堂这一儿童阅读创客空间的出现，少儿图书馆不仅作为信息资源的提供者而且也是儿童创造能力的开发者。每个小读者在阅读同时也成为小创客，让创客空间分享、学习、教学和创造的本质特征得以体现。马鞍山少儿图书馆也因积木课堂这一创新阅读推广品牌备受关注和喜爱。

积木课堂运营模式相对于其他创客空间普遍配置昂贵的 3 D 打印机等高精尖技术设备有着构建成本低，易操作的特点，相对于其他各类公共图书馆创客空间更具推广优势，能够有效推动少儿图书馆在阅读推广和少儿活动上创新服务形式和丰富服务内容。随着马鞍山总分馆的四级网络管理模式的逐渐成熟，图书馆分馆遍布城乡小学和幼儿园，这也为积木课堂的推广和创客空间的延伸服务创造了条件。少儿图书馆与马鞍山市山南小学，瑞慈幼儿园进行多次合作，开辟了积木课堂专场。积木课堂进入学校真正成为孩子们的“第二课堂”，使得越来越多的儿童走进图书馆，参与各种儿童阅读活动。

（四）积木课堂的不足

在积木课堂一年多的实践中也存在着诸多不足，如儿童个体发展层次差异较大造成了课程设计的难度。目前创客教育课程的分层分类还不够具体化，难以实现因材施教的要求；创客导师主要依靠外聘，馆员人才队伍普遍存在创新意识淡薄，素质薄弱的状况，难以适应新时期的转型需求；创客信息资源的建设和整合相应滞后；长效机制的建立和保障不够完善；这些存在的问题都制约了儿童创客空间的建设与发展，亟待解决。

三、儿童创客空间的建设与发展

（一）坚持需求导向，吸引儿童参与空间建设

为推动儿童阅读创客空间建设与发展，必须找准和把握孩子们的认知特点和水准，以儿童需求为导向，着重儿童创新实践和兴趣培养，合理规划创客空间的发展。尤其面对一些有着阅读困难和学习障碍的弱势儿童，要通过由浅入深、循序渐进的创新教育课程来引导孩子挑战自我、勇于创新；针对那些兴趣狭隘，偏门偏科的儿童，要通过活泼交流、丰富多元的空间设计来激发孩子的好奇心和学习动机。

（二）转变办馆理念，提升众创空间质量水平

儿童创客空间的管理者和建设者要转变思路、创新发展，图书馆员要转变思维，这不是名头上的转变，而是从知识学养上转变成创客。首先创客图书馆员要具备接受新技术的能力，其次创客图书馆员还要具备传授能力和良好的服务态度。广州创客空间创始人刘建荣提出“童创”“师创”“众创”三种模式，我们要把“童创”看作社会“众创”的一个组成部分，提升馆员知识素养和创新能力适应“师创”要求，全面提高创客空间的专业质量和管理水平，让儿童阅读创客空间这一“春江潮水”与“众创”大潮“共潮生”。

（三）整合信息资源，拓展创客空间服务范围

信息资源的剧增和用户对信息需求的不断提高，加之整合技术的突破，都促进了文献信息资源整合的发展。少儿图书馆为实现创客教育目标应激活原有的文献资源，融合新的网络数字资源，经过优化配置建立自具特色的创客数据库和创客信息服务平台，横向拓宽服务范围，纵向细化服务项目，逐步形成成熟完整的创客教育体系，使儿童创客空间的建设迅速发展。同时少儿图书馆需加强与教育机构、周边社区的联系合作，以期提高孩子参与度和服务成效。

（四）建立长效机制，推动创客空间持续发展

对于建设者来说，要不断分析儿童阅读创客空间的发展形势和用户需求，创造条件、搭建平台，充分利用国家、地方政府支持创客空间的政策措施，为儿童创客空间提供必要的场地、设备、资金和人力资源支持，完善儿童创客空间的运营机制和评估体系，建立持续有效充满活力的儿童阅读创客空间，为创新发展提供源源不断的人才储备。

积木课堂与儿童阅读相结合，让孩子们在轻松愉快的环境中经受了科学思维和创新品格的陶冶与训练，也激发了他们对阅读的愿望和广泛兴趣，这不仅引领儿童阅读乃至全民阅读之风尚，也为国家将来的创新发展提供了后备人才。儿童创客空间的建设做到资源、空间和服务三位一体，就赋予了儿童阅读推广的新的活力和成功要素，彰显了少儿图书馆的教育功能和社会价值。

第五章

少儿图书馆发展方向

DIWUZHANG SHAOER TUSHUGUAN FAZHAN FANGXIANG

第一节　少儿图书馆的发展与展望

少儿图书馆作为为少年儿童提供阅读服务的重要场所，一直受到各级政府的重视。随着“互联网 +”时代的来临，整个图书馆业处于大转型时期，少儿图书馆在这个过程中也面临不少的问题与挑战。在面临挑战的同时，也有不少的机遇。如何抓住机遇，迎接挑战，是每一位少儿图书馆工作者要面对的问题。

新时代、新环境之下，我国现代技术也在积极地进步和发展，对于图书馆服务工作在带来了契机和动力的同时，也带来了许多挑战。如何在新环境下勇于接受挑战、充分的把握契机、强化自身的服务质量，也成了新环境下图书馆工作的主要问题。

一、新环境下少儿图书馆服务存在的契机

网络技术的快速性和高效性，能够突破传统时间、空间的距离，真正地实现了足不出户便可以为广大少儿提供良好的阅读服务。此外，在新媒体技术的不断推动下，少儿图书馆中的读物，再也不仅仅需要广大少儿用眼睛去看。多媒体形势下，在智能终端点读定位技术和智能终端点读定位装置在图书中的运用，可以实现随时随地的点读，通过看、听、学等多种感官的混合运用，使知识内容更加深刻的烙印在广大少儿的头脑中。此外，听书、网络授课等多种智能技术在少儿图书馆中的广泛应用，切实的推翻了传统图书馆服务的壁垒，给予了少儿图书馆服务更多的空间。与此同时，新时代之下，大数据、云计算的内容，可以为少儿图书馆提供更加精准的服务定位，能够准确地抓住每一个少儿用户精准的喜好和读书需求，通过良好、科学的引导，有效地实现了图书馆的公共教育责任。大数据时代之下，文献的数量也不断地增加，为少儿图书馆丰富了内部的知识存储量，可以更加全面、更加多元化的为广大少儿提供更加优质的服务。

二、少儿图书馆的新问题、新挑战

新环境下，虽然对少儿图书馆的服务工作带来了很多良好的契机，但是伴随而来的

也是诸多挑战。当前少儿图书馆的主要服务对象都是00后甚至10后的广大少儿，由于我国生育政策和生活水平的不断提升，导致了00后和10后的他们的个性相对较强、性格具有一定的鲜明性，这也为少儿图书馆的工作带来了极大的难度。此外，很多少儿从小便受到了网络多元化信息知识、网络碎片知识、网络游戏等内容的影响，心境相对浮躁，对图书和知识的欲望相对较弱，难以激发起广大少儿对求知欲望的渴求，更别说服务。在娱乐化的网络世界中，广大少儿往往容易失去本心，很难出现以往图书馆人满为患的景象。图书馆服务最为重要的前提便是找准自身的服务定位，但是就当前广大少儿们的情绪、爱好的多样性，使得图书馆服务工作的难度日渐增加。

当前，一些少儿图书馆存在的问题值得我们深思。

（一）图书馆藏书老旧

这个问题是县市少儿图书馆普遍存在的问题。一些图书馆藏书品种和数量较少，且图书得不到及时更新，或更新不到位。究其原因有两点，第一点是财政力度支持不够，导致一些少儿图书馆缺少必要的经费采购新书。第二点是相关采购人员的水平不够，他们所采购的图书无法适应当代少年儿童的阅读需要。

（二）内部管理机制老旧，人员缺少创新动力和服务意识

由于种种原因，某些少儿图书馆的内部管理机制老旧。由于少儿图书馆工作人员基本上属于体制内的事业单位员工，人员的调动和竞争偏少，致使图书馆工作人员缺乏创新动力和服务意识，人浮于事的情况较为严重。同时，很多少儿图书馆的待遇不高，也没有科学的人才培养体系，不仅吸引不到人才，也很难留住现有人才。

（三）设备陈旧

良好的阅读环境和优良的设施配备是少儿图书馆发展的基础性保障。当前，很多少儿图书馆设备老旧，无法满足少年儿童在数字时代的阅读需求。其中一个突出表现就是多媒体设备陈旧，无法适应现在网络教育的需求，与数字时代的大环境脱节。还有一些少儿图书馆如今还是20世纪八九十年代的装修风格，图书馆里的阅读环境不佳。这在一定程度上制约了少儿图书馆的良性发展。

（四）与时代脱节，沟通渠道不畅

当前，某些少儿图书馆已经顺应数字时代的发展，开始了现代化图书馆的建设。但多数少儿图书馆并没有建立起自己的网站，更不要说借助微博、微信平台开设公共服务平台。这导致了读者与图书馆的沟通渠道不畅通，读者获取图书馆的信息不便利，而图书馆也无法真正了解读者的需求。同时，渠道的不畅通使得信息无法有效传播，致使公众对少儿图书馆的认知度不高、图书馆宣传工作效率不高等问题的出现。

（五）图书馆活动偏少

在数字媒体的冲击下，图书馆和实体书店一样，线下活动是其发展的王牌。当前，一些少儿图书馆相关的线下活动偏少，即使举办活动，也难以抓住用户痛点。如果不在线下体验上多下功夫，就难以激发少儿图书馆的发展活力。

（六）图书馆利用率较低

在一些乡村少儿图书馆（少儿阅读驿站等）这个问题尤为突出。原因有以下几点：首先，乡村少儿图书馆往往是综合性图书馆或者是农家书屋，专门为少儿开设的图书馆很少。并且，这些图书馆在配备上不能满足当地少年儿童的需求，无论是图书种类还是数量都有限，和城市里的少儿图书馆有较大的差距。其次，有关单位对图书馆的宣传力度不足，再加上乡村家长相关教育意识较为薄弱，家长在教育的过程中往往疏忽了图书馆对孩子阅读习惯培养的作用，让少儿图书馆的资源被闲置。

三、新环境下少儿图书馆服务的策略

（一）完善新形势下服务机制，提供服务基础保障

少儿图书馆服务工作是一项涉及层面相对丰富的服务工程，想要完善、高效地做好此项工作，就必须要严格的制定出完善的少儿图书馆服务策略。从网络服务、活动服务、区域服务、少儿图书馆内服务等多个层面建立完善的服务机制。将网络少儿图书馆服务建设当作少儿图书馆服务建设的长远发展计划，结合当地少儿阅读的基本情况，开展分地区的少儿图书馆读物推进。全面的在本地建设多个少儿图书馆服务网点，全面将知识服务散射到本地区的各个区域中。积极强化农村地区的少儿图书馆服务效率。积极地与地方政府进行良好的沟通，多渠道的获取少儿图书馆建设经费。力求在各个地区开展图书室，让每个地区的孩子都能够受到良好的文化服务。高效的统筹网络少儿图书馆的编排，全面的推进少儿图书馆信息化发展，吸取大量的信息化技术人员，确保网络少儿图书馆的服务质量。此外，针对网络少儿图书馆来说，还需要加大宣传力度，让广大少儿们了解网络少儿图书馆、爱上少儿图书馆。全面的针对少儿图书馆的各个服务环节进行合理、科学、高效的统筹，确保少儿图书馆的服务质量和服务效率。

（二）开展形式丰富的阅读活动，强化服务效率

为了切实的保障少儿图书馆的服务效率，必须要结合广大少儿的实际情况，开展形式多样、多渠道的读书活动，在活动中，不断地增强广大少儿对书籍的热爱之情，强化

少儿图书馆服务的实际效率。在开展少儿图书馆活动的过程中，可以将线上与线下进行紧密的结合。积极地利用线上信息传播迅速的优势，吸引更多的少年儿童，并且在少儿图书馆内进行读书活动宣传。多渠道、多形式地开展丰富的读书活动。积极地开展“献爱心活动”“广场读书活动”“读书交友”等活动。让广大少儿在阅读与学习的同时，增强自身的社会实践能力。切实的利用阅读活动的形式，增强广大少儿的社会交际能力、沟通能力，并且通过正确的引导，树立广大少儿正确的思想道德观念，促进广大少儿的茁壮成长。

（三）充分发挥智能技术的作用，深化服务功能

在少儿图书馆开展服务的过程中，必须要学会借鉴。积极借鉴中外优秀少儿图书馆的服务模式，充分的利用智能技术中的大数据手段，详细地分析出当前网络少儿图书馆用户们的喜好。将广大少儿的喜好进行总结，统筹出新时代广大少儿对书籍的兴趣方向。积极地将网络少儿图书馆浏览数据进行深入的挖掘和存储，为少儿图书馆服务提供良好的决策先导，确保少儿图书馆服务方向的精准性。此外，还要充分的利用网络少儿图书馆的途径，定期的结合不同广大少儿的实际情况，向广大少儿推荐寓意良好、迎合真善美思想、传播正能量的书籍，引导广大少儿正确的思想价值观念。

总而言之，在新环境下少儿图书馆服务工作迎来了很多契机。智能化手段的融入，能够有效地保障少儿图书馆服务更加精准、更加人性化。但是在新环境下少儿图书馆也面临着诸多的挑战。为了切实的保障少儿图书馆的服务效率，少儿图书馆管理人员，必须要结合广大少儿的实际情况和少儿图书馆的发展情况，制定出完善的少儿图书馆服务机制。积极地将智能化技术融入少儿图书馆服务的各个环节当中，切实的保持少儿图书馆服务的先进性。将线上与线下的活动进行有机的结合，丰富广大少儿的业余生活、增强广大少儿的阅读兴趣。切实的使广大少儿在积极的思想环境下，茁壮成长。

（四）整体构建发展规划，激发少儿图书馆活力

实际上，在运营形式上少儿图书馆要比学校图书馆更加灵活，能够嫁接的元素也更多。打破僵化体制，走上创新之路，少儿图书馆可以获得更大的发展空间。

1. 建立多元有序的图书采购体系

图书借阅是少儿图书馆的主业，要使少儿图书馆的图书借阅种类更加符合读者阅读需求，建立起一个多元有序的图书采购体系至关重要。这个体系要严格规定少儿图书馆图书的采购周期及新书比例。采购前，相关人员还要与读者进行沟通，了解读者需求，将读者所需图书作为采购的重点。同时，对于出版社推荐图书的采购应该设立警戒线，一旦多频次大量采购该社图书，或者大量采购该社旧书，相关部门就要对采购环节进行核查，确保图书馆采购的秩序正常。在现有的条件下，少儿图书馆可以考虑进行图书管理网络化建设，与各地图书馆形成网络联盟，打造一个信息共享的既有分工又有协作的图书馆体系，实现图书馆体系的多元化。

2. 建立通畅的交流渠道

没有建立网站的少儿图书馆应该加快建设步伐，尽快建立起网站，及时公布图书馆的相关信息。还要积极开展微博与微信营销，利用新媒体让更多的人了解图书馆信息。其中要注意两个问题。首先，微信平台的维护须到位。少儿图书馆的微信平台除了具备信息交流发布功能，可以打造成一个品牌，广泛进行文化知识的普及，扩大影响力。其次，与读者的沟通须用心。比如，对读者提出的问题应该力求回复及时，并给出合理的意见。这样图书馆与读者之间的沟通才会畅通有效。加强与读者的有效互动可以提高读者黏度，这样少儿图书馆事业的发展才会获得更多读者的关注和支持。

对于当下图书馆利用率较低的问题，少儿图书馆还应加强对家长的培训，提高其相关的意识，并结合当地的情况，与教育部门合作，将图书馆的资源利用最大化。

3. 注重读者线下体验

首先要把线下活动做成常态。少儿图书馆应该对线下活动的数量进行提前规划，比如，在每一季度应该做多少线下活动，每次线下活动开展的时机是什么等。同时在形式上注重创新，结合读者所需。

除此之外，少儿图书馆还应在服务提供上下功夫，可以采用联合扩展的方式，将服务扩展到家庭、社区、幼儿园等。在形式上可以采取联合办馆、上门送书等，让更多的少年儿童享受到图书馆的服务，甚至可以让少年儿童在馆外也能享受到图书馆的服务。比如，可以在一些中小学校或幼儿园设立“流动图书箱”，按一定的周期进行轮换，提高图书利用率。又如，可以与中小学校、幼儿园联合举办一些少儿活动，让图书馆走进中小学校、走进幼儿园、走进社区，在图书馆与社会的融合互补中更好地发挥少儿图书馆的功能。

4. 注重多媒体信息化提供

少儿图书馆为少儿提供的服务已不单单是传统的借阅服务，而是多功能、现代化的多媒体信息服务。因此，少儿图书馆在做好传统服务的基础上也应该在硬件设施配备上下功夫，以适应最新时代的发展。要一手抓传统服务，一手抓新兴服务。

抓好服务的同时，也要注意服务的手段与方法的创新。比如，少儿图书馆电子阅览室除了创造少年儿童上网获取信息的环境，还应该引导少儿阅读，将自身打造成网上少年儿童信息整理与指导的中心。这就需要少儿图书馆发挥好自身的职能，对有害信息进行过滤，增加有益信息，最后规范与控制少儿的网上行为，引导他们正确使用互联网。

（五）注重服务方式，抓住“互联网 +”的发展机遇

现在，整个图书馆行业都在提倡服务，整个创新就是在“互联网 +”的背景下，嫁接更多的互联网元素，对原有的组织形式进行创新，从而获得更大的发展。少儿图书馆的发展也应该遵循这样的规律。

首先，创新服务载体。在三网融合的发展中，信息载体不断更新，而少年儿童对此接受程度颇高。所以，少儿图书馆可以在大堂多设置新型的电子报栏、多点全系触控电子阅读系统等，以方便小读者的阅读。这不仅节省了空间，也为读者提供了全新的阅读方式。除此之外，少儿图书馆还可以创新手持式智能终端服务形式，利用智能终端的双向交互方式，为小读者提供创新服务。在电子借阅机器上，家长通过输入账号和密码，就可以将电子图书借到手机或者其他移动终端上，方便其和孩子回家阅读，这就实现了便捷、实时动态服务。

其次，创新服务内容。少儿图书馆可以根据图书特点建立自身的网络资源库，比如说作文题库等，同时可以创新自身网络服务，比如邀请当地的优秀教师开设网络课堂，通过网络将知识传递。

综上所述，少儿图书馆亟须跟上时代步伐，在建立完善现代技术设备、向数字化图书馆迈进的同时，树立新的服务理念，掌握新的服务技能，提供现代化的信息服务，为培养和提高少儿的信息素质努力创新。

四、少儿图书馆公共文化服务的推进思考

（一）少儿图书馆阅读推广服务发展概述

20 世纪九十年代末，我国提出实施“倡导全民读书，建设阅读社会”的知识工程，开启了全民阅读的浪潮，与其同时少儿阅读推广活动也在悄然展开，这一阶段，儿童文学家梅子涵先生创造了一些经典的儿童文学读物，同时针对少儿设置的阅读推广机构也纷纷建立，其中最具标志性的机构就是 2000 年成立的红泥巴村网站。2007 年，江西南昌成立“二十一世纪中国少儿阅读推广论坛”，该论坛聚集了一大批专业推广儿童阅读的机构和人士，极大地促进了少儿阅读的发展。随后，中国图书馆学会将 2009 年 4 月 23 日至 2010 年 4 月 23 日指定为“全国少年儿童阅读年”。全国数百家图书馆、少儿图

书馆纷纷响应，展开相关推广活动，将我国少儿阅读推向了新的高度。作为一项以民间力量为基础而开展的活动，少儿阅读推广在我国发展已有十多年的历史，经过十多年的努力，当前我国社会对于少儿阅读的认识有了明显提高，推广活动的理论体系和组织形式也在快速发展和完善。

少儿阅读推广活动是以引导少儿阅读，让少儿尽早接触阅读、习惯阅读、爱上阅读为目标的推广活动，它的核心理念是尊重少儿阅读的权利，鼓励少儿阅读经典，在不过分限制少儿阅读“快餐读物”的前提下，引导其培养阅读习惯。阅读推广有以下几种主要形式，分别是音乐家庭、少儿影视欣赏活动；少儿科普展览、讲座和科技制作体验；图书馆故事会活动；少儿读书、写作、讲故事、诗歌朗诵、校园剧表演比赛；幼儿发展、家庭教育、早期阅读推广系列讲座；少儿漫画、书法、绘画、歌舞等才艺展示形式；少儿读书会。在少儿阅读推广活动中，图书馆一直起着关键的作用，其中又以政府全额拨款投资的少儿图书馆最为活跃，由于其在软硬件设备以及服务水平上都是以少年少儿为对象进行设置，使其成为推广少儿阅读的中坚力量。

（二）少儿图书馆阅读推广对于公共文化建设的意义

少儿图书馆作为社会公益性文化事业单位是公共图书馆的重要组成部分，是当前少年儿童读者学习公共文化的重要场所，借助少儿图书馆这一平台进行少儿阅读活动推广具有重要意义。

1. 有利于社会教育职能的发挥

少儿图书馆的社会教育职能具有两方面的内涵。一方面少儿图书馆现在已经成为家庭教育和学校教育的重要延伸，在弥补家庭教育和学校教育不足的同时，有效拓展了少年儿童的知识体系和自学能力，帮助其自身实现德、智、体、美、劳的全面发展。另外一方面，少儿图书馆为少年儿童创造了一个欣赏艺术、陶冶情操、参与创造的平台，是对少年儿童素质教育的真正落实。少年儿童自小就接受高品位艺术和文化的熏陶，对于城市的精神文明建设也奠定了良好基础。比如上海少儿图书馆，会定期举办一些英语实践活动，如原声影视欣赏、儿童英语沙龙、英文歌曲比赛等活动。2013 年圣诞，上海市少儿图书馆联合上海英特外语学习举办了圣诞晚会，晚会中的英文儿童歌曲以及具有异域风情的舞蹈极大地激发了现场少年儿童的参与热情。这是少儿图书馆社会教育职能充分发挥的体现，既是学校教育和家庭教育的补充，也是在引导少儿读者对图书馆资源的有效利用。

2. 有利于促进少儿图书出版业的健康发展

当前，我国大部分家长和少年儿童自身在选择书籍时缺乏相应的选择标准以及明确书籍质量的有效途径，选择时的盲目性会造成一些质量低劣的少儿书籍浑水摸鱼，长久下去，不仅会影响整个少儿图书出版产业的健康发展，而且质量低劣的少儿书籍甚至会造成少儿对于世界的错误认知，所造成的影响是非常严重的。少儿图书馆的阅读推广能够为家长和少儿开辟一条绿色的阅读通道，通过推荐质量有保证的书籍，不仅会压缩质量低劣书籍的生存空间，而且也会给质量有保证的书籍带来经济效益，进而实现少儿图书出版业健康发展与少儿阅读能力健康发展的双赢。

3. 有利于培养少年儿童的自主学习能力

少年儿童由于处于成长的重要阶段，对于知识的求知欲是最为强烈的，这一阶段除了学习知识以外，最重要的是要学习掌握知识的能力。当前社会正处于快速发展和变革之中，知识经济时代的来临对少年儿童的独立学习能力提出了较高的要求，而机械的课堂教学显然无法满足少年儿童拓展知识层面、提升自学能力的要求，所以通过阅读推广活动的开展能够极大满足少年儿童的求知欲，使其沉醉于书籍的海洋，进而实现自学能力的提高。以南京图书馆少儿书刊借阅室为例，为提高少年儿童的阅读兴趣，每月开展一次常规活动，包括“绘本阅读指导”“家长讲座”“译林俱乐部”“力心国学”等。在活动中少儿们边听边学，边学边玩，在快乐的氛围中爱上阅读，在轻松的环境中获取知识，达到了寓教于乐的目的。

（三）完善少儿图书馆公共文化服务的建议

虽然近年来各地少儿图书馆在探索少儿阅读推广的道路上取得了值得肯定的成绩和经验，但是不可否认的是一些问题的存在仍然对其完善公共文化服务水平的提高产生阻碍，相似的问题也是当前国内很多图书馆发展所面临的瓶颈，因此笔者提了一些完善少儿图书馆公共文化服务的建议。

1. 联动社会各方资源，寻找合作契机

国内外经验证明，少儿阅读推广既离不开政府、学校、家庭、社区、图书馆、民间组织等各方力量，也与儿童读物的创作与出版、儿童图书的推荐与评论、销售与购买等环节息息相关。因此，少儿图书馆应该主动与政府、学校、社区、平行图书馆、作家社、书店、家长等积极沟通，寻找合作契机，借助不同部门的职能以及行业的影响力，采取多种渠道、多种服务方式，突出自身优势的同时，更好地为未成年人服务。

具体讲，就图书馆自身来说，要增设对外流通点，实现阅读平台的扩大化。可以在街道社区内设置图书馆信箱，也可以设置馆员咨询台，使图书馆能够直接了解最基层读者的需求；再比如，图书馆可加强与学校的合作，可以尝试在学校开设阅读课，定期将推荐的书籍带进课堂，使阅读课成为学生日常学习生活中重要组成；又如，图书馆可以加强与家庭的配合，定期请有关专家开展儿童教育讲座，教导家长引导儿童蒯读的方法，把阅读深入家庭；另外，图书馆可以联合少年宫、科技馆、美术馆等社会机构，开展相应的参观活动。与各爱国主义教育基地、非物质文化遗产地区等联合开展文化教育活动。组织少儿读者慰问特殊机构如养老院、福利院、盲人学校等，以实际活动，从小培养其爱心，增添责任感。在这点上，南京图书馆多年来一直保持与爱德基金会等公益机构的合作，组织爱德基金会的残障儿童观看电影、开展主题班会活动，年末还联合高校志愿团队、爱心企业单位为爱德智障儿童举办大型圣诞联欢会，使这些特殊群体能够感受到社会的温暖，并在有意义的活动中能够获取文化知识，陶冶情操。

2. 发挥社会教育职能，打造特色品牌

少年儿童的阅读兴趣与阅读习惯有别于成年人，由于心智尚未成熟，自主阅读的能力、选择阅读书目的辨别能力依然欠缺，少儿图书馆需要通过阅读辅导、书目推荐等等一系列活动来引导少儿读者选择正确的图书，传授他们科学的阅读技巧，培养其良好的阅读习惯。

要让少儿读者长期关注图书馆，走近图书馆，并且利用好图书馆资源等，创新少儿图书馆社会教育职能就显得非常有必要了。互联网+的信息化时代，扩大了少儿图书馆的许多功能，这就需要少儿图书馆突破传统的教育思维模式，从服务对象、服务内容、服务手段、服务空间等多维角度大胆地进行创新改革。少儿图书馆应着力打造品牌特色活动，吸引少儿读者长期关注。在阅读中渗透更多的趣味性和游戏性，少儿读者才会产生吸引力。图书馆应多策划孩子们乐于接受、最能产生兴趣的阅读活动，例如讲故事、定期举办儿童读书会、主题讲座、诗词朗诵，利用寒暑假以及重要节假日进行各类主题活动等等。选择其中反响较好的活动，使其常态化、高频率化，从而创造优秀品牌活动，活动模式固定，但活动内容可以丰富多样并具有创意。固定的品牌阅读活动能让少儿读者乐于走进图书馆，并且以长期的积累提高其阅读品质。

3. 优化馆藏文献资源，实现与出版社双赢

文献资源是图书馆生存的基础，未成年人文献资源的选择尤需慎重。若选择不好，不仅会造成资源浪费，而且会对少年儿童的身心和智力发展带来负面影响。少儿图书馆需要根据不同年龄段未成年读者的借阅行为以及借阅特点，做好少儿类图书采访工作，制定采购计划，在馆藏量不断扩大的同时对图书质量进行优化，以保证图书阅读带给少

年儿童的积极效用。同时，呼吁社会组织、机构和个人对图书馆，尤其是少儿图书馆进行赞助。图书馆要积极联系各大出版社，保持与出版社的密切合作，及时了解最新的图书出版动态，反馈未成年人图书的受欢迎程度，便于出版社能更准确地了解少儿读者的阅读喜好。图书馆可以代替出版社向家长和儿童推荐新书好书，出版社可以为图书馆募捐书籍，实现二者的双赢。

另外，少儿图书馆应发挥自身优势，将阅读推广计划与出版社的图书品牌推销、作家作品宣传活动相结合，在保证未成年人文献资源优质的同时，深入地开展少儿阅读活动。在有条件的情况下，双方可以联手，推荐系列产品。比如各种类型的图书、有声读物、影像资料、各种跟阅读有关的玩具等等，在充实馆藏资源的同时，充分利用社会资源，拓展市场领域，主动发展少儿图书馆的文化事业。

4. 培养复合型人才，提升馆员素质

图书馆人员素质的不断提高是保证少儿图书馆公共文化事业发展的关键，所以培养复合型人才以满足少年儿童的服务需求是当前少儿图书馆的首要任务。本文认为可以从以下两方面入手。首先，图书馆在选拔馆员时要注重对馆员个人素质、能力的考核，从事服务工作的馆员应该具备一定的儿童教育学以及心理学背景，这样选拔出的馆员才能更加懂得少儿的需要。其次，对选拔出的馆员要定期进行培训，实施再教育计划，或者有条件地送出去进修，保证相关从业人员的专业水平和服务水平不断提高。

少儿阅读推广不是一句口号，而是一项巨大的社会工程。公共图书馆应充分发挥社会教育功能，努力创造一个良好的阅读环境；同时应该保持开放的视角，积极与各机构横纵向合作，扩大社会影响，力求阅读推广活动得到良性循环的可持续发展。

第二节　少儿图书馆教育职能的探索与发展

教育并不局限在校园，学校以外，还有许多实现教育职能的公共场所。首先是图书馆。因此，全社会都要重视图书馆“以书育人”的独特价值，认识图书馆既是知识的世界，也是知识的乐园。要引导少儿走进图书馆，利用图书馆，使图书馆真正成为少儿教育的第二课堂，以延伸和深化学校家庭教育的效果，从而形成巨大的教育合力，促进少儿教育的可持续发展，确保少儿的健康成长。

如何依托公共图书馆得天独厚的文献资源推动少儿图书馆教育职能的延伸和拓展，

是摆在所有少儿图书馆工作者面前的一项重要课题。

一、少儿图书馆教育职能的理性认识

（一）少儿图书馆教育职能的社会分配

教育职能是负有教育职责的学校等公共事业组织的职责及功能。对于少儿教育全社会都负有责任，首先家长是监护人，负有养育教育的责任；其次幼儿园学校负有全日制学校基础教育的责任；再次作为媒体、图书馆、少年宫、少儿活动中心等社会教育机构承担着少儿艺术、文化生活、知识技能、道德品质培养等方面的教育职责，少儿图书馆以其丰富的文献资源和形式多样的少儿活动在整个社会少儿教育中占有重要地位，少儿图书馆对孩子们的教育职能体现在思想道德建设、文化知识培养、阅读能力培养等诸多方面，有些方面是直接独立的教育形式，有些方面是辅助的间接的教育形式。

（二）少儿图书馆与学校、家庭教育的关系

少儿图书馆作为公益性的文化机构，它的存在又分两种情况，一是独立的专门的少儿图书馆，二是馆中馆、馆中厅、馆中室，馆舍条件，服务状况差异很大，随着社会的发展，专门的独立的少儿图书馆越来越多，更能有效发挥少儿教育的职能。在社会教育体系中，学校、幼儿园、家庭是社会教育的主体，起教育的主要作用和基础作用，图书馆及其他辅导性培训机构是社会教育的重要组成部分，起辅助教育的作用。两者各有分工，相互补充。少儿图书馆的社会教育中还包含了对家长的教育职责，也就是说少儿图书馆不仅对广大少年儿童起到社会教育的作用，还对家庭教育起着教育作用，因此我们说少儿图书馆与学校、家庭教育的关系是共同配合，相互依赖的关系。

（三）少儿图书馆在素质教育中的作用

素质教育是当今社会对教育探讨得最多的话题。在知识和经济迅猛发展的时代背景下，对少年儿童的素质有更高的要求。少儿图书馆作为少年儿童校外的一种文化教育机构，学生课外阅读的主要场所，肩负着读书育人的重任。首先，少儿图书馆是国家开办的公共图书馆，用以提高少年儿童知识水平的文化教育机构，是家庭、学校教育的延伸，没有任何机构能如此完备地储存有关少年儿童生长、发育、教育、成长等各方面的信息资料。其次，少年儿童的思想不成熟，在阅读少儿文献的选择上有一定的盲目性，少儿图书馆可通过书刊推荐、信息开发、集中开展活动等方式，引导少年儿童有针对性的阅读少儿文献。少儿图书馆要以其所特有的优势和寓教于乐的教育方式潜移默化地为少年儿童的综合素质的提高发挥了积极的促进作用。

二、少儿图书馆教育职能的探索和发展

（一）我国少儿图书馆教育职能的探索

面对信息化的冲击，我国少儿图书馆在探索少儿图书馆的教育职能方面做出了很多成绩，包括人性化的服务理念、儿童阅读活动的开展，送书上门的服务。尤其是图书馆上门服务，利用图书馆的文献资源优势，运送书籍、刊物到学校或者其他少儿托养机构，最大限度地发挥了文献资源利用率，让更多的孩子平等享受到社会公共文化资源所提供的阅读服务。最重要的是少儿图书馆的创新工作思路、人性化服务理念和丰富多彩的少儿阅读推广活动，不断吸引着越来越多的孩子喜欢阅读，愿意去图书馆。

（二）国外少儿图书馆教育职能的探索

国外少儿图书馆在介入家庭教育和学校教育做得比较好。如，加拿大的很多图书馆有针对学前班孩子的读书会。在每周的读书会上，图书馆会指定1一2本图书让孩子们提前阅读，由图书管理员带领孩子们一起读书，并配合动作演示、游戏，以增强他们参与的兴趣。此外，图书馆提供免费的资料向家长说明阅读对于学前儿童的重要性，并指导家长应从哪些方面着手引导孩子读书，培养孩子的阅读兴趣，从而帮助孩子逐渐过渡到小学的正规学习中去；如，美国图书馆协会推出“从出生就阅读”计划，鼓励父母培养出热爱阅读的孩子。从少儿图书馆服务情况来看，虽然并不是所有的方法途径都适合我国，但有一些方面是值得我们借鉴的。

（三）陕西省图书馆少儿分馆在拓展少儿教育职能工作中所做的尝试

陕西省图书馆少儿分馆在日常工作中做了很多尝试，馆员留意每个孩子的阅读习惯，不断研究孩子们阅读过程中涌现出来的优缺点，适度给予提醒和指导，帮助其找到适合的阅读方法和选书技巧。锻炼孩子的动手能力，增强社会责任感。通过举办“小小图书馆管理员”活动，让参与者体会怎么样才是一名文明的读者，体验工作的辛苦和快乐，在活动中了解图书馆，激发他们利用图书馆的热情，并能自如地运用图书馆资源进行自我服务。同时，相互合作、养成团队合作精神。

开办家长学校，提倡亲子阅读。图书馆要不断了解各个年龄段孩子的阅读需求，掌握孩子们的阅读动向，为家长给孩子选择优秀的书刊提供推荐书目，并指导家庭开展阅读计划，在阅读完毕后还可以谈论书中内容或做有关游戏，激发孩子的阅读兴趣。让孩子与父母共读成为一种重要的家庭活动，既激励了孩子养成热爱阅读的好习惯又促进了家庭关系的和谐融洽。为少儿选择他们喜欢的书籍，孩子们可以从书籍中掌握更多的科

学知识和生活经验，弥补学校教育的不足。

三、关于少儿图书馆教育职能的一些思考

（一）现有图书馆管理体系中对少儿图书馆的重视程度不够

据悉，以陕西省西安市为例：目前西安市少年儿童数量已达到120余万人，却只有独立建制的省级少儿馆一家、市级少儿图书室一家，导致不少市区少年儿童需要往返1-2小时的车程到图书馆来借书，偏远郊区的少年儿童读书看报就更困难了。除陕西省图书馆少儿分馆的购书经费因由财政部门拨款能够得到保证外，各地市区县少儿图书馆（室）的购书经费由于由辖区县自行投入，受政府经费短缺的影响，很难得到保证。一些区县少儿图书馆的年购书经费只有一、两万元，根本无法达到规定的最低购书量的入藏标准。由于陕西全省只有4个少儿图书馆，且每个馆馆舍面积都比较狭小，造成了假期各个馆小读者人数爆满的情况日益严重，阅览室里挤满了阅读的孩子，没座位的孩子有的直接席地而坐，有的倚在书架间阅读，要想为小读者提供一个宽敞宁静的读书环境比较困难。因此，政府部门要加大对少儿图书馆的重视程度，增加馆舍面积或增加社区少儿阅读服务基础设施设备建设，让广大少年儿童方便快捷地阅读到丰富的课外文化知识。

（二）社会对少儿图书馆缺乏了解，淡化了它的教育职能

截至目前，仍然有不少人，甚至是一些身居要职的官员对图书馆的认识尚存误解，仅仅认为图书馆是个藏书借书的地方，淡化了包括教育职能在内的诸多职能。世界上许多国家都十分重视图书馆的教育职能，发达国家和重视教育的发展中国家，都在积极努力，把图书馆置于开展终身教育活动过程中的核心位置。在日本公共图书馆归属于教育机构，是教育系统的一个分支，与学校教育一起，构成国民教育体系的一个整体。日本的“教育基本法”还规定了国家与地方公共团体，必须利用图书馆、博物馆等设施满足公共的需要，以及其他适当方法努力实现教育宗旨。事实证明，图书馆在人类知识传播和实现自我教育、终身教育中占据了优越的地位，并以其特有的社会教育职能在提高国民素质和人才培养方面发挥了重要作用。

（三）网络游戏的冲击，阻碍了图书馆信息化网络教育的途径

互联网技术的高速发展，给人们带来方便的同时，也带来一些问题。网络信息的优点是它的信息量庞大，使用便捷。缺点是它的信息准确性参差不齐、不经筛选。网络信息的受用人群相对较广，除了成年人以外，还有一大批的少年儿童，他们上网的场所主要是家和网吧，很多孩子趁父母不在家的时候，玩游戏观看黄色录像。网吧以经济效益

为前提，根本不考虑少年儿童的身心发展，不加限制的网络信息五花八门，尤其是网络游戏对少年儿童诱惑性很大，很多孩子沉迷网络不能自拔，少年儿童受年龄的限制，认知能力尚未健全，社会上不乏网瘾的孩子最终发展到逃学、欺骗学校、欺骗家长，甚至为了上网走向歧途。解救网瘾少年已经是全社会共同关心的话题。所以，就如何吸引小读者到图书馆来，在安全的、绿色的网络环境下接受网络教育是一个有待探讨的问题。

四、针对这些问题的对策和设想

（一）建设馆外流通点和企业联合开办的两种模式

模式一，有利于图书馆充分利用自身资源，突破馆内集中服务的局限性，将图书馆的服务延伸到社会的每个角落。既能弥补学校图书室的不足，又拓展了图书馆的服务领域，流动服务点建设一般是由学校、社区提供场地，图书馆提供图书资源，双方签订合作协议，明确各自的责任和义务，利用“图书流通车”在各流通点定期换书。经费不足是困扰图书馆发展的难题。因此，图书馆应该主动走出去，争取企业援助，借用外力，将图书馆延伸服务做好。模式二，图书馆与企业合办分馆，也是一种新的尝试。在合作中，分馆以企业冠名，既宣传了企业，树立了企业的文化形象，又能使图书馆事业得到发展。

（二）图书馆服务以网络的形式深入家庭的设想

支持课后学生作业，融入相关阅读信息服务。学校教师可以通过少儿图书馆儿童阅读信息服务网，链接学生课后作业所需的信息。图书馆员则配合教师与学生作业需求，将搜集到的资源整合到儿童阅读的信息网站中，学生放学后可到公共图书馆或是在家经由网络查询作业所需资源。除提供电子馆藏资源及网站资源的链接外，部分图书馆提供在线的家庭作业咨询服务。

五、少儿图书馆教育职能的延伸

传统观念中图书馆是事业单位，图书馆只是单一的借阅服务，员工思想始终停滞在借借还还的机械式简单工作流程上，在图书馆工作人员意思中，只是信息的管理者，而不是信息的服务者，所以在很长的一段时期内都放不下自己是一个国家干部，更谈不上是一个服务者。新时期，如何适应社会发展和少儿图书馆自身发展的需要，图书馆要明确自身的社会功能，更要看到信息服务功能的重要性，认识到信息时代，图书馆的核心能力不是其所拥有的文献资源而在于其为社会提供信息服务的能力。图书馆工作人员应从现在起牢固树立：“一切为了读者，一切为了孩子”的服务宗旨，在工作中找准定位，积极做好服务工作，将服务贯穿于图书馆工作的始终。在孩子的一生中，除了家庭和学校教育之外，少儿图书馆是从事社会教育的重要场所，被称为"没有围墙的学校"，积极与学校、家长密切合作，了解孩子在学校和家庭的学习状况，还可以开展多种形式的读书活动，学习班，利用馆藏文献提高孩子们的文化科学水平。在这里提出少儿图书馆在延伸服务中开展中国传统节日教育的几点见解。

（一）传统节日在生活中意义和现状

中国的传统节日是中华民族悠久历史文化的重要组成部分，反映了民族的传统习俗、道德风尚和礼仪观念，不同的节日都隐含着不同的且极具文化内涵的教育价值。随着社会的不断发展，越来越多的小孩崇尚过“洋节”，什么圣诞节，情人节，愚人节等等外来节日，而我们祖国的传统节日渐渐的淡化，中秋吃月饼，端午吃粽子只是过场，对于节日的来由以及各地的风俗却了解地少之又少，甚至全然不知。在“端午节”被韩国在联合国抢注，正式确定为“人类传说及无形遗产著作”，后国人猛醒凸显传统节日文化教育的紧迫性，与时俱进的开展传统节日文化已经刻不容缓。弘扬民族文化的优秀传统，增强中华民族的凝聚力、营造温馨和谐的社会环境，发展壮大中华文化，因此开展传统节日教育具有重要意义。

（二）家、校、馆结合

家庭教育是孩子的第一课堂，父母是孩子的第一任老师，孩子的言行举止无形中受到家庭的影响。学校是传统教育课堂，在课堂上孩子接受通过老师交予的中国传统节日的抽象认识，而少儿图书馆这个时候充当着孩子们的第三课堂，这里有丰富的资源，海量的信息，多彩的课外活动，在这里孩子能得到感性认识到理性认识的跨越。因此让家长、学校、少儿图书馆参与到对孩子的传统节日中来，家、校、馆一致，共同架起一座节日教育的桥梁。

（三）少儿图书馆担负的重任

少儿图书馆在关于中国传统节日有针对性的购书，这方面在家庭和学校中所占据的优势是无可比拟的，根据不同年龄阶段的孩子，有针对性的购置一些适合每个年龄段的孩子阅读的资源。

在4–6岁的年龄段，孩子们已经有一个对事物开始了解的欲望，我们可以购置一些趣味性比较丰富的读物，尤其是一些有关节日的童话，这一阶段的孩子都对童话有着浓厚的兴趣，凭着丰富的色彩，生动的漫画，最能吸引他们。例如八月十五中秋节这个节日，家长通过书上的《嫦娥奔月》的故事讲解给孩子们听，中秋之夜，明月当空，人们把月圆当作团圆的象征，把八月十五作为亲人团聚的日子，让孩子感受故事中对亲人的思念之情，既可以启发孩子的智力也可以增加孩子的想象力，使孩子在过程中亲身经历，使教育得到升华。

在 6-9 岁的这个阶段，课本上的知识已经远远不能满足孩子们的求知欲望，随着年龄的增长大量的课外读物充斥着孩子们的世界，孩子们的阅读从随意到有一定目的，少儿图书馆可以购置些带拼音注解的图书，有关传统节假日的一些绘本，这些绘本大多都以中国传统特色为元素，以故事为主线展开，立足于真实的民间生活，自然渗透中国传统文化的内容，使孩子在阅读中既感受到温暖和爱，同时也自然而然地了解中国传统文化，唤起心灵深处对中国传统文化的热爱并长存记忆之中。例如什么是春龙节，我想很多人都不知道春龙节是指农历二月二，旧时曾有句民谚“二月二，龙抬头，大仓满，小仓流”，是预示来年的五谷丰登，就像大多数传统节令一样，春龙节有它的风俗习惯，也有它的由来，沿海地区，一直流传着二月二“剪龙头”的习俗，这天大人、孩子都剃头，叫“剃喜头”。特别是男孩子，都要理发，谓之“剪龙头”，据说在这一天理发能够带来一年的好运，也有要想鸿运当头的寓意。在黄河三角洲地区还有“放龙灯”的习俗，不少人家用芦苇或秫秸扎成小船，插上蜡烛或放上用萝卜挖成的小油碗，放到河里或湾里点燃，为龙照路。山东内陆地区对“二月二”的讲究更多，其中有一项重要的民俗活动，那就是围粮仓。农历二月初二清晨，村民早早起床，家庭主妇从自家锅灶底下掏一筐烧柴禾余下的草木灰，拿一把小铁铲子铲些草木灰，人走手摇，在地上画出一个个圆来。围仓的圆圈，大套小，少则三圈，多则五圈，围单不围双。围好仓后，把家中的粮食虔诚地放在仓的中间，还有意撒在仓的外围，象征当年的大丰收等等。这样的绘本书既有现实生活的情景又有农村生活的气息，让孩子们在阅读的同时感受中华悠久博大的历史。

在少儿图书馆的服务阵地中不可或缺的一块就是征文、征稿和讲座了。在每一个节日我们可以提出一个相应的主题，例如《家乡的春节》《情系中秋》等等主题征文大赛，让学生调查家乡春节的习俗，讲述春节见闻，记录春节趣事，引导广大少年儿童继承和弘扬中华民族的优秀传统。从不同的视角，展现了节日联欢、敬老爱亲、民俗民风、用好压岁钱等主题，在作品中尽情抒发对节日的喜爱之情，抒发对今天的幸福生活感受。在加强少年儿童传统节日和传统文化的教育同时也进一步提高了学生的写作水平与写作兴趣。

理性的认识有了，我们就要营造一个环境氛围，这个环境氛围与每个节日的气氛相融合，我们将传统节日文化融入环境建设中，营造了一个浓郁的传统节日文化氛围。春节过后迎来就是中国的传统节日—元宵节，通过利用图书馆资源开展元宵灯谜活动，让孩子利用各种废旧材料和家长互动制作各种各样的花灯进行比赛，孩子们和家长一起观花灯，猜灯谜，吃汤圆，感受浓烈的节日民俗，使孩子得到动手和动脑的好机会，更重要的是孩子参与了一次与众不同的元宵节活动。每个民族传统节日的由来与传说、风俗习惯等，以图文并茂的版面、生动有趣的广播、形象真实的实物展台的形式，凸显民族文化主题，让环境产生“润物细无声”的教育作用。

秋高气爽，水果丰收的季节，我们又迎来了我们中华民族传统的重要节日－重阳节，少儿图书馆可以利用学校和社区的阵地开展尊老敬老的主题活动，组织学生和家长互动准备一个节目，然后选出个别优秀的节目参加社区老人们的联欢，少的跳舞唱歌，老的扭秧歌，共同编排一场老少同乐的和谐联谊活动，让老人感到浓浓的亲情与欢乐，也让孩子们感受到尊敬老人所带来的快乐。

中国的传统节日文化内涵丰厚，留存着华夏民族独特的文化记忆，传统节日的形成过程，是中华民族历史文化长期积淀凝聚的过程。国家在 2005 年中宣部发出《关于运用传统节日弘扬民族文化优秀传统的意见》，提出我国教育发展战略，2007 年把清明节、端午节、中秋节定为我国法定节假日，中国传统节假日在生活中的地位从制度层面上得到确立。社会各界在关于年轻一代中保护重建中国传统优秀文化，探索、弘扬优秀中国传统节日文化的创新，改革呼声日高。因此，我们希望通过一系列图书馆服务延伸活动，让少儿了解这些传统节日的由来、节日的风俗习惯及其象征意义，让孩子们深切感受到中华民族文化的魅力。

未成年人是祖国的未来，其思想道德建设是整个社会和谐发展的重要组成部分，是我们少儿图书馆一项重中之重的工作，是一项历史使命，而少儿图书馆延伸的服务只有起点，没有终点，服务延伸只有一个目的，就是使图书馆发挥其最大的效能，满足广大读者的基本文化需求，提高资源的利用率和服务水平，让我们的服务贴近生活，贴近时代，贴近社会，贴近儿童。我们还有很长的路要走，该如何走下去？这是我们必须正视和思考的问题。

第三节　少儿图书馆在培养少年儿童创新领域的思考

21 世纪日益加剧的科技竞争，背后的实质是人才竞争。如何最大限度发掘少年儿童的潜力，不仅关乎孩子的个体命运，而且关系到中华民族的整体未来。为了实现全球化时代背景下的和平崛起，我们不能再观望与等待，唯有积极探索创新型人才的培养机制，加紧开展创新教育，致力于打造有竞争力的下一代，才能让中华民族以豪迈自信的姿态走向世界，迎接挑战。

美国图书馆领域的研究专家杜威指出：“大众教育主要包括学校教育和图书馆教育两大部分。”少儿图书馆作为以少年儿童为主要服务对象的校外教育机构，定位于孩子们的“第二课堂”，必然要紧扣时代发展的脉搏，配合学校和家庭，为培养孩子们的创新精神服务。

一、培养少年儿童创新精神和实践能力是素质教育的核心

创新是一个民族永续进步的灵魂。少儿图书馆承担着少年儿童创新潜力的启蒙挖掘，核心任务是通过多样化的服务模式，不失时机地激发少年儿童的创新欲望、孕育少年儿童的创新精神，进而构建一套科学创新的思维模式，为其日后成长为创新型人才奠定全面的素质基础。对少年儿童而言，创新是指探索新事物、学习新方法、掌握新技能的体验过程。在实际操作层面，就是要把少年儿童培养成勤于动脑、敢于质疑的“小问号”；勤于探索、独具慧眼的“小发现”；勤于动手、乐于实践的“小能手”。

当前，我国的学前教育尚未充分重视开发少年儿童的创新潜能，培养过程几乎被单向知识灌输的传统模式主导，而少年儿童受制于身心发展的局限，遇到问题时人云亦云，不敢或不愿提出质疑。这直接束缚了少年儿童的创造性思维，压抑甚至扼杀了他们的创新潜力，由此导致的尴尬现状是，我国少年儿童的创新意识相当匮乏。作为“第二课堂”的校外教育机构，少儿图书馆同样把重心过度偏向单向性的知识传导，未能给少年儿童营造一个激励创新的宽松成长环境。

二、培养少年儿童创新精神和实践能力的重要性

少年儿童在大脑发育初期有着天然旺盛的好奇心和求知欲，能否把握好这个关键阶段，建立一套科学创新的思维体系，与孩子所接受的学前教育密不可分。科学数据证实，儿童从学前阶段到小学，创造力随着年龄增长而呈现快速衰减的趋势。因此，孩童早期教育是开发脑力资源的关键，应尽早培养孩子的创新意识和创造能力。

少儿图书馆拥有涉及领域广泛、适合少年儿童心智发展的阅读资源，具有培养创新型人才的显著硬件优势。在日常服务中，图书馆员要树立创新教育观，有意识地针对少

年儿童开展创新性质的启蒙教育，营造一个鼓励质疑、崇尚多样化的创新环境，依托图书馆的巨大辐射能力，为孩子提供创新所需的气候和土壤。

三、少儿图书馆在培养少年儿童创新能力方面的优势

（一）专业性的培养教育经验丰富

少儿图书馆作为专门面向少年儿童群体的专业性公共文化服务机构，有着启发少年儿童、教育少年儿童的丰富经验，是少年儿童拓展眼界、获得全面知识的重要窗口。与少年儿童群体长期交流互动中，少儿图书馆积累了洞察少年儿童心智发育、情感起伏的天然优势，能够循序渐进地引导少年儿童，通过汲取知识逐步建立正确的价值观和科学的思维体系。

为了在思维创新的层面有所突破，部分较为先进的少儿图书馆已经尝试分步纳入启发式阅读的新模式，遵循科学的人类认知发展理论，在少年儿童存在阅读困惑和理解分歧的地方，给予必要的阅读指导，把阅读、思考和创新衔接起来，既能培养少年儿童良好的阅读习惯，又能增强其自主探索、破解疑问的成就感。

（二）高素质的人力资源储备

拥有一支高素质、专业化的少年儿童工作者团队，是少儿图书馆不可或缺的核心优势；反之，即便坐拥优厚馆藏资源，馆员能力欠缺的少儿图书馆依旧难以弥补软实力的巨大差距。目前，多数少儿图书馆已经储备了相当数量的高素质少儿工作者，他们在图书馆日常运作中扮演着重要角色，但人才梯队建设是一个永不过时、不容忽略的热点议题。

若以挖掘少年儿童创新潜能为未来的发展导向，一名合格的少儿图书馆工作者，除了应当具备强烈的责任感和完备娴熟的专业技能，更要有开拓创新的能力。这就对馆员提出了更高要求，需要他们贴近少年儿童读者，贴近前沿动态，持续学习新知识，夯实业务基础，以自身创新的服务理念、服务方式激发和培养少年儿童的创造性思维。

四、少儿图书馆培养少年儿童创新能力的有效途径

（一）以开放式理念引领少儿图书馆，塑造自由开放的制度环境

就目前的普遍现状而言，我国少儿图书馆的运作模式仍然沿袭传统的封闭路径，馆员主导的机制下，留给少年儿童自由选择和发挥创意的空间相当有限，活动的组织形式相对单一，记忆类应试类的标准化知识灌输是常态。总体来说，缺乏鼓励少年儿童自由想象、思维延展的氛围。倘若将开放式理念纳入，有望产生积极变化。

开放式理念的核心是扩大空间，将外在环境中形形色色的条条框框摘除，让身处其间的少年儿童能够突破限制，在广泛空间内自由拓展思维，培育创新能力。由此而论，开放式理念既是培养创新型人才的前提条件，又是挖掘少年儿童创新潜力的催化剂。

在开放式理念的指引下，少儿图书馆应致力于营造鼓励创新的文化环境，在馆员和读者之间形成相互分享、尊重多元、鼓励质疑、保护创新成果的浓厚氛围。另外，从硬件环境和读者体验的角度，图书阅览室应该采用开放通透的大格局设计，装修风格应该力求简约明快，让孩子们能够全身心的书海泛舟。

（二）让少年儿童读者在阅读和活动中激发创意

宽泛的定义下，创意无处不在，对少年儿童更是如此。少年儿童对童话故事天马行空的演绎、在科普实验中“节外生枝”的好奇心、考试时与标准答案不同但言之成理的个人见解，都是少年儿童创造性思维的硕果，无论是否偏离常规思维范式，都应该被重视和鼓励。

少儿图书馆在组织少年儿童的阅读活动时，面对孩子们的提问，馆员不应秉持手握唯一答案的权威心态，更不能轻易否定孩子们的新奇观点，正确的做法是针对问题的关键点做出恰当引申，引导少年儿童沿着科学轨道展开探索和创新。为了鼓励创意，少儿图书馆不妨考虑引进奖励机制，适时给予有创意的孩子赞美和鼓励，这种成本有限的激励机制却是非常有效的正反馈手段，能够持续强化少年儿童的自主创新意识。

（三）配置恰当硬件资源，打造开放式实验室

除了传统的引导阅读，少儿图书馆更应着力于少年儿童的创新实践。若在实践中遇到各种预料之外的突发情况，周围又配备了解决问题的常用技术和辅助设备，那么少年儿童就会自然而然地尝试自主解决，通过各种硬件资源的无障碍支持，他们将被鼓励验证或证伪自己的想法，这一过程就是对创新思维的关键训练。

一般来讲，按照既定路线、方法和指引完成的实践活动定义为被动实践，这就是当前国内课堂教育的主流模式。主动实践则是让孩子们真正作为主体，主观能动融入实践活动各个环节，从发现问题、提出质疑、观点碰撞到尝试自主验证、分析总结。作为一种有益的探索方向，少儿图书馆可以考虑给少年儿童提供一个主动实践的开放式实验室，该空间平台提供充分的信息资源、无障碍接触使用的设备工具，让置身其中的孩子彻底挖掘观察力、想象力和合作精神，在尝试破解困境的起伏挑战中提升自主创新能力。

（四）在切入点精准发力，开拓少年儿童的思维空间

如前文所述，由于各种现实原因，我国少年儿童的整体创新能力显著欠缺，不同程度陷入对事物认知的固定模式，如何突破这一局限，引导孩子们展开联想，需要少儿图书馆找准切入点，兴趣爱好就是一把开启少年儿童读者思维空间的关键钥匙。

许多研究早已证实，兴趣是最好的老师。少儿图书馆应该在活动内容方面力求匹配孩子成长不同阶段的不同兴趣爱好，鼓励观点比较和相互分享。相对于抽象的理性思维，心智发育尚未成熟的少年儿童，往往对绘画、摄影、音乐等直观形象的感性信息更有兴趣，这些非逻辑思维同样是创新思维的重要组成部分。少儿图书馆可以考虑将绘画、摄影联合呈现，这不仅是对孩子们施以艺术和美学启蒙，还能鼓励孩子们将不同的艺术形式相互比较，自然而然向其传达知识交叉、学科渗透的精髓，潜移默化地拓展其思维边界。

事实上，少年儿童学习生活的诸多方面，都能成为我们开拓其思维能力的切入点，只要少儿图书馆用心观察，科学引导，一定能逐步增强少年儿童举一反三、触类旁通的思维能力，进而树立起全局思考、合理想象、科学分析、主动实践的优良创新模式。

身处科技飞速发展的时代，大到民族，小到个人，要想拥有持续的竞争优势，必须走自主创新的道路，建设创新型国家、培养创新型人才任重道远。少年儿童时期是提升个人创新素质的关键阶段，少儿图书馆不能仅仅满足于“第二课堂”的定位，应当致力于提供宽松自由的阅读环境，消除扼杀创新精神的机制障碍，勇于探索激发少年儿童创新潜力的新途径，鼓励少年儿童不合常规的奇思妙想，并予以科学的引导，让他们在实践中检验和修正认知，逐步增强少年儿童群体的自主创新水平。

第四节　网络环境下少儿图书馆读者服务工作思考

“互联网 +”时代读者获取信息的渠道越来越广，传统的图书馆服务手段、方式已不能满足当下的读者需求，图书馆的读者服务工作正面临着严峻的挑战。因此，图书馆工作者必须与时俱进，不断创新读者服务工作，力求最大限度地满足当下的读者需求，充分发挥图书馆和图书馆人的价值。

一、网络环境下读者服务工作存在的问题

（一）网络思维意识不强

当下许多少儿图书馆馆员缺少网络思维意识，对网络缺乏敏感性，不善于将新技术、新手段应用到为读者服务中。开展工作还局限于过往经验，没有充分发挥网络优势，没

有将图书馆的读者服务与网络很好地结合起来。

（二）读者服务方式落后

少儿图书馆馆员受思维意识和技术水平的限制，缺乏对所从事工作的开拓和创新，导致读者服务工作跟不上网络技术的发展，传统的服务手段仍作为图书馆的主要读者服务方式，如纸质新书推荐、活动现场报名、电话续借和催还等，效率低下，读者体验差。

（三）工作人员网络技术水平低

当下少儿图书馆馆员的年龄偏大，新进年轻人少，工作人员整体的网络技术水平低，再加上图书馆开设的继续教育课程内容滞后、计算机知识更新速度快等原因，导致图书馆缺少利用网络技术为读者服务的工作人员。

（四）读者需求日趋个性化、多样化

"互联网 +"时代读者获取信息的渠道越来越广，读者对知识的需求日趋个性化、多样化，读者既需要图书馆提供针对性强、专指度高的私人订制式的个性化信息，又需要涉猎广泛、获取方便、直观生动的内容多样化的文献信息。这就要求图书馆工作人员对读者的行为习惯进行大数据分析，有针对性地提供服务。

二、网络环境下少儿图书馆的读者需求

（一）对知识的需求

少年儿童好奇心强，渴望获取各种不同类型的知识，除了在学校里学习的课本知识外，他们还希望通过图书馆获取其他类型和种类的知识，如天文、地理、文学等理论知识，手工制作、演讲、互动体验等实践知识。

（二）对网络信息的需求

少年儿童接受新生事物的欲望和能力比成年人更强，对网络信息的需求也更为强烈。他们希望图书馆搭建起获取网络知识的信息平台，让获取知识更好更方便。同时，图书馆也可以针对少年儿童的特点，对网络信息进行收集、分类、加工，形成一个个特色专题信息数据库，便于少年儿童学习和获取。

（三）对不同载体的需求

少年儿童走进图书馆的目的各不相同，有的是来借阅图书的，有的是来参加图书馆举办的活动的，有的是为了完成学习任务来图书馆查阅资料的，有的是来图书馆放松休息的，有的是家长让其来图书馆感觉学习氛围的，他们不论出于何种目的来到图书馆，都希望他们的目的能在图书馆里实现，这就要求图书馆准备多样化的知识载体，如纸质

图书、报刊、触摸屏、影像资料、玩具、体感设备、3D 打印机、网络终端等载体。

（四）对不同服务形式的需求

少年儿童不同于成年人，对服务形式要求多样化、新颖化。传统的服务形式对他们没有吸引力，如日常借还书、板报导读等；他们更喜欢趣味性、参与性、互动性强的服务形式，如互动游戏、体感活动、动画导读等。少年儿童在学校课堂上不能得到满足，他们就希望图书馆能提供这些服务方式。也只有这样，少年儿童才能感受到阅读、学习的乐趣，并在快乐中获取新知识，从而爱上图书馆。

三、网络环境下少儿图书馆读者服务工作要求

（一）建立图书馆网站、微信、微博，搭建线上服务平台

为了更好地为广大少年儿童提供服务，图书馆应该建立自己的网站、开设微信、微博，搭建起线上读者服务平台，为读者进一步了解图书馆、交流互动提供便捷通道。同时，图书馆可以充分利用线上服务平台宣传自己、推广活动，发布信息等。这样可以与读者形成良性互动，不断根据读者的需求改进服务方式，提升图书馆的服务效能。

（二）分类服务，兼顾全面

少年儿童是少儿图书馆的主要服务对象，同时要兼顾成年人，因此，这就要求图书馆针对他们的不同年龄段和不同类型，提供分类服务，并兼顾全面。针对少年儿童多开展线下线上结合的活动和服务，以线下活动和服务为主；针对成年人，以线上活动和服务为主，让图书馆有更多的空间和时间服务少年儿童。

（三）增加服务方式，活动出新出彩

少年儿童好奇心强，乐于接受形式新颖、有特点的服务方式，因此图书馆应根据他们这一特点，在做好传统线下服务的同时，通过变换服务方式和活动形式来激发少年儿童的学习兴趣，充分利用互联网技术，开展形式多样、内容丰富、互动性、参与性强的线上读者活动，如电子相册制作、电子书创作、网站个人主页制作、线上有奖答题竞赛等。

四、网络环境下少儿图书馆读者服务工作的特点

（一）服务覆盖面广

在互联网时代，图书馆的服务覆盖面更加广阔，服务效果也更优。例如，过去图书馆开展读者活动时，宣传的主要方式是馆内海报、电话邀请、新闻媒介推介等方式，宣传效果一般；如今，图书馆可以充分利用网络化的宣传手段，如网站、微信、微博、QQ

群等，同时可以在线与读者互动，不受时间和空间的制约，宣传效果明显增加，极大地提升了活动效果。

（二）服务内容实现可视化

借助互联网，图书馆可以把服务的内容通过音视频记录下来，利用网络传播工具，实现服务内容现场直播，让服务内容更加生动、真实，这不仅丰富了服务的形式，更激发了少年儿童参与图书馆服务的积极性，让他们主动地加入图书馆提供的各种活动和服务中来。

（三）服务的方式现代化

互联网拉近了图书馆与读者间的距离，在图书馆与读者间搭建起了一个互动沟通交流平台，让图书馆的服务方式更加现代化。通过网络，馆员可以就活动的相关细节与读者进行线上沟通交流；通过网络，读者可以对图书馆举办的活动，提出自己的意见与建议；通过网络，图书馆可以和广大读者更多的互动与交流，开展更多受欢迎的活动，更好的满足读者需求。

（四）服务形式多样化

互联网环境下，图书馆将服务线下线上相结合，让形式变得多样化。图书馆除了开展传统的读书沙龙、绘本分享会、儿童故事会、小读者采购、英语角、成长讲坛、展览等活动，还可以利用互联网的优势，策划、组织各类线上活动，如网页制作比赛、线上展览等，与此同时，做好线上线下服务的结合。

在互联网高速发展时代，少儿图书馆服务工作要紧跟时代，要不断创新，找准自己的定位，在做好传统服务的同时，充分利用网络技术，最大限度地满足广大读者的需求，提升少儿图书馆的服务效能。

第五节　以活动为纽带推动少儿图书馆的品牌建设

图书馆的社会价值，是由它对社会的服务决定的。当今图书馆的服务已经进入了以人为本的动态调节运行机制当中。我们应面向读者重新调整和规划自己的服务理念、活动方式，拓展服务领域。举办活动不但要有特色，而且要长期坚持办下去，创出自己的品牌，以活动为纽带推动图书馆的品牌建设，宣传和发挥图书馆社会职能与教育职能。

一、认识少儿图书馆品牌建设的必要性

品牌文化，是指品牌的文化内涵，对品牌进行准确的定位，并且充分利用各种宣传方式形成消费者对品牌极大的认可，它是一种无形资产。品牌文化是品牌服务的内涵所在，品牌服务是品牌文化的外化体现。作为少儿图书馆，品牌文化不仅仅是文化内涵的表现，更是服务能力的体现。以河西少儿图书馆为例，一直秉承“读者第一、微笑服务”的服务宗旨，以内容丰富、形式多样的活动来树立自己的品牌文化。

（一）可增强图书馆对读者的吸引力

图书馆品牌文化是无形的，尤其是品牌文化中的价值观、经营理念、服务规范和行为准则等并不直接表露于图书馆外部形态上，而是通过服务内容、服务方式、服务手段、服务态度等方面体现出来。所以图书馆一旦形成独特的品牌文化，在某种程度上就一定可以把读者长期稳定地吸引到图书馆来，从而增强图书馆自身的竞争力和社会知名度。

（二）有利于提高图书馆的社会效益

图书馆的社会效益是通过图书馆的利用率、馆藏文献的利用率来体现的，通过图书馆品牌文化的建设，最大限度地满足读者的需求，将会吸引越来越多的人走进图书馆，社会效益自然也就随之提高。

（三）更能加强图书馆的基本职能

建设图书馆品牌文化，增强吸引力，目的就是为了更好地为读者、为社会提供优质服务，充分发挥赋予图书馆的社会职能。

二、坚持改革创新，积极开展特色品牌活动

（一）积极开拓创新，广泛开展特色活动

改革创新是推动图书馆事业发展前进的强大动力，因此作为少年儿童图书馆应最大限度地开展形式多样、内容丰富、富有特色的活动，为创建图书馆品牌打好基础。如河西区少儿图书馆每年均开展几十场形式多样而有特色的活动，截至 2016 年 8 月份已成功举办了“迎新年读绘本讲故事”亲子阅读活动、“我参与我奉献我快乐我成长”河西区少年儿童图书馆志愿服务活动启动仪式、“阅读让梦想启航暨 2016 年河西区少年儿童读书启动活动”、数字资源体验互动活动、腊月民俗知识讲座活动、“猜谜寄语闹元宵，金猴献瑞节节高”元宵节活动、学雷锋志愿服务系列活动、平山道小学（分馆）西岸图书漂流基地启动仪式、“阅读点亮心灵知识成就梦想”基地体验系列活动、河西区第七

届中小学传统文化教育月活动、“心怀感恩快乐成长”河西区少年儿童图书馆助残活动、河西区少年儿童图书馆第28届全国图书馆服务宣传周系列活动、2016年科普教育基地活动、数字资源趣味答题活动、“七星小卫士”六一基地体验活动、“宝贝悦读计划”启用仪式活动、庆八一建军节等二十余场活动。不仅加强了图书馆与少儿读者们的沟通交流与互动体验，同时也提高了少儿图书馆的满意度与知名度。

（二）打造重点活动，创建图书馆品牌效应

西岸中小学藏书票活动是河西区少儿图书馆重点打造的特色活动之一，自2012年起至今已成功举办了六届，受益人数达5000余人次。藏书票活动使同学们开阔了眼界，陶冶了情操，学会如何珍爱图书。在弘扬版画艺术、抒发爱国情怀的同时，为更多喜欢藏书票和喜爱读书的少年儿童搭建了一个展示艺术才华和相互学习交流的平台。河西区少年儿童图书馆举办的藏书票活动受到多家媒体关注，在河西政务网、河西有线电视、河西报、北方网等多家媒体进行报道，产生了较大的社会影响力。

（三）扩大服务对象，关爱弱势群体

河西少儿图书馆一直致力于为残疾和智障儿童等弱势群体提供阅读服务。针对残疾和智障少儿看书难的问题，少儿图书馆有针对性地采购了一些特殊的书籍，并定时送书到盲人学校、启智学校等，同时还要经常上门为他们开展文化志愿服务活动。另外该馆目前和启智学校开展了课表化阅读服务活动，启智学校的孩子们每周定期到该馆综合阅览室和电子阅览室阅读和浏览电子资源，充分享受和正常孩子一样的公共文化服务资源。在当今和谐社会，关注残疾和智障儿童等弱势群体的健康成长，为他们提供便利的服务，更是我们少儿图书馆服务的一项重要内容。

（四）请进来走出去，做好延伸服务

河西少儿图书馆自2013年5月被评为河西区科普教育基地后，立足馆藏资源，结合馆内实际，与时俱进、开拓创新，已连续六年与河西区复兴门消防中队搞科普教育基地活动，请消防官兵到馆里为小读者进行消防安全讲座，也带领学生到中队去实地体验逃生演习。该馆充分挖掘现有能力，进一步扩展服务空间、扩大服务范围，将读者服务工作延伸到馆外，截至目前已建立12个分馆，包括学校、幼儿园、社区、部队等，累计送书近万册。通过几年的馆内外延伸服务，不仅给广大读者提供了精神食粮，也扩大了少儿图书馆的社会影响力和社会效益。

三、深化品牌效应，努力打造少儿阅读新空间

一方面创新阅读空间，推进新的活动形式和内容，另一方面，加强资源平台整合和活动整合，开拓少儿阅读新空间。

（一）进一步挖掘自身，将现有品牌活动做大做强

图书馆应进一步挖掘自身，开拓创新发展新的特色活动，同时应将现有的品牌活动继续做大做强，通过媒体宣传等方式扩大知名度，将少儿图书馆的服务理念、服务信息、社会价值等传达给广大少儿读者。

（二）深入研究广大读者需求，开展有针对性的特色活动

通过深入了解、调查和分析，掌握广大少年儿童的特殊需求，搜集整理筛选出他们最感兴趣和最需要的信息，满足小读者们的需要，有针对性地开展特色活动，解决少年儿童的需求和生活中的实际问题。

（三）以活动为纽带，深化品牌效应

举办活动不但要有特色，而且要坚持长期办下去，创出自己的品牌，以活动为纽带推动图书馆的品牌建设，宣传和发挥图书馆的社会职能与教育职能。图书馆也应扩大品牌的覆盖范围，将品牌的内涵向更深、更广的程度发展，高核心竞争力，为自身发展创造新机遇。

印度图书馆学家阮冈纳赞说“图书馆是一个生长着的有机体”，图书馆品牌战略建设是一个持久发展的过程，少儿图书馆通过创品牌活动，塑造了图书馆的形象，形成了图书馆的品牌效应。图书馆应该与时俱进，不断创新自己的服务内涵和活动形式，以创新促发展，更好地为读者服务。

第六节　少儿图书馆设立儿童玩具图书馆发展路径探索

随着我国社会文化事业的发展，少儿教育呈现出多元化发展的趋势，少儿以及少儿家庭对于启蒙教育的需求也呈现出几何式增长的态势，这就意味着少儿读者服务工作必须通过转型升级与创新来适应时代的变化。儿童玩具图书馆对低年龄段的少儿更具有吸

引力，一经推出就备受广大少儿及其家长的喜爱。同时，多角度创新儿童玩具图书馆的发展模式，并形成特色化的活动品牌，已成为少儿图书馆实现可持续发展的必然趋势。

目前，我国大部分实力雄厚的少儿图书馆已根据自身少儿读者服务的条件，开办了形式多样的儿童玩具图书馆，并获得了少儿及其家长的欢迎与好评。但从服务的实际效能来看，儿童玩具图书馆普遍存在服务同质化、服务质量参差不齐、专业化服务人才短缺等突出性问题。因此，进一步完善少儿图书馆儿童玩具图书馆的基础设施建设，充实其发展内涵，已成为少儿图书馆需要着重思考的问题。

一、儿童玩具图书馆的来源、概念与特性

（一）儿童玩具图书馆的来源与概念

最早的儿童玩具图书馆源于美国洛杉矶的玩具出借项目，后逐步为欧美发达国家所认同和借鉴，并在20世纪70年代进入发展的黄金期。我国于20世纪80年代开始了儿童玩具图书馆的探索，在经历了发展波折之后，儿童玩具图书馆于2010年后又逐步在我国大中型城市兴起。从字面含义来看，玩具图书馆的服务模式应同传统图书馆一样，只不过是将玩具作为基础资源，通过开展外借、现用以及管理服务对少儿进行教育和启蒙。儿童玩具图书馆服务的主要对象为3～6岁的少儿。从作用与功效的角度来看，儿童玩具图书馆之所以能够形成、出现并逐步发展壮大，更多的原因在于其有效地弥补了社会机构少儿教育职能的空缺，通过专属少儿服务平台的构建，为少儿提供了温馨、快乐而又可以尽情发挥少儿主观能动性的场所，并以此促进少儿各项能力的提升。

（二）儿童玩具图书馆的特性

儿童玩具图书馆在具备少儿图书馆基本功能的基础上还体现出以下特性：①游戏性。儿童玩具图书馆不仅仅是少儿图书馆设立的一个具有玩具租赁与互利互惠特征的平台，同时还可以被看作是少儿之间交流与互动的平台。儿童玩具图书馆各类游戏与互动项目的开展，有助于让少儿体验到交友的快乐。②实操性。儿童玩具图书馆必不可少的玩具是强化少儿动手能力最为有利的载体，玩具可以满足少儿的好奇心，这是大部分少儿产生愉悦感的关键。③自主性。图书馆出现的重要意义之一就是从不同角度满足社会大众对信息资源的需求，而儿童玩具图书馆的资源具体体现为玩具。少儿可以在儿童玩具图书馆多种多样的玩具中选择自己喜爱的玩具，这种体验有助于培养少儿的自主意识。④引导性。少儿在体验儿童玩具图书馆以玩具为载体的各类游戏与互动项目时，必然需要馆员或家长的引导与帮助。在这个过程中，少儿正确的世界观、人生观以及价值观逐步

形成，不良的观念与行为也会随着馆员或家长的引导而逐步得以改正。

二、少儿图书馆设立儿童玩具图书馆的意义

（一）有利于培养少儿的信息素养和社交意识

帮助少儿逐步形成良好的信息素养，并使他们懂得如何有效地进行社交是大部分少儿图书馆开展活动的初衷，儿童玩具图书馆的系列活动也会促进少儿这两项能力的提升。一方面，少儿图书馆儿童玩具图书馆可以被看作是信息集合的一种形式。与少儿家庭拥有的玩具不同，儿童玩具图书馆的玩具需要按照一定的顺序进行管理和摆放。少儿进入玩具图书馆后，需要通过一定的方法获取玩具，这个过程有助于少儿信息观念的养成。另一方面，对于少儿来说，儿童玩具图书馆是社会空间的一个类型，这个空间在其接触初期是由陌生人构成的，少儿在这里可以拥有众多类型的社交活动，他们可以与其他小读者通过合作和分享的方式参与活动，这些都有助于从不同的角度帮助少儿提高社交能力。

（二）促进少儿图书馆阅读推广活动的创新与发展

儿童玩具图书馆除具有自身独特的职能外，还能够在一定程度上助力少儿图书馆阅读推广活动的创新与发展。儿童玩具图书馆可利用玩具的形象以及基本属性设计有利于少儿阅读心理的模拟情境。在讲述绘本时，馆员可以通过玩具的形象引入故事情节，并通过食品、水果或动物等模型引导少儿认知阅读内容，如通过青蛙、汽车等玩具推荐《青蛙王子》《神奇的汽车》等绘本，这对少儿充分理解读物内容、提升阅读兴趣、积极参与阅读推广活动都有很好的促进作用。

（三）提升玩具资源的利用效率

在不断增长的国民经济的影响下，我国人民的生活水平得到了大幅提升，有孩子的家庭更倾向于为少儿购买形式多样的玩具。现阶段，在玩具市场上，各类玩具的样式、工艺繁杂，并且玩具的制作也越来越精美和新颖。在天性的驱使下，很多少儿会被这种新鲜的玩具吸引，并期望家长不断购买，这不仅增加了家庭支出，也使很多玩具并未得到充分利用，造成了资源浪费。通过开办儿童玩具图书馆，众多家庭面临的这些难题就可以迎刃而解。在儿童玩具图书馆，玩具资源非常丰富，并且都是免费提供的，可以让更多的少儿接触到各式各样的玩具，不仅能够节约其家庭开支，还有助于资源的共享和流通。

（四）拓展少儿图书馆面向特殊少儿的服务范围

特殊少儿可以通过在儿童玩具图书馆接触玩具提升自身的想象力和自信心，这有助

于满足他们的个性需求，为其今后能够顺利地适应社会创造必要的条件。例如：特殊少儿通过搭建积木可以建立一定的自律性，因为搭建积木需要满足一定的规则，这种方式可以改正少儿攻击性强或常常干扰他人的缺点；馆员可以通过电话或玩偶等玩具帮助语言表达存在障碍的少儿逐步养成正确的语言表达方式；孤独症少儿则可以通过接触毛绒玩具或机器人等玩具分散注意力，增强心理舒适度。

三、少儿图书馆设立儿童玩具图书馆的基本要求

（一）服务目标明确化

儿童玩具图书馆主要面向 6 岁以下少儿，同时也应包括家长及教师。在家长或教师的陪同下，少儿可以进行相应的游戏，在游戏中培养良好的学习习惯，促进少儿更好地成长。与此同时，家长、教师及育儿专家可以儿童玩具图书馆为平台，开展育儿等相关问题的讨论，让更多教师及家长能够更加科学地完成育儿活动。

（二）空间环境舒适化

儿童玩具图书馆提供所有服务的前提条件是拥有一个舒适的环境，因此，空间密度一定要适当，只有密度恰当才能让少儿在娱乐的过程中自主探索。同时，欢快、明亮的色调也是非常重要的，儿童玩具图书馆只有选择少儿喜爱的色调，才能让少儿在舒适而自然的环境中感受游戏的乐趣。卫生也是儿童玩具图书馆应当重点关注的问题，原因在于其服务对象主要是 6 岁以下的少儿，他们的卫生意识并不强，因此图书馆应当对所有少儿能够接触到的玩具及物品进行定期消毒。

（三）玩具资源优质化

首先，儿童玩具图书馆的玩具应适合 6 岁以下少儿的认知特点。由于不同年龄段的少儿对玩具的需求不同，因此图书馆要结合少儿的认知水平对玩具进行选择，特别是对于年龄较小的幼儿来说，玩具的大小应与其自控能力相符。其次，馆员要针对少儿的乐趣开展深入调查，以提高玩具的使用效率。再次，图书馆应结合人工智能技术不断更新玩具，让玩具具有浓厚的时代色彩，具有开放性、创造力的玩具应成为儿童玩具图书馆的主要供给资源。最后，图书馆玩具采购规划还需要具备前瞻性。

（四）资源流通合理化

儿童玩具图书馆在业务流程方面只有遵循一定的规范，才能保证各个环节的顺利衔接，如在活动安排及参加人员方面，可以按照网约的模式进行。首先，馆员对未来一个月的活动进行编排，并将活动安排的具体内容告知少儿及家长，如果他们有参加意愿，

可以提前一周在网上预约。其次，对于已经完成预约的少儿，馆员可以按照数量及年龄段整合相关信息，保证每个少儿都能享受参与图书馆活动的美好时光。对于玩具出借业务，馆员可以先将需要借出的玩具进行登记，之后办理借用所需相关手续。

四、完善儿童玩具图书馆发展的建议与对策

（一）拓展合作对象，延伸服务内容

在玩具图书馆里，家长和少儿可以在这里交流，做游戏，这个过程也是家长和少儿相互了解的过程，有助于亲子关系的培养。因此，图书馆应及时加强与社区的合作，共同促进少儿社会教育事业的开展。例如：儿童玩具图书馆可以在社区举办与玩具相关的公益性知识讲座，宣传和推广图书馆提供的少儿服务。儿童玩具图书馆还可以采用“总分馆”模式，在社区图书馆成立流动分馆，最大限度地促进玩具资源面向基层的流通。

（二）完善业务工作流程，促进运营的规范化

工作流程的科学有效对于儿童玩具图书馆的可持续发展至关重要。我国知名度较高的儿童玩具图书馆之所以能够成功运营，在很大程度上是因为它们拥有舒适温馨的少儿娱乐环境、丰富的玩具资源以及科学化的流通管理制度。儿童玩具图书馆应将建设的重点放在工作流程方面，首先，在采购玩具资源时，图书馆要结合自身定位，选择适合少儿身心发展特点的玩具，并制定相应的采购政策及方法；其次，在玩具流通的管理过程中，图书馆要对开放时段和借用方式进行合理规划，并定期清洁玩具。

（三）注重人才培养，优化人才梯队结构

与发达国家相比，我国少儿图书馆起步较晚，关于儿童玩具图书馆的实践和理论研究还不够深入。从实际发展情况来看，馆员服务经验不足、专业服务馆员匮乏、志愿者素养参差不齐等因素也在很大程度上制约了我国儿童玩具图书馆的发展。因此，儿童玩具图书馆有必要实施以共享理念为基础的人才战略，以项目为组织形式，吸引教师、心理学家、心理咨询师以及儿童玩具设计者等，作为服务志愿者参与到儿童玩具图书馆建设与完善的具体行动中，并通过科学有效的激励机制调动他们参与儿童玩具图书馆建设的积极性。同时，儿童玩具图书馆作为研究少儿行为的天然平台，如果能够积极吸引少儿教育的相关学者、专家以及研究生参与各类活动，并为图书馆提供相关指导，不仅有益于儿童玩具图书馆发展理论的研究，也可以促使儿童玩具图书馆主动弥补自身不足。

（四）建立健全绩效评价体系，保障活动开展的可持续性

目前，我国大部分少儿图书馆都没有构建专属于儿童玩具图书馆的绩效评价体系。

结合目前情况来看，儿童玩具图书馆建立健全绩效评价体系应从以下三个方面入手：一是要设置科学的绩效评价指标体系，既要保证这些评价指标能够体现儿童玩具图书馆服务的基本内容，又要保证这些指标可以覆盖服务效益的关键考核点。二是要注重绩效评价体系的动态性，图书馆应根据自身服务和发展方向及时调整和完善相关指标。三是要注重评委结构的合理性。儿童玩具图书馆的服务通常涉及教育学、心理学、社会学等多个学科领域，因此，评委中应包含这些学科的专家。

虽然我国儿童玩具图书馆的发展还处于探索阶段，但随着基础资源供给能力的逐步增强、人才团队建设水平的不断提升以及管理模式的创新与完善，相信在不久的将来，儿童玩具图书馆必能为少儿提供更为全面、有序、多样的服务。

第七节　基于少儿认知规律的少儿图书馆的思考与实践

“在孩子的乐趣中，最重要的是读书”，在读书的过程中，除了图书是少年儿童成长发育过程中重要的伴侣外，少儿阶段培养起来的健康阅读习惯也对少儿成长产生巨大的帮助。少儿图书馆作为少年儿童阅读推广的重要主体之一，对于建设和谐社会、提升少儿素质及文化水平有着不可忽视的作用。本文拟从少儿认知的发展规律角度，以南京图书馆少儿图书馆为例，探讨少儿图书馆在建设过程中所采取的措施，以期为少儿读者提供更优质的文化服务。

一、基于少儿认知规律的少儿图书馆建设思考

（一）依据少儿认知结构，科学布局阅览空间

著名心理学家皮亚杰提出少儿认知发展阶段论，他认为少儿心理是不断由低级向高级发展的，认知也是有阶段性变化的。他将少儿认知发展分为四个主要阶段：感知运动阶段、前运算阶段、具体运算阶段和形式运算阶段。因此，皮亚杰强调认知发展是一个积极主动的建构过程，教育要按照少儿的认知结构来组织教材，调整教法，选择图书。

少年儿童图书馆作为我国图书馆事业的重要组成部分，是未成年人的第二课堂，应根据少儿的不同年龄段的认知水平，牢牢把握少儿各种年龄段的不同特点，不断完善基

础建设与软件配套，科学布局少儿阅览空间。

学龄前（0 ~ 3 岁）阶段的孩子主要通过感知去探索世界，依靠表象来认识事物。直观、具体、生动的形象容易引起这个阶段孩子的注意，也容易在他们的头脑中留下痕迹。那么少儿图书馆应根据此年龄段孩子的阅读倾向，在布置阅览室时，多半要以色彩艳丽、较为直观的图画书为主，摆放一些被公认为儿童早期教育最佳读物的绘本供少儿拿取欣赏。同时，也应设置室内的亲子活动室、游戏区及哺乳室。

儿童（4 ~ 6 岁）阶段的孩子已不再仅仅局限于阅读了，这个阶段的孩子具有了认知运算能力，能够理解客体的基本属性和联系，阅读已上升为学习手段。在此阶段，少儿图书馆应注重少儿动手能力的培养，注重培养少儿的良好阅读习惯，注重他们阅读能力的提升。在少儿室设计布置时需要考虑设置各类活动室，让少儿能够在有益的动手设计过程中增添乐趣，汲取知识，除此以外，还需定期举办亲子读书会、真人书评书荐等活动，以一种潜移默化的方式来提高孩子的阅读素养。

少年（7 ~ 15 岁）阶段的孩子已发展出抽象思维能力，逻辑思维不再局限于可观察到的事物。因此，少儿图书馆应更多地依托丰富的多学科藏书和信息培养的优势，有目的、有选择的指导他们进行科学阅读，着重培养和提高他们有效查找资料以及信息归纳整理的能力。

（二）把握少儿认知兴趣，培养少儿阅读激情

“兴趣是最好的老师”，儿童教育学研究结果表明，少儿时期是人的心理和认知能力极速提升的重要阶段，在其发展过程中，是一个行为能力、心理、心智和阅读能力综合发展的过程，是阅读兴趣和阅读能力培养的关键时期。在此阶段，少年儿童对知识的需求覆盖面极广，涉及各个领域，因此少儿图书馆需要针对各类小读者的兴趣特点，提供个性化的服务措施，并在整体布局结构和服务水平上进行优化，不仅要提供给少儿读者一个易于提升阅读兴趣的平台，同时要对少儿读者进行合理引导，帮助他们挖掘和增强阅读乐趣，提升少年儿童的阅读主动性及连续性，进而养成一种主动阅读和探索知识的良好习惯，使少年儿童对阅读产生更大的兴趣与激情。

（三）跟随科技发展动态，丰富少儿阅读体验

少儿阶段是培养阅读习惯、开发阅读兴趣的最佳阶段，然而，少儿自成长伊始，就会对卡通动漫及科幻作品、电子游戏感兴趣，这是由少儿身心发展所决定，如果任由其贪玩习性养成，对其自身的心理和学习能力的发展会产生严重的负面影响。少儿图书馆在这一方面不应该回避、也回避不了这一社会发展现状，应不断调整阅读方式，改善这一局面，顺势引导，从两个方向开展工作。一方面，积极借助新兴多媒体资源，充分利用网络、计算机、IPAD 等新兴知识载体及媒介，将知识阅读同新媒体资源有机结合，探索出更加容易被少儿读者接受的阅读方式。另一方面，根据时代发展的需求，在传统阅读形式的基础上大胆创新，针对少儿读者特点，以寓教于乐的方式开展多样化互动阅读活动，让他们在享受影音、游戏快感的同时也能够接收到知识的教育，养成良好的阅读学习习惯。如南京图书馆在 2016 年牵头启动并全面实施的“江苏省少儿数字图书馆”项目，正是这样一种嵌入各类少儿喜爱阅读资源的大型阅读服务平台。在这个平台少儿不仅能阅读到中英文绘本、电子书、连环画、动漫、3D 立体书等 11 种少儿数字资源，从中学习到国学经典常识、科普知识、百科知识、自然地理、航空航天、生物科学等，还能进行线上线下互动，体验新型的少儿阅读方式。

二、基于少儿认知规律的少儿图书馆实践

（一）完善整体功能布局，搭建优良阅读平台

少儿图书馆的合理规划和科学布局是提升读者服务水平、满足各类阅读需求的前提条件。2016 年起南京图书馆对少儿图书馆建设布局进行了统筹改建规划，通过空间布局、环境装饰、安全标示、图书筛选、玩具选择、管理流程等工作准备，顺利完成少儿图书馆（0 ~ 3 岁、4 ~ 6 岁、7 ~ 15 岁）三室的功能改造和设置，实现全年龄段少儿阅读服务全覆盖。在少儿图书馆（0 ~ 6 岁）馆区还从少儿特点、兴趣入手搭建优良的阅读空间，设有“童创童话”“亲子阅读”“DIY 制作”“森林故事会”四个主题区，给小读者一个良好的阅读环境氛围，以提升少儿的阅读兴趣。

（二）夯实基础业务水平，满足不同层次需求

宽松自如、舒适便捷的阅读环境和丰富多彩、各式各样的阅读资源是吸引小读者走进图书馆，进行快乐阅读的必要条件。南京图书馆少儿书刊借阅组针对不同年龄段少儿的阅读需求和特点，不断对少儿书刊借阅室的书刊资源和陈列架位进行调整完善，为少儿读者能够更加全面、方便地查阅所需书籍提供保障。目前少儿馆藏文献 3000 余册，包括中文绘本，原版英文绘本，3D 立体书、洞洞书、玩具书等。少儿图书馆除了日常的阅读管理工作外，还编印少儿阅读书目，进行导读服务，在节假日和寒暑假期间定期组织开展多种类型、多种主题的少儿活动，将阅读与游戏、涂鸦与制作、游戏与创作相结合。

（三）打造特色品牌活动，丰富读者文化生活

为了给小读者一个快乐阅读、分享收获和锻炼自我的平台，促进少年儿童全面发展，

南京图书馆少儿图书馆还针对少儿特点组织了集科学性、娱乐性及公益性于一体的特色活动，意在激发少年儿童的读书兴趣，培养少儿读者的思维能力。少儿图书馆组织的活动主要分为三种类型。（1）每月一次的常规活动，包括“绘本阅读指导”“开心学国学”等活动；（2）与外校、单位合作的活动，包括与逸仙桥小学、长江路小学、游府西街小学合作的“读书月”活动；与周边幼儿园合作的“畅游书海，沐浴书香”阅读活动；（3）举办寒暑假系列少儿活动，内容包括“书海体验”“书海拾贝”“动漫绘画培训”“美工创意 DIY”“书香影视”“缤纷创意”等。生动有趣的活动形式和丰富多彩的活动内容使小读者开心快乐地参与到其中，增强了他们的阅读兴趣，得到了学生家长的一致好评。

三、基于少儿认知规律的少儿图书馆未来发展

（一）提升少儿图书馆建设格局，广泛协调社会资源

少儿图书馆是少儿文化教育建设的主体，承担着为少年儿童提供阅读服务和专业指导的重任。少儿图书馆拥有丰富的馆藏资源以及多种多样的现代化服务条件，如何全面利用已有资源，使少儿图书馆在社会少年儿童教育中的主导作用得到充分发挥，是少儿图书馆未来建设发展的重要课题。随着社会分工的不断细化，少儿图书馆在未来建设中需要协调各类社会资源，突破固有认知思维模式，提升少儿图书馆建设格局，多途径、全方位的完善少儿图书馆的服务方式。要达到这个目标，需要在机制上寻求合作，完善体制架构，在服务手段上勇于创新，积极采纳各种有效可行的服务方式，扩充服务对象，在家庭、学校及图书馆三者中建设更加便捷、顺畅的交流渠道，为少年儿童提供全方位的综合阅读服务措施。

（二）适应社会发展潮流，探索创新建设途径

新媒体的发展促进了数字化阅读的发展。数字化阅读已经成为当今文化发展的潮流，逐渐改变着每一个人包括少年儿童读者的阅读习惯和方式。

少儿图书馆的建设应该努力寻求适应时代发展的潮流，推进数字化阅读和传统阅读融会贯通，各取所长，各补所短，探索出一条在新形势下的少儿图书馆建设途径，保证少年儿童读者的健康阅读习惯养成。同时，积极创新多样化阅读方式，开展各种形式生动有趣、内容丰富的阅读活动，让少年儿童在阅读活动中充分享受到知识的乐趣，从而发挥少儿图书馆在少儿阅读领域的带头引导作用，使少年儿童成长过程中形成良好的阅读习惯和兴趣，全面提升少年儿童综合素质水平。

（三）从少年儿童读者的心理特点出发，不断提高队伍专业化水平

少儿图书馆在开展服务的同时，要多关注少年儿童读者的心理特点，并结合他们的信息需求和认知水平，为他们规划合适的书籍。这才是能够体现文化服务之处，始终以少儿读者的需求为第一考量。目前，从总体情况来看，少儿图书馆建设对儿童心理学理论研究与实践仍相当欠缺。因此，必须加强少儿阅读心理行为研究，对少儿图书馆馆员进行专业培训，在充实图书馆学专业人才队伍的同时，积极吸纳懂教育学、儿童心理学等方面的专业优秀人才，也可同时借鉴国外公共图书馆的先进经验，充分利用志愿者等社会人才资源，不断推进少儿图书馆事业发展的进程，为少儿读者提供更到位的服务。

少儿图书馆的建设是创建和谐阅读社会的需求，有益于帮助少年儿童重拾阅读乐趣，养成良好阅读习惯。通过对少年儿童认知规律的认识和建馆的具体实践，可以说少儿图书馆在建设发展过程中需要通过合理布局社会资源，借力科技发展成果，完善服务团队，才能更好地满足少儿读者需求，走出一条创新的服务之路。少儿图书馆承担着祖国下一代文化素质培养的重任，应在其建设和发展中时刻牢记这一特殊使命，开拓创新，探索实践，充分发挥自身功能和优势，为少年儿童提供优秀的阅读平台，为祖国的美好建设和社会的和谐发展做出应有的贡献。

第八节 增强现实技术在少儿图书馆服务创新中的应用

2016 年《美国地平线报告》曾提出将增强现实技术应用于学习中是 2 到 3 年的目标，旨在增强信息获取，为学习带来新的机遇。而随着各大专家学者不断提出的 21 世纪图书馆转型，增强现实技术作为一种新的技术手段引起了图书馆界的广泛关注。将增强现实技术与少儿图书馆进行结合，提高少年儿童阅读的整体感受，使少年儿童在阅读时同时感受现实世界与虚拟信息，不仅增添了少年儿童阅读的趣味性，同时也减去了现实世界与虚拟世界进行切换所浪费的时间精力，为少儿图书馆的服务模式注入新活力。

一、增强现实技术

（一）增强现实技术概念

1992 年，Caudell 和 Mizell 提出“增强现实 (Augmented Reality)”一词，用来描述将计算机呈现的元素覆盖在真实世界上这一技术。增强现实 (Augmented Reality，简称 AR)，又称混合现实，其实质就是通过电脑生成的虚拟事物和一些特殊设备的辅助，增强或者放大人们对现实世界的感知，这种技术的目标是将计算机产生的虚拟信息与现实世界中的实际物体叠加在一起，提高用户使用过程中的体验感。

（二）增强现实技术的由来

AR 技术的发展是建立在虚拟现实的基础上，是作为虚拟现实的附属品出现的。Azuma 论述了虚拟现实与增强现实之间的关系，指出增强现实技术的本质就是“虚实结合”，并且预测了虚拟、现实两者变化的大体趋势。

1994 年，保罗·米尔格拉姆 (Paul Milgram) 和岸野文郎 (Fumio Kishino) 提出了现实——虚拟连续统一体。他们将真实环境和虚拟环境分别作为连续统一体的两端，位于它们中间的被称为“混合实境 (Mixed Reality)”。其中，靠近真实环境的是增强现实，靠近虚拟环境的则是增强虚拟。

二、基于增强现实技术的少儿图书馆服务创新

（一）增强学习体验

少儿正处于心智的萌芽期，对一切新奇的事物都充满好奇，喜欢可视化动态的物件，若能提供更具趣味性的阅读方式将促使少儿更加热爱阅读。

1. 可视化三维动画阅读。当少儿在阅读时，利用 AR 技术，通过扫描其所阅读的内容经由头戴式显示机器或移动终端虚拟显现书中所描述的场景，将书中的二维文字内容转化为三维立体动画，将单一的文字转化为形象动态的三维动画，使少儿进行可视化阅读，而区别于传统动画片的是，AR 技术使得少儿有身临其境的感受，仿佛置身于故事当中，强调的是虚拟和现实的无缝连接。以此来增强少儿的阅读兴趣，提高少儿文章阅读的体验感。

2. 虚拟立体实验。AR 技术同时可以应用于少儿的学习当中。如化学、物理等具有危险性的实验操作时，既要少儿充分学习理解实验的原理，又要保证其人身安全。通过 AR 技术，少儿可以通过扫描当下所学习的内容来得到虚拟立体的实验空间，少儿可以实际

动手操作实验，了解实验奥秘的同时又无须担心自身安全问题，也解决了许多现实中无法演示的问题，如天体运动等。AR 技术给少儿以身临其境之感，促进少儿更好地学习掌握相关知识。现今已经有很多少儿出版物与 AR 技术结合，少儿在阅读时不仅局限于文字，而是呈现出三维立体的动画增强阅读内容的真实感与趣味性。但是，这类出版物普遍价格偏高，同时需要下载配套 APP 进行阅读，步骤烦琐。根据这一情况，少儿图书馆作为少儿阅读场所和书籍的提供者应引进 AR 技术配套的书籍以及移动设备的建设，提前完善好 APP 等一系列基础设备，为少儿新式阅读提供方便。

3. 古籍、古建筑、非物质文化遗产再现。AR 技术可将古籍和非物质文化遗产，如京剧、粤剧、皮影戏等戏剧文化进行虚拟再现，并配合有关文字信息描述。当少儿利用移动终端进行扫描时，除了出现的虚拟影像，少儿还可学习有关该段古籍或非物质文化遗产的历史背景。配合用户阅读速度的虚拟古籍的翻动，栩栩如生的人物在唱戏，不但解决了古籍因其珍贵性无法提供用户进行所有的阅读行为的困难，也解决了非物质文化遗产需要请真人进行现场表演的人力要求，同时将仅仅存在于移动设备有限的屏幕尺寸中的人像转移到现实空间中显现，更加真实的再现于少儿面前，增加画面的沉浸感。

（二）虚拟个人专属馆员

1. 馆内智能导航。在少儿图书馆中常常出现少儿无法准确地知晓图书馆构造，在无家长陪同的情况下而出现迷路的现象。许多少儿图书馆针对这一问题，一般情况下会安排工作人员在一些重要的位置站岗来引导少儿更好地利用图书馆。但此举使少儿图书馆常出现人力配备不足，需要外请人员。对此，可利用 AR 技术，通过每一个借书证的编码对应一个虚拟的个人专属馆员。在少儿扫证进馆的同时虚拟个人专属馆员启动工作。少儿可以与其进行交流，包括图书馆的借书还书流程、开闭馆时间以及图书馆空间分布导航的功能，帮助少儿更加熟练地在图书馆中自由活动。虚拟个人专属馆员是将仅存在于手机 APP 上的个人图书馆，通过 AR 技术的方法虚拟显现成一个人物动态影像，同时又兼顾了少儿的趣味心理的特点。虚拟馆员就像一个小伙伴一样陪伴在少儿身边，不仅大大增加其趣味性，也节省图书馆的人力资源。

2. 读者素养教育。由于少儿年龄较小，心智尚未成熟，在图书馆内阅读时，经常将书籍乱堆乱放，随意涂抹勾画，造成了少儿图书馆书籍一直处于破损或遗失的状态中循环。针对这一现象，少儿图书馆可采用虚拟专属馆员的方式，模拟真人一对一地对少儿进行服务，以小伙伴的对话模式渗透读者素养教育，少儿在成长过程中都存在喜好模仿小伙伴的现象，这样一种虚拟小伙伴引导的形式能够更好地促进少儿读者素养的提高。

3. 馆内信息推送。区别于普遍的只局限于图书馆网站首页、各大公众号、各种通信软件的信息推送服务，利用 AR 技术的图书馆推送平台为读者提供了崭新的体验模式。读者通过轻松的二维码扫描获取图书馆信息，包括新书推介、最新活动介绍等可查阅到与新书相关的馆藏情况、读者阅读评价等，还可通过少儿读者的借阅记录分析得出该用户处于什么样的文化水平以及阅读偏好，进而向少儿读者推送更加符合其兴趣特点的书籍。

（三）指导图书归位排架

1. 读者查找所需书籍。少儿读者对于馆内馆藏分布不清楚或看不懂图书馆藏区与分类号，使得寻找所需书籍变得十分困难，对此可利用 AR 技术将虚拟场景与现实场景进行叠加，分别图书和读者，然后少儿用户可将所需书籍名称输入移动设备中，移动设备开始启动智能导航，在图书和读者之间建立一条路线，少儿读者根据路线的指引找到所需要的图书。相比较传统的导航系统，该技术使导航中的路标叠加在现实世界中，提高了导航的准确性，降低操作难度，增添趣味性。

2. 馆员进行书籍归位排架。由于少儿图书馆常出现书籍归位不正确、书籍被堆放在书架空隙处等现象，大大增加了馆员归位书籍的工作量。利用增强现实技术中的全景显示技术，AR 设备可找到任何一本书所处的位置，通过书籍自身的编码判断该书是否处于正确的排架位置。若该书未处于正确的排架位置，AR 设备将显示其正确的排架位置，为馆员的归架图书提供方便，有效地保护了本馆的馆藏量。图书馆此前也曾利用 RFID 射频识别技术对书籍进行身份识别，但此技术对设备的要求高，需要专门的射频识别设备且成本较高。若利用增强现实技术只需在书籍上面贴相应的二维码，利用智能手机等移动设备就可进行操作，馆员也可快速的熟练操作。

（四）少儿 AR 创客空间实验室

现今国内少儿图书馆的创客空间实验室，更多的是以偶有的创客活动来培养孩子的动手实验能力以及创意风暴，如大连少儿图书馆的迷你机床实验。但是，此类空间只能满足真实可以操作的实验或者像迷你机床实验等将真实的物体缩小化，无法让孩子感受到该实验物体真正的架构。将 AR 技术引进创客空间中，为孩子们提供一个专属的空间，将飞机、轮船、星空等无法真实让儿童实验的物质虚拟显现，配合少儿进行迷你实验操作，这将更加有助于少儿知识的掌握和创意的迸发，同时培养孩子的社区意识，积极与小伙伴进行交流。AR 技术可以将不同地区小朋友传来的视频转化为三维立体动画，少儿通过射频设备扫描传送过来的二维资料，就可以观看立体动态的人物，聆听其他小朋友的创意。

让孩子有与对方面对面交流的体验，更加全面地促进少儿的创新能力提高，从小接触最先进的网络技术，为今后的学习打下坚实的基础。

AR 作为一项高科技计算机技术具有相当好的发展前景，若能很好的应用于我国少儿图书馆的读者服务，将会为我国少儿图书馆事业带来全新的服务转型。不过，目前 AR 技术仍处于起步发展阶段，若想完全普及仍存在一些困难，实现技术上的可行性转换、打开大众的认可度和使用度等是目前专业人员需继续研究并探讨的问题。纵观当今世界图书馆发展趋势，随着技术的进步，AR 技术必将成为少儿图书馆服务中不可或缺的一部分。

参考文献

[1] 蒋恩智 . 基于公共图书馆的少儿阅读活动组织与开展研究 [J]. 图书馆杂志，2014(12):73–76.

[2] 鲁英芳 . 论读者阅读心理的 [J]. 图书馆学刊，2011(5):87–88.

[3] 李娜 . 少儿图书馆读者活动策划之我见 [J]. 科技情报开发与经济，2015(10):63–65.

[4] 张亚菲 . 少儿图书馆阅读推广的目标人群定位 [J]. 科技展望，2017(16):244–246.

[5] 丁文祎 . 中国少儿阅读现状及公共图书馆少儿阅读推广策略研究 [J]. 图书与情报，2017(16)：16–21.

[6] 张若丹 . 公共图书馆少儿读者服务与活动创新 [J]. 科技情报开发与经济，2012(23):54–56.

[7] 张丽平 . 公共图书馆开展少儿读者活动实践思考 [J]. 江西图书馆学刊，2012(4):79–81.

[8] 宋义钏 . 图书馆少儿读者的服务工作探讨 [J]. 经营管理者，2017(21):327–328.

[9] 王晴，肖美兰 . 公共图书馆少儿读者活动策略探讨 [J]. 图书馆建设，2014(12):51–54.

[10] 戴茜 . 公共图书馆开展少儿读者活动的实践与思考 [J]. 图书馆理论与实践，2008(5):136–137.

[11] 沈冯春 . 浅谈公共图书馆少儿阅读推广现状及策略 [J]. 河北科技图苑，2013(5):23–25.

[12] 钟伟玲. 公共图书馆在创建学习型社会中服务创新研究 [J]. 河南图书馆学刊，2016，6

[13] 殷伟燕. 公共图书馆少儿服务创新思考 [J]. 河南图书馆学刊，2013，8

[14] 李艳玲．少儿图书馆服务创新刍议 [J]．河北科技图苑，2012，2

[15] 范晓靖 . 基于认知发展理论下的少儿图书馆服务体系建设研究——以山西省图书馆少儿馆为例 [J]. 晋图学刊，2017，29（03）：44-48.

[16] 张凌寒 . 学习、阅读、交流、娱乐四位一体的公共图书馆少儿服务——以洛杉矶公共图书馆为例 [J]. 新世纪图书馆，2017，20（03）：81-86.

[17] 姜晓曦 . 数字图书馆推广工程背景下少儿图书馆网络信息服务对策 [J]. 图书馆理论与实践，2016，11（07）：101-104.

[18] 任东升 . 浅议新媒体环境下网络视频在少年儿童图书馆服务中的运用——以温州市少年儿童图书馆“九色鹿”少儿演播室为例 [J]. 图书馆工作与研究，2015，23（11）：97-100.

[19] 周媛 . 少儿图书馆服务创新与可持续发展——本届年会首设少年儿童图书馆工作专场讨论会 [J]. 贵图学刊，2016，31（4）：65.

[20] 姜晓曦 . 数字图书馆推广工程背景下少儿图书馆网络信息服务对策 [J]. 图书馆理论与实践 ,2016(7):101-104.

[21] 任东升，刘紫丹 . 情景化阅读在少年儿童图书馆应用研究 [J]. 图书馆工作与研究，2016（5）：116-118，123.

[22] 安慧 . 少儿图书馆志愿者管理模式的创新与实践——以“河南省少年儿童图书馆彩虹志愿者团队‘阅读·陪伴’妈妈分队”建设为例 [J]. 河南图书馆学刊 ,2017,37(08):135-137.

[23] 钟宝军 . 新形势下少儿图书馆管理研究 [J]. 江苏科技信息 ,2016(34):23-24.

[24] 林玉洁 . 人格化管理及其在少儿图书馆管理中的应用策略分析 [J]. 企业技术开发 ,2016,35(15):133-134.

[25] 陈新鑫 . 智能书架在少儿图书馆管理中的应用 [J]. 福建图书馆理论与实践 ,2016(3):53-54.

[26] 王丽 . 提升图书馆少儿阅读服务质量的价值链管理应用研究 [J]. 农业图书情报学刊 ,2017,29(2):171-173.

[27] 刘怡．中国玩具图书馆发展探讨 [J]. 图书馆论坛，2018(7):96 － 100.

[28] 倪萍．少儿图书馆微信阅读推广研究 [J]. 数字图书馆论坛，2017(6)：58 ~ 64.

[29] 张文君．以需求为导向的少儿数字阅读推广模式探悉 [J]. 图书情报论坛，2016(6)：9—12.

[30] 武娇. 浅谈美国公共图书馆少儿阅读推广数字资源建设 [J]. 科技情报开发与经济，2013(24)：32—35.

[31] 梁雯雯. 公共图书馆少儿数字阅读推广模式研究——以江苏少儿数字图书馆为例 [J]. 新世纪图书馆，2015(8)：47—52.

[32] 牛波. 公共图书馆少儿阅读推广的有效途径——基于云南省图书馆“伯格理读书会”的实践 [J]. 新世纪图书馆，2016(7)：44-47.

[33] 孙培 . 提升少儿图书馆社会功能的思考 [J]. 学理论 ,2015(28):168-169.

[34] 安慧 . 网络环境下少儿图书馆建设的思考 [J]. 山东农业大学学报，2017(2)：553—555.

[35] 陈肖旭. 面向少儿信息素养教育的公共图书馆服务体系构建研究 [J]. 河南图书馆学刊，2016(10)：28—3O.

[36] 张瑞云 . 浅析少儿图书馆事业的发展与思考 [J]. 中小学图书情报世界 ,2015(7):10-20.

[37] 肖婷 . 美国少儿数字图书馆初探 [J]. 国外图书馆 ,2016(2):103-104.

[38]，闯 , 苏琼 . 关于加快发展我国少儿图书馆事业的探讨 [J]. 科技情报开发与经济 ,2016(8):18-19.

[39] 韩岳 . 我国少儿图书馆的现状与建设 [J]. 图书馆管理论坛 ,2015(462):157-159.

[40] 王海. 新形势下对少儿图书馆开展网络教育的重新审视 [J]. 图书馆工作与研究，2016(10)：113 一 115.

[41] 杨波 . 网络时代少儿图书馆延伸服务的创新 [J]. 科技情报开发与经济 ,2015,25(10):113-114

[42] 李金玲 . 网络时代少儿图书馆信息资源共建共享研究 [J]. 企业文化：中旬刊 ,2015(3):279

[43] 井冉 , 于丽宏 , 张伟 . 新常态下少儿图书馆关于图书服务的建设与思考 [J]. 中文信息 ,2016(9).

[44] 王博 . 对提升少儿图书馆社会功能的若干思考 [J]. 办公室业务 ,2017(17).

[45] 金奇文 . 伯明翰图书馆对国内图书馆少儿服务的启示 [J]. 河南图书馆学刊 ,2015(9).

[46] 范晓靖 . 基于认知发展理论下的少儿图书馆服务体系建设研究——以山西省图书馆少儿馆为例 [J]. 晋图学刊 ,2017(3).

[47] 孙培 . 提升少儿图书馆社会功能的思考 [J]. 学理论 ,2015(28).

[48] 王海 . 新形势下对少儿图书馆开展网络教育的重新审视 [J]. 图书馆工作与研究 ,2016(10).

[49] 宋衍 . 人格化管理在少儿图书馆管理中的应用 [J]. 办公室业务 ,2018(2).

[50] 王双 . 浅析少年儿童图书馆服务方式的创新 [J]. 科技资讯，2015(8):201.

[51] 杨彦嫦. 真人图书亲子共读在少儿图书馆的实践与探索：以广州少儿图书馆为例 [J]. 四川图书馆学报，2015(1)：34—37.

[52] 敖杜 . 新时期少儿图书馆馆藏资源建设探讨 [J]. 兰台世界，2015，484（26）：139-140.

[53] 戚敏仪 . 谈网络环境下我国少儿馆参考咨询服务［J］. 图书馆学研究，2017，24（10）：58~60.

[54] 田丽 , 高文静 . 总分馆服务模式下的儿童阅读推广实践研究 [J]. 图书情报工作 ,2017(4)：69-74.

[55] 徐水琴 . 少儿图书馆阅读推广的目标及实现对策刍议——基于武汉市少年儿童图书馆阅读推广实践 [J]. 图书情报论坛 ,2017(2):50-54.

[56] 李武，等 . 新世纪未成年人阅读推广理论研究进展［J］. 图书馆论坛 ,2018(10):8-15.

[57] 杨明 . 情景化阅读在少儿图书馆阅读推广服务中的应用研究［J］. 襄阳职业技术学院学报 ,2017(5):114-117.

[58] 金梅芳 . 公共图书馆开展少儿阅读推广活动的策略与路径——以闵行区图书馆为例［J］. 图书与情报 ,2014(1):131-134.

[59] 徐洁 . 少儿图书馆互动阅读模式研究［J］. 河南图书馆学刊 ,2017(9):117-120.

[60] 招燕飞. 公共图书馆儿童阅读活动组织模式创新与开展形式［J］. 图书情报导刊，2016(3)：71_73.

[61] 陆康. 新形势下公共图书馆少儿阅读推广策略研究［J］. 河南图书馆学刊，2017(3)：8-9.

[62] 任东升，王慧，潘芳. 情景阅读在少儿图书馆中的应用研究［J］. 江苏科技信息，2016(2)：21-23.

[63] 兰小云. 情景化阅读在图书馆阅读推广服务中的应用研究［J］. 河南图书馆学刊，2017(5)：14-16.

[64] 肖瑶. 浅析公共图书馆绘本阅读推广活动的价值［J］. 图书情报导刊，2016(3)：56-58.

[65] 金梅芳. 公共图书馆开展少儿阅读推广活动的策略与路径——以闵行区图书馆为例［J］. 图书与情报，2014(1)：131—134.

[66] 许蕴茹. 公共图书馆与少儿阅读推广［J］. 图书馆学刊，2014(4)：102—104.

[67] 周翔 -I 少儿绘本阅读的多维度拓展与创新研究 [J]. 图书馆学刊，2014(4)：112-116.

[68] 杨明. 情哥化阅读在少儿图书馆阅读推广服务中的应用研究［J］. 襄阳职业技术学院学报，2017(5)：114 — 117.

[69] 任东升，刘紫丹. 情景化阅读在少年儿童图书馆应用研究［J］. 周书馆工作与研究，2016(5)：116-118.

[70] 陈溢. 公共图书馆少儿绘本阅读评价体系的构建［J］. 中国校外教育，2017(3)：29-35.